부중독자

이 도서의 국립중앙도서관 출판예정도서목록(CIP)은 서지정보유통지원시스템 홈페이지(http://seoji.nl.go.kr)와
국가자료공동목록시스템(http://www.nl.go.kr/kolisnet)에서 이용하실 수 있습니다.
(CIP제어번호: CIP2015012312)

부중독자

필립 슬레이터 지음
이시은 옮김

어마마마

부 중독자

초판발행 2015년 05월 10일

지은이 필립 슬레이터
옮긴이 이시은
펴낸이 김정한
편집 이수희
북디자인 전병준
펴낸곳 어마마마
출판등록 2010년 3월 19일 제 300-2010-35호
주소 110-034 서울특별시 종로구 효자로 9길 43(창성동)
문의 070.4213.5130(편집) 02.725.5130(팩스)
ISBN 979-11-950446-5-8 (03330)
값 14,000원

자고로 부유한 성자란 없다.

요시다 겐코Yoshida Kenkō

돈은 퇴비와 같아서, 널리 뿌리지 않으면 소용이 없다.

프랜시스 베이컨Francis Bacon

많은 분들이 이미 오래전에 절판된 《부 중독자》를 다시금 출판할 것을 나에게 권유했다. 이 책이 세상에 처음 나왔을 때, 비평가들의 호평에도 불구하고 출간 시기가 썩 좋지 않았다. 하필 레이건 시대가 시작할 무렵에 나왔던 것이다. 그 뒤로 극소수 부자들의 재산은 눈덩이처럼 불어난 반면, 대다수 국민은 물가상승률을 따라잡기도 벅찬 상황이 되었다. 과거에는 가정에서 한 사람이 벌어들이던 소득을 이제 맞벌이를 통해 간신히 채워가면서 말이다. 그래서 이 책은 출간 당시보다도 오히려 지금에 와서 더 시의적절해 보인다.

불행히도, 이 책에 인용된 실제 수치들은 그간의 인플레이션 때문에 이제 터무니없이 적게 느껴지게 되었다. 1970년대에는 하버드대학에서 한 블록 떨어진, 케임브리지의 방 네 개짜리 아파트나 캘리포니아 주 산타크루스의—반 블록 떨어진 바다가 내려다보이는—방 세 개짜리 주택을 월세 400달러 이하로 임대할 수 있었다.

그때는 '백만장자'라는 용어가 엄청난 부자를 의미하던 시절이었다. 하지만 이제는 같은 의미를 전달하기 위해 '억만장자'라는 말을 사용해야 한다. 게다가 오늘날에는 억만장자 수도 많아졌지만, 이 책을 집필할 당시에는 미국의 억만장자라야 책에서 언급한 여덟 명 정도였다.

이 책에 나오는 수치를 오늘날의 물가로 환산하자면, 매 숫자마다 10을 곱해서 생각해야 한다. 예를 들어 책 48페이지의 수치는 보유 자산 1,000만 달러와 연간 순소득 50만 달러로 이해해야 한다.

불평등의 경우에는 상황이 더욱더 심각하게 변했다. 예를 들어 책 198페이지에서 나는 당시 대단한 불평등이라고 여겨지던 바를 고딕체로 강조했다. 소득 상위 1퍼센트 부자들이 하위 50퍼센트 인구의 여덟 배에 해당하는 재산을 보유한다는 사실 말이다. 그러나 오늘날에 비하면 1970년대는 상대적으로 평등한 시대였다. 그사이에 늘어난 거의 모든 부는 대부분 심각한 중독자들의 수중으로 들어갔기 때문이다.

이상이 《부 중독자》를 읽을 때 독자들이 유념해주기를 바라는 바다.

_ 필립 슬레이터

감사의 말

다른 분들의 도움이 없었다면 이 책을 집필하는 것은 감당하기 벅찬 투쟁이었을 것이다. 멜리타 코위Melita Cowie는 많은 아이디어와 영감의 원천이었다. 내가 이 책을 헌정한 맨스 그룹Men's Group의 지원 역시 집필하는 과정 내내 큰 힘이 되었다. 빌 화이트헤드Bill Whitehead는 빈틈없는 편집자의 시각으로 과한 내용들의 수위를 조절해주었고, 그의 지혜는 늘 그렇듯이 더할 나위 없이 소중했다. 비평가인 척 깁슨Chuck Gibson은 열의 있고 신속한 피드백으로 큰 도움을 주었다. 또 엘나 샌드맨Elna Sandeman의 명석한 사전 조사 덕분에 많은 짐을 덜 수 있었다.

이 책 2장의 다른 버전은 《퀘스트 77Quest 77》에 수록되었고, 3장과 5장의 일부는 《소셜 폴리시Social Policy》(1978년 9월)에 실렸다. 각 장 서두의 인용문은 대부분 골디언 밴던브뤼크Goldian VandenBroeck의 《자발적 가난Less is More》에서 발췌했다.

| 차례

책머리에   6
감사의 말   8

1 돈이란 무엇인가?   11

2 돈에 중독된 사람들   33

3 부 중독의 네 가지 징후   57

4 심각한 중독자와 그 자녀들   101

5 에고 마피아와 중독 경제   171

6 탐욕의 민주화   195

7 치유에의 길   231

주석   295

일러두기

1. 이 책의 원서인 《Wealth addiction》은 1980년에 초판이 발행되었다. 따라서 그간의 인플레이션을 고려할 때 집필 당시의 화폐가치는 현재의 가치와 상당한 차이가 있다. 저자는 오늘날의 경제 환경에서는 본문에 언급된 달러가치에 10을 곱한 숫자로 이해해야 한다고 강조하고 있다(《책머리에》).

2. 본문에 인용된 내용들은 작은따옴표 ' '와 큰따옴표 " "를 사용하여 표시하였다. 용어나 짧은 어구는 되도록 작은따옴표로, 온전한 문장이나 직접 인용인 경우 큰따옴표로 표시하였다. 용어와 짧은 인용 어구 가운데 일부는 우리말로 옮기는 과정에서 원래의 표현을 그대로 옮겨온 의미가 없어지고 문장 안에서 자연스럽게 의미를 구성하는 경우 따옴표를 생략하기도 하였다.

3. 본문 뒤에 나오는 주석은 관련 연구나 저술, 집필에 참고한 문헌 등을 소개하고 있으나 각각의 문장을 정확하게 표기하지 않고 해당 내용을 다룬 페이지를 기준으로 썼였다. 원서의 방식을 따라 이 책에서는 주석에 표기되어 있는 각 페이지가 번역된 부분을 찾아 새롭게 쪽수를 표시하였다.

돈이란 무엇인가?

What Is Money?

나는 모든 평범한 것들에 진정한 가치가 있고, 진귀한 것들에 거짓된
가치가 있음을 똑똑히 보았다.   **토머스 트러헌**Thomas Traherne

　요즈음 사람들은 자나 깨나 돈 걱정이 많다. 어찌 보면 이상한 일이
다. 돈의 가치가 과거 어느 때보다도 낮아졌기 때문이다. 우리는 점점
더 많은 돈을 벌기 위해 점점 더 노심초사하지만, 돈의 구매력은 점점
더 하락한다. 멋모르는 외계인이라면 돈의 가치가 줄어들수록 돈에 대
한 우리의 관심도 줄어들 것이라고 예상하지 않을까? 대체 우리는 왜
가치가 점점 떨어지는 대상에 그토록 신경 쓰는 것일까?
　우리가 돈에 집착하는 한 가지 이유는 돈과 생존을 혼동하기 때문
이다. 사실 돈 자체로는 영양분을 얻을 수도, 체온을 유지할 수도, 집
을 지을 수도 없다. 그런데도 우리는 심리적으로 돈에 크게 의존하다
보니, 생존을 돈과 떼어놓고 생각하는 것조차 힘들어한다. 물론 많은
사람들, 특히 도시 거주자들에게 돈 없이 생존하기란 거의 불가능해

졌다.

　어떤 믿음을 가진 사람들이 충분히 많아지면 그 믿음이 현실이 되곤 하는데, 돈에 대한 믿음이 바로 그런 경우이다. 바로 그런 이유로, 우리가 다 같이 어떤 새로운 믿음을 공유하면 지금까지와는 전혀 다른 세상을 창조할 수도 있을 것이다. 돈에 대한 오늘날의 온갖 믿음이 어리석고 비이성적인 것으로 여겨지는 세상 말이다. 이 책은 그런 세상을 만들어 나가려는 노력의 일환이다.

　당장 뒤로 한 발짝 물러나 돈에 대한 우리의 믿음을 찬찬히 살펴보면, 이미 어떤 것은 지극히 비합리적으로 보인다. 바로 이런 지점을 단초로 삼아 우리의 새로운 신념체계를 만들어 나갈 수 있을 것이다. 현재 우리 사회는 기묘하게 분열된 양상을 보인다. 한쪽에서는 조심스럽게 새로운 방향을 모색하는 반면, 다른 한쪽에서는 기존의 접근법을 극단적인 수준까지 밀어붙이고 있다. 변화의 시대에 으레 나타나는 양상이다.

　종래의 접근법을 극단적으로 밀어붙이는 경향은 지난 수년 동안 시장에 범람해온 '성공'지침서의 유행을 설명해준다. 이런 책들은 주식시장 안팎에서 100만 달러를 버는 방법이나 기업 임원으로 승진하여 쳇바퀴 도는 삶에 자신을 옭아매는 방법을 알려주기 위해 쓰여졌다(정작 100만 달러를 벌었을 때 그 돈으로 무엇을 할지는 가르쳐주지 않는데, 그 이유는 대부분의 사람들이 그 답을 이미 알고 있다고 착각하기 때문이다).

　거의 모든 성공지침서에서 돈은 다른 모든 것을 측정하는 궁극적인 가치로 묘사된다. 사람들이 인생에서 무엇을 원하는지, 또 어떤 사회에서 살고 싶어 하는지와 같이, 더 큰 맥락에서 돈을 조명하는 책은 극히 드물거나 아예 없다. 돈에는 당연히 그 자체의 논리가 있고, 그것을 극대화하는 나름의 원칙이 있다. 경제학에서 연구하는 것이 바로 이런 원칙이다. 기본 원칙은 단순할지라도 그 실질적인 적용과 파급효과는 대단히 복잡할 수 있다.

때때로 사람들은 돈을 극대화하는 원칙에 지나치게 얽매인 나머지 그것을 자신의 목표인 것처럼 혼동하기 시작한다. 일례로 이런 원칙은 우리에게 은행 잔고를 극대화하는 법을 알려주는데, 여기에는 우리 모두가 무엇보다 은행 잔고를 극대화하길 원한다는, 사실과는 다른 전제가 깔려 있다. 물론 사람들에게 "돈을 많이 벌고 싶습니까?"라고 물으면 누구나 그렇다고 대답할 것이다. 하지만 오로지 돈을 많이 벌기 위해서 인생의 다른 목표와 가치를 모두 저버리려는 사람은 많지 않다. 종잇조각에 불과한 지폐를 쌓아두거나 컴퓨터상의 잔고 수치를 늘리는 것이 대다수 사람들이 추구하는 궁극적인 인생 목표는 아닌 것이다. 사람들은 인생을 즐기고, 편안해지고, 모험에 나서며, 맡은 역할을 잘해내고, 성장과 발전을 추구하고, 사랑하고 사랑받으며, 이 세상을 더 좋게 만들기를 원한다. 은행 잔고가 많으면 이런 목표를 달성하는 데 한층 유리할 수 있지만, 어떤 목표는 오히려 불리할 수도 있다. 어찌 됐든 다른 목표 없이 **오로지 돈을 벌기 위해서만 살아간다면, 누구든 돈을 벌 수 있다**는 점에서는 성공지침서들이 옳다고 봐야 한다.

최대한 많은 돈을 버는 것이 지상 목표인 세계관을 나는 '**돈지상주의** Moneythink'라고 부른다. 꼭 필요하지도, 원하지도 않는 재화나 서비스를 단지 가격이 상승하리라는 기대 때문에 구입한다면, 돈지상주의에 끌려가는 셈이다. 또 원하는 재화나 서비스를 단지 가격이 하락하리라는 예상 때문에 팔아 치운다면, 역시 돈지상주의를 따르는 셈이다. 결국 어떤 일에든 오로지 돈을 벌 목표로 임한다면 돈지상주의를 택하는 것이다. 경제학 분야는 돈지상주의에 기반을 둔다. 모든 신문의 경제면과 성공지침서 역시 돈지상주의에서 비롯되었다.

돈지상주의는 제한적이고 일시적인 목표를 달성하는 수단으로써는 매우 유용하다. 그러나 우리 사회에는 돈지상주의에 서슴없이 인생 전체를 내맡기려는 사람들이 적지 않다. 우리가 배로 바다를 건너야 한다면, 항해 규칙과 지침에 관한 책을 읽는 것이 큰 도움이 된다. 그렇다고 해서 항해 규칙을 인생 전반에 적용하려 드는 사람은 없을 것이다. 만일 우리가 길거리에서 풍향에 따라 배의 침로를 바꾸듯이 행동한다면 완전히 정신 나간 사람처럼 보일 것이고, 차를 그런 식으로 운전하다가는 당장 체포될 것이다.

돈지상주의에 휩쓸리지 않고 돈을 바로 보려면, 다시 말해 돈이 어째서 우리에게 그토록 강력한 지배력을 행사하는지를 깨닫고, 집착 대상이 아닌 수단으로써의 올바른 위치를 돈에게 되찾아줄 생각이라면, 돈에 관한 중요한 사실 세 가지를 이해해야 한다.

1. 돈은 상징물이지, 실물이 아니다.
2. 돈의 기능은 동질화이다.
3. 돈은 수단이지, 목표가 아니다.

빤한 소리를 늘어놓지 않고 이런 사실을 설명하기는 힘들겠지만, 돈에 관한 한 사람들, 특히 돈 버는 데 일가견이 있다는 사람들이 가장 먼저 잊어버리는 것이 바로 그 같은 빤한 소리이기도 하다.

돈은 상징물이다

돈이 상징물이라는 말은, 우리가 집단적으로 돈에 가치가 있다고 믿을 때에만 돈에 실제로 가치가 부여된다는 의미이다. 예를 들어 인플레이션은 (6장에서 더 자세히 다루겠지만) 돈의 가치에 대한 회의론이 대두되었다는 신호로 볼 수 있다. 18세기에 종교에 대한 의구심이 제기되었듯이, 1970년대에는 돈에 대해 의구심이 제기된 것이다. 돈은 《피터팬Peter Pan》에 나오는 요정과도 같아서, 우리가 더 이상 그 존재를 믿지 않으면 곧바로 병들어 죽어버린다. 다행히 미국인 중에는 못 말리는 낭만주의자들이 많아서, 돈의 병이 깊어질수록 돈을 살리려는 노력도 더욱 뜨거워진다.

주지하다시피, 돈은 교통과 통신이 매우 원시적이던 시대에 물물교환을 보다 효율적으로 하기 위해 생겨났다. 노동력은 4월에 투입하고, 작물은 9월에 수확하며, 배는 1월에 항구에 들어온다면, 이 복잡한 교환을 어떻게 처리할 수 있을까? 돈을 사용하면 거래가 한결 간편해진다. 사실상 돈은 복잡하게 얽히고설킨 차용증서 시스템이다. 설령 한 사람의 차용증서가 무가치한 것으로 판명되더라도, 실제 가치를 상실하려면 대다수 사람들이 돈의 가치를 부정해야만 한다. 바로 여기에 돈의 장점이 있다. 말하자면 돈은 집단 차용증서인 셈이다.

돈의 이런 상징성은 불과 수천 년 만에 사람들의 머릿속에 아주 확고한 실체로 자리 잡았다. 대부분의 미국인에게 이제 돈은 상상할 수 있는 가장 현실적인 존재가 되어, 스스로 물질주의적이고 현실감각이 있다고 자부하는 사람들조차 이 완전한 무형물에 모든 관심과 에너지를 집중하기에 이르렀다. 한때 생존하는 최고 부자로 손꼽히던 텍사스 출신의 석유 거물 H. L. 헌트H. L. Hunt는 "돈은 아무것도 아니다. 그저 장부 정리를 편리하게 하는 수단일 뿐이다"라고 말했다. 그러나 그는 그 '아무것도 아닌 것'을 축적하는 데 평생을 바쳤다. 돈은 많은 재화와 서비스를 얻을 수 있는 상징물이므로, 많은 이들에게 소원을 들어주는 마법의 반지이자 모든 욕망에 이르는 관문으로 여겨진다. 사람들은 어째서 돈을 원하는지 따져보기도 전에 이 차용증서를 모으느라 여념이 없다.

나는 한때 돈에 대한 자신의 태도와 감정을 점검해보려는 사람들을 대상으로 몇 차례 워크숍을 진행한 적이 있다. 워크숍이 보다 구체적인 점검의 기회가 될 수 있도록 나는 여러 가지 게임과 활동을 구상했다. 예를 들면, 시장과 임금 등 제법 구색을 갖춘 미니 경제를 만들었고, 참가자들이 마음에 드는 발언을 한 화자에게 칩을 주는 방식으로 지지를 표하는 게임도 고안했다. 당시 한 가지 결과가 항상 나를 매료시켰다. 종잇조각이든 어떤 쓸모없는 물건이든 일단 돈이라는 가치를 부여하면, 많은 사람이 그 상징성을 떨쳐버리는 데 어려움을 느낀다는 것이었다.

예컨대 내가 종이를 찢어서 사람들에게 작은 종잇조각을 나눠주고, 그것으로 간단한 음식이나 서비스를 구매할 수 있다고 말한다고 가정해보자. 그러고 나서 얼마 있다가 갑자기 5분 후부터는 그 종잇조각으로 더 이상 아무것도 살 수 없다고 선언한다고 해보자. 그러면 아마 모든 사람이 곧 가치가 사라질 이 '돈'을 가급적 빨리 써버리려 할 것이라고 예상하기 쉽다. 인플레이션 공포가 극심할 때도 실제로 그런 일이 벌어지니 말이다. 이 게임에서도 물론 그런 일이 벌어지지만, 예상보다는 훨씬 느린 속도로 진행된다. 나는 아무 가치도 없어진 종잇조각을 마치 10달러짜리 지폐라도 되는 양 꽉 움켜쥐고 있는 사람들을 여러 번 목격했다. 어떤 상징물에 가치를 부가하기는 매우 쉬워도, 그 가치를 다시 제거하기는 대단히 힘들다. 돈의 경우에도 바로 이런 일이 벌어지는 듯 보인다.

기실 오늘날에는 현대사의 어느 시기보다도 돈의 필요성이 줄어들었다. 교통, 통신, 정보 저장 기술의 발달로 직접적인 물물교환이 과거 어느 때보다 쉬워졌고, 실제 그 규모도 점점 늘어나는 추세이다. 대부분의 물건이 수주 정도면 전 세계 어디로든 배송될 수 있다. 통신은 거의 실시간으로 이루어진다. 매매 내역도 컴퓨터상에 무한대로 저장될 수 있다. 이 정도면 물물교환이 세계 경제에서 주요 입지를 되찾을 여건은 전부 갖춰진 셈이고, 인플레이션의 여파로 돈에 대한 신뢰도도 저하되고 있으므로, 기업 차원에서 물물교환의 비중은 계속 증가할 것이다.

또 개인 차원에서도 '자발적으로 가난한 사람들', 즉 단순한 생활방식을 선호하는 중산층을 중심으로 물물교환이 점점 확대되고 있다. 이런 관계망을 이룬 사람들끼리는 정기적으로 서비스를 주고받는데, 특히 목공과 공예 기술, 다양한 치료요법, 자동차 수리, 건축, 정보 기술을 가진 사람들이 많이 참여하고 있다.

돈의 기능은 동질화이다

돈은 우리에게 단일한 가치 기준을 제시하는 한에서 유용하다. 만일 돈에 가치를 동질화하는 기능이 없다면, 돈은 아무 짝에도 쓸모가 없을 것이다.

사람들은 각각의 경험에 다양한 의미를 부여한다. 여러 경험들을 하나의 잣대로 비교하거나 동일한 기준에 맞추려 하지도 않는다. 예컨대 "이 석양은 테니스 3 세트, 〈스타스키와 허치Starsky and Hutch〉(1970년대 미국 ABC에서 방영되어 큰 인기를 끈 형사 시리즈물-옮긴이) 1 회분, 바나나 한 조각의 가치가 있다"라고 말하지 않는다. 각각의 경험은 자아내는 즐거움의 정도뿐 아니라 종류도 다르기 때문에 저마다 특별한 의미를 띠게 된다. 자몽은 포도에 비해 크기 때문에 **양적으로** 다를 뿐 아니라, 맛과 식감 등에서 **질적으로도** 차이가 있다. 돈은 이런 질적인 차이를 배제하고 모든 것을 단일한 가치 척도로 비교하기 위해 만들어졌다. 전혀 다른 두 가지를 비교하려 애쓰는 어리석음을 가리켜 "사과와 오렌지를 비교하는 것과 같다"는 영어 속담도 있지만, 그것이야말로 돈의 역할이다. 만약 사과 한 개가 10센트이고 오렌지 한 개가 20센트라면, 오렌지가 사과보다 두 배는 좋은 셈이 된다. 돈은 우리에게 사과와 오렌지를 먹는 경험의 차이를 정확히 알려주지 못하지만, 시장에서 사용하기에는 대단히 편리한 수단이다.

세상 만물을 공통된 가치 기준으로 환산하면 서로 거래하기가 훨씬 쉬워진다. 하지만 해충을 죽이려고 개발한 약이 종종 다른 엉뚱한 생물까지 죽이듯이, 거래 품목을 동질화하려고 만든 돈이 다른 모든 것을 동질화하려는 경향을 보이는 것은 어떻게 해석해야 할까? 예를 들어, 지구상에 뚝 떨어진 외계인에게 돈에 관한 지식을 가르친다고 해보자. 그런 다음 오렌지 값이 사과의 두 배라고 일러주고, 그에게 원하는 과일을 사 먹기에 충분한 돈을 주는 것이다. 그러면 그는 어떤 호기심이나 변덕이 생기기 전에는 결코 사과를 사 먹지 않을 것이다. 돈은 이처럼 경험의 독특한 특성에 대해서는 알려주지 못한다.

어느 저명한 물리학자는 세상에 오로지 한 종류의 돈만 있어, 인생의 모든 측면을 하나의 양적인 가치 척도로 환원할 수 있다는 사실에 새삼 놀라움을 표한 적이 있다. 그토록 많은 것을 그토록 적은 정보로 압축할 수 있다는 것이 돈의 크나큰 장점이다. 동시에 돈의 최대 약점이기도 하다.

물론 대부분의 사람들은 이 단일한 척도에서 배제된 다른 요소, 즉 심미적 경험, 종교적·이념적 신념, 감정, 성감 등을 느끼고 각각에 의미를 부여한다. 그럼에도 이제는 예술 작품은 물론이고 성적 만족이나 우정, 보살핌, 헌신, 그 밖의 정서적 체험까지 시장에서 거래되는 형편이다. 세계의 주요 종교는 대부분 가난을 찬양하면서 태동했지만, 종교 기관들은 교세를 확장하기 위해 돈을 필요로 했고, 그 결과 많은 교회가 초기의 교의를 심각하게 저버리게 되었다. 일례로, 나사렛 예수는 가난이 축복이며 부자는 자연히 천국에서 멀어진다고 가르쳤지만, 일부 기독교 교파는 공공연히 부와 미덕을 동일시할 정도로 변질되었다.

우리는 또 사람 목숨에 가치를 매길 수 없다고 말하면서도, 항상 가치를 매기고 있다. 심지어 전시에는 인명 손실과 전쟁 무기의 손실을 아예 대놓고 저울질한다. 중성자탄(폭발이나 열 대신 인체에 치명적인 중성자선을 방사해 건물이나 장비는 파괴하지 않는 인명 살상 전용무기—옮긴이)을 사용할 때는 부동산 가격과 인간의 상대적 가치에 대한 정밀한 계산이 수반된다. 인명 손실 가능성(및 예상 소송비용 등)과 인명 손실을 막기 위한 비용을 비교하기 위해 안전장비 제조업계, 도로 건설업계, 자동차 및 비행기 생산업계, 병원·의약·식품·미용·농약 관련 업계와 컴퓨터 장비들이 총동원된다. 비용이 너무 많이 든다면, 인명 손실을 감수할 가능성이 그만큼 높아지는 것이다.

사람 목숨의 가격은 최근에 심리학자 폴 캐머런Paul Cameron의 연구 결과로 더욱 명확해졌다. (예컨대 군대 등에서) 전에 사람을 죽여본 적이 있는 연구 대상자 중 절반가량은 결코 발각되지 않는다는 전제하에 최소한 평균 2만 달러만 받으면 다시 사람을 죽일 수 있다고 응답했다. 한편 그런 경험이 없는 연구 대상자 중에는 돈을 받고 사람을 죽일 수 있다고 대답한 사람이 훨씬 적었고, 할 수 있다고 응답한 사람들도 경험이 없는 사람보다 훨씬 높은 보수인 5만 달러를 요구했다 (그렇게 보면 살인청부업자의 공급을 늘리고 그들의 보수를 낮추는 것도 전쟁의 성과 중 하나일 것이다).

이처럼 돈은 정부 조직처럼 끊임없이 관할구역을 확대하려 든다. 오락 목적으로 만들어진 텔레비전이 점차 모든 것을, 심지어 뉴스까지도 오락으로 바꾸어 나가듯이, 공통된 가치 기준으로 만들어진 돈도 점차 모든 것을, 심지어 우리의 목숨과 죽음까지도 하나의 기준으로 환원하려는 경향이 있다.

이런 경향은 슈퍼마켓에서야 매우 편리하겠지만, 우리 인간에게는 몇 가지 문제를 야기한다. 만약 우리 인생의 모든 요소를 다른 모든

부 중독자

것들과 단일한 잣대로 비교할 수 있다면, 우리의 선택은 지극히 단순해질 테고, 인간은 얼마든지 컴퓨터로 대체될 수 있을 것이다. 말하자면 돈이 모든 동기를 기계화한다는 것이다. 여기에 꼭 기억해야 할 사실이 하나 있다. 애초에 돈이 생겨난 목적이 완전히 충족된다면, 인간은 더 이상 의사결정 주체로 존재할 이유가 없다. 온갖 번잡한 세상살이를 로봇에게 맡기고 마냥 속편하게 살면, 로봇이 알아서 완벽히 이성적이고 영원히 안정적인 경제를 구축해줄 것이다. 이런 말은 실없는 소리처럼 들릴지 몰라도, 대부분의 경제학자들이 이상적으로 생각하는 경제 모델과 돈과의 관계나 '전문가'의 태도로 인하여 우리에게 끊임없이 강요되는 경향성을 반영하고 있다.

그러나 이것이 전부는 아니다. 모든 수요를 한 가지 기준으로 비교하기 시작하는 순간, 우리는 자신의 우선순위에 관한 진실에 압도당하고 만다. 우리 자신이 의미 있는 곳에 기부하기보다 재미난 영화를 보러 가는 데 더 우선순위를 둔다는 사실을 과연 알고 싶을까? 우리가 돈 씀씀이에 대해 쉬쉬하지 않는다면, 이 단일한 기준은 우리의 숨겨진 이기심, 인색함, 강박적 충동을 남김없이 까발릴 것이다. 우리의 세세한 지출 내역을 분석하고 검토해보면 우리의 충동과 욕망의 상대적인 크기가 고스란히 드러날 것이다. 완전히 일렬로 우선순위가 매겨진 지출 내역이 공개될 경우 뒤따를 가정 내 불화를 생각해보라. 얼마나 난감하겠는가! 남편이 아내에게 "우리 애들한테 새 신발을 사줄 여유가 없어"라고 말하면 별 문제가 없겠지만, "내가 매일 퇴근길에 마시는 마티니 두 잔이 애들 발보다 더 중요해"라고 한다면 가정의 평화에는 금이 가기 시작할 것이다. 대부분의 커플들은 이따금 우선순위의 충돌을 겪는다. "우리가 X를 할 여유가 있다면 Y는 왜 할 수 없는 거야?"라거나 "당신이 당신 옷을 사는 데 그렇게 큰돈을 쓴다면, 나도 마음껏 내 옷을 사겠어"라는 식이다. 지금이야 이런 충돌이 우발적이고 단편적이지만, 만약 서로의 우선순위가 낱낱이 공개된다면 충돌은 극적으로 증가할 것이다. 사람들이 자신의 돈 씀씀이를 그토록 감추려 드는 이유가 바로 여기에 있다. 일반적으로 우리는 상대방의 생존보다 내 쾌락을 더 중시한다는 사실을 밝히기 싫을 때, "밥 사줄 형편이 못 된다"라는 말로 얼버무린다. 그러면 나의 우선순위를 문제 삼기보다, 내가 쾌락을 얻고 상대방에게 밥까지 사주려면 돈이 더 필요하다는 쪽으로 문제를 전환함으로써 더 이상 죄책감을 느끼지 않아도 된다. 이런 결정을 1,000배쯤 확대하면 평균적인 미국 중산층의 생활상에 가까워진다.

돈은 수단이다

"나는 그럴 형편이 안 돼"라고 말할 때마다 우리는 자신의 인간성을 조금씩 포기하는 셈이다. 즉 자신의 욕망에 대한 모든 책임과 선택의 권한을 텅 빈 상징물에 지나지 않는 돈에 넘겨주는 셈이다. 우리는 어른답게 당당하고 솔직한 태도로 "밥을 먹기보다 술을 마시고 싶어"라든가 "옷보다 텔레비전을 사고 싶어"라든가 "자동차를 살 돈으로 가족에게 맛있는 음식을 먹이고 싶어"라든가 "유럽여행 갈 돈이 있으면 2년 동안 영화나 실컷 보고 싶어"라고 말하는 대신에, 의존적인 아이처럼 "오, 나는 정말로 그러고 싶지만 우리 '돈 아버지Daddy Money'께서 허락하시질 않아"라고 핑계를 댄다. 우리는 자신의 의도와 동기를 책임지려 하지 않는다. 스스로 선택할 권한을 부정하고, 그 역할을 기꺼이 돈에 내준다.

이런 생각은 주로 돈을 쓰는 데 적어도 몇 가지 선택지는 있을 만큼 여유 있는 사람들에게 해당된다. 그렇다면 진짜 가난한 사람들의 경우는 어떨까? 그들이 "나는 그럴 형편이 안 돼"라고 말하는 것은 타당하지 않을까? (사람들은 1년에 5,000달러를 벌든 50만 달러를 벌든 하나같이 "그럴 형편이 안 돼"라는 말을 입에 달고 산다.) 물론 가난에 시달리는 사람은 미묘한 언어 표현 말고도 고민해야 할 것들이 많다. 그렇지만 원칙은 여전히 유효하다. 가난한 사람들이 말하는 "나는 그럴 형편이 안 돼"는 "그것을 훔칠 정도로 간절히 원하지는 않아"라는 뜻이다.

중산층에게 있어서 "나는 그럴 형편이 안 돼"라는 말은 은연중에 돈이 수단에서 목표로 전환되는 과정을 보여준다. 어쨌거나 돈이 수단에 불과하다는 것은 누구나 아는 사실이다. 논리적으로 따지자면, 돈을 주고 사야 할 것이 생기기 전에는 돈에 대해 생각하지 않아야 한다. 그런데 "나는 그럴 형편이 안 돼"라는 말은 수단과 목표 사이의 이런 구분을 흐려놓는다. 처음에 우리는 '내가 갖고 싶어 하는 많은 것들을 구하려면 돈이 필요해'라고 생각하지만 이내 '나는 돈이 필요해'라는 생각으로 바뀐다. 돈이라는 수단으로 얻고자 했던 본래의 목표는 까맣게 잊어버리고 마는 것이다.

돈이 생겨나기 전에는 우리도 음식이나 집, 도끼 등 자신에게 필요한 품목이 무엇인지를 정확하게 알고 있었다. 그러나 이제는 무엇이 필요한지 통 모른다. 그저 돈이 필요하다고 말할 뿐이다. 물론 이 말은 "여러 가지가 필요하지만 굳이 그것을 일일이 말해 너를 따분하게 만들고 싶지는 않아"라든가 "갚아야 할 빚이 있어"라는 의미를 함축할 때도 있다. 그러나 대부분의 경우에는 사람들이 느끼는 감정과 욕구를 그대로 표현한다. 그리고 시도 때도 없이 돈이 필요하다고 입버릇처럼 말하는 사람을 보고 있노라면 슬며시 연민이 생길 수밖에 없다. 돈이 인간의 특정 욕구를 충족시키는 수단은 될 수 있어도, 그 자체로는 어떤 욕구도 충족시킬 수 없기 때문이다.

미국인들에게서 흔히 볼 수 있는 모습 한 가지만 놓고 보아도 사람들이 수단과 목표를 얼마나 혼동하는지를 알 수 있다. 남자든 여자든 '집단 차용증서'를 움켜쥐고 집에 앉아 상품 카탈로그를 넘겨가며 뭔가 사들일 것을 찾는 모습이다. 먼저 "나는 돈이 필요해"라고 정해놓고 책자를 들춰보며 왜 돈이 필요한지를 밝혀내려는 꼴이다! (때로는 "이런저런 이유로 돈이 필요해"라는 의미조차 없이, 순전한 정신착란 증세일 수도 있다.) 특별한 목적 없이 '쇼핑을 가는' 것도 수단과 목표가 완전히 뒤바뀐 행동이다. 필요한 물건을 사기 위해 돈을 버는 것이 아니라, 번 돈을 쓰기 위해 필요하지도 않은 물건을 사들이는 것이다.

이렇게 돈은 우리의 사고를 왜곡하고 근원적인 욕망과 목적으로부터 괴리되게 만든다. **우리는 자신을 섬기기 위해 돈을 사용하기보다 돈을 섬기기 위해 자신을 사용한다.** 미국인들이 "돈을 숭배한다"라는 말은 바로 이런 뜻이다.

이런 혼란이 개인의 차원에만 국한되는 것은 아니다. 정치인, 경영자, 경제학자 등도 돈에 관해 이야기할 때 기업의 이익이나 개인의 수입, 또는 일자리를 늘리기 위해 어떤 조치를 취해야 한다고 말한다. 마치 수입이나 일자리 증대가 최종 목표라는 듯이 말이다. 사실 수입과 일자리는 인간의 에너지와 시간을 특정 활동으로 집결시켜 궁극적으로 특정 목표를 달성하기 위한 수단일 뿐인데도, 그 목표는 결코 언급되지 않는다. 우리는 한 번도 명시되지 않은 과제를 수행하기 위해 도구를 만들어낼 방법만 끊임없이 논의하는 셈이다. 그 결과 수입과 일자리 창출 자체가 목적이 되어버리고, 정작 본래의 과제가 무엇이었는지는 뒷전으로 밀려나고 만다. 우리가 그토록 많은 시간과 열정과 자원을 들여 무엇을 이루고자 했는지는 결코 돌아보지 않는 것이다.

우리는 이런 돈 전문가들이 '경제적 합리성'이나 특정한 행동이 '경제적으로 정당한지'에 대해 설파하는 이야기를 종종 듣는다. 그것은 "그럴 형편이 안 돼"와 같이 수단과 목표를 혼동하는 말이 전국적인 범위로 확대된 것이나 다름없다. 우리가 무엇을 얼마만큼 원하는지도 알지 못하면서 어떻게 특정한 방법이 '합리적인지'를 알 수 있단 말인가? 결국 "경제적으로 합리적이지 않다"거나 "경제적으로 정당하지 않다"는 말은 단지 "우리는 그 일을 다른 일만큼 열렬히 원하지 않는다"라는 뜻이다. 정치적으로도 "스모그 감축 조치는 경제적으로 합리적이지 않다"라고 말하는 편이 "공해 기업들의 이익을 줄이느니 차라리 1만 명이 폐기종으로 죽게 내버려두겠다"라고 말하는 것보다 한결 수월할 것이다.

우리 사회에서는 많은 미심쩍은 행위들, 예컨대 유독성 물질을 유발하거나 환경을 파괴하는 다양한 행위들이 단순히 일자리를 창출한다는 이유만으로 정당화되곤 한다. 그렇지만 대체 어떤 사람이 영혼을 갉아먹는 단조로운 조립라인에 서서 불필요하고 위험하고 파괴적인 제품이나 찍어내려 하겠는가? (그럴 바에는 차라리 헤로인 사업이 사람들에게 일자리를 창출하면서 일 자체도 더 흥미로울 것이다.) 이에 대한 대답은 하나같이 '사람들에게는 돈이 필요하다'는 것이다. 하지만 어째서 그럴까?

우리는 이미 모든 사람들이 누릴 만한 충분한 의식주를 보유하고 있다. 단지 분배가 제대로 되지 않아서 어떤 사람은 사용하는 양보다 더 많이 갖고, 어떤 사람은 꼭 필요한 만큼도 갖지 못했을 뿐이다. 그런데도 우리는 영양가도 없고 건강에도 안 좋으며 아무짝에도 쓸모없는 제품을 생산하느라 엄청난 토지와 에너지 자원을 소모한다. 많은 사람들이 그 필요성을 우리에게 설득하는 데에만 수십억 달러를 쏟아부어야 하는 일을 벌이기 위해 돈을 필요로 하는 것이다. 한마디로 우리는 '불필요한' 물건을 구입할 '불필요한' 돈을 벌기 위해 '불필요한' 일자리를 필요로 한다. 그리고 '불필요한' 일자리를 창출하여 '불필요한' 돈을 벌기 위해 '불필요한' 물건을 구입해야만 한다.

최근에 본 어느 신문 기사에서는 미국인 대다수가 '경제적 문맹'이므로 경영자와 경제학자들이 나서서 그들을 '교육시켜' 이 체계가 지극히 합리적이고 그들 자신에게 이롭게 돌아가고 있음을 이해시켜야 한다고 주장했다.

나는 가끔 정부와 경영 전문가들이 돈에 대해 하는 말을 들으면서, 정신없이 여행을 준비하는 사람들의 모습을 떠올린다. 그들은 여행을 가서 어떤 옷을 입을지, 어떤 교통편이 가장 편리할지, 어떤 지도와 가이드북을 참고할지 등을 논의한다. 또 스키와 스쿠버다이빙 장비, 등

산 장비를 구입하거나 항공권을 끊고 차를 정비하고 배를 수리한다. 심지어 자신들이 하는 준비 중에 어떤 것이 최고의 여행 준비인지도 논의한다. 다만 한 가지 그들이 결코 논의하지 않는 것이 있다. 아직 어디로 여행할지를 결정하지 않았다는 사실이다.

우리가 돈의 세 가지 특징, 즉 상징물이고 가치를 동질화하며 수단에 불과하다는 점을 망각하면 금세 혼란에 빠지게 된다. 돈이 모든 욕구를 충족시켜주는 만능 해결사라고 믿게 되는 것이다. 바로 이 지점에서 돈은 수단이기를 멈추고 우리의 주인으로 올라선다. 돈은 결코 자기가 충족시킬 수 없는 욕망에서 충족시킬 수 있는 욕망 쪽으로 우리의 관심을 돌려놓는다. 그 결과, 돈이 생기면 우리는 그 돈으로 살 수 있는 것을 궁리하는 데 온통 정신이 팔려서 애초 자신의 욕구와 목표는 완전히 잊어버리고 일개 쇼핑객이나 카탈로그 구매자로 전락한다.

"오늘밤 무엇을 할까?"라는 말과 "오늘밤 무슨 영화를 볼까?"라는 말에는 엄청난 간극이 있다. 전자의 경우에는 우리가 스스로 목표를 정하지만, 후자의 경우에는 단지 다른 사람이 제공하는 선택지 중 하나를 고를 뿐이다. 우리가 돈의 실체를 망각할 때마다 돈은 우리에게 본래의 목표를 버리고 누군가가 만들어놓은 여러 선택지 중 하나를 고르라고 유혹한다. 여전히 선택의 여지가 있기는 하지만, 선택 가능한 범위는 대체로 우리의 근원적인 욕구와는 동떨어져 있다.

돈에 끌려다니기를 거부하는 사람들은 인생에서 가장 소중한 것으로 자유로운 사랑(특히 섹스와 같은 육체적 쾌락), 우정, 아름다움, 모험, 신선한 공기와 쾌적한 환경, 건강, 평온한 마음, 자존감, 정신적 성숙, 내면의 기쁨 등을 꼽는다. 하나같이 단일한 가치로 환산하기 힘든 것

29

1장 돈이란 무엇인가?

들이다. 그런데도 우리 경제는 인생에서 돈으로 사지 못할 것은 없다는 믿음에 점점 더 의존해가고 있다. 이것이 돈지상주의의 기본 교의인데, 돈은 원래 모든 것을 동질적인 하나의 척도로 환원시키기 위해 만들어졌기 때문이다. 그래서 돈의 가장 충실한 하수인들은 시장에서 거래 가능한 만족을 점점 늘려가며 돈의 세력권을 부단히 확장하는 데 총력을 기울인다. 온 나라가 인생에서 돈으로 살 수 없는 요소들을 집요하게 공략하기 시작하는 것이다.

단적인 예로 광고업계는 인간의 모든 욕구가 무언가를 구매함으로써 충족될 수 있다고 노골적으로 대중을 설득하려 든다. 건강을 얻으려면 의약품, 의사, 아침 식사거리, 그리고—사람들이 마침내 '적을수록 좋다less is more'는 사실을 깨달은 후로는—다이어트 책, 다이어트 식품, 조깅용품, 실내 운동기구 등을 구입하라는 식이다. 사랑과 우정을 얻고 싶으면 향수, 애프터셰이브 로션, 화장품, 체취 제거제, 치약, 구강 청결제, 와인, 맥주, 콜라 등을 구입하면 된다. 아름다운 풍광과 모험을 원한다고? 그렇다면 동양으로 떠나는 패키지 투어를 구매하면 된다.

자연도 이제는 구매의 대상이다. 신선한 공기와 쾌적한 환경을 위해 돈을 지불하려는 사람들이 점점 늘고 있다. 심지어 우리는 '번잡한 일상에서 벗어나기 위한' 숲속의 캠핑조차 값비싼 캠핑 장비의 형태로 '번잡한 일상'을 잔뜩 사서 짊어지고 떠나야만 가능하다고 믿도록 세뇌당했다. 그래서 자연 속에서 맑은 공기를 마시며 하루 이상 머물기 위해서는, 애초에 자연까지 우리를 데려가서 자연을 즐기는 동안 자연을 파괴하는 자동차를 제외하더라도 수백 달러에 달하는 초기 투자금이 필요하다.

한편 성적 만족을 얻기 위해서는 자기네 제품을 사야 한다고 떠들어대는 광고가 그렇게 많은 건 왜일까? 그것은 성적 쾌락이 사실 돈과는 아무 상관이 없기 때문에 돈의 우월성에 도전하는 까닭이다. 모든 업계가 성적 매력을 슈퍼마켓에서 살 수 있는 무언가로 포장하기 위해 안간힘을 쓴다. 한 예로, 미국인이 체취 제거제에 그렇게 집착하는 이유도 바로 여기에 있다. 사람들은 어떤 향기에는 성적 매력을 느끼고, 어떤 냄새에는 불쾌감을 느낀다. 화장품업계의 목표는 사람들에게 자연적인 체취가 혐오스럽다는 생각을 심어줌으로써 인간 본연의 매력적인 체취를 무시하고 자신들이 생산한 향수를 뿌리게끔 유도하는 것이다. 이것은 성(性)을 경제 속으로 끌어들이는 방법이자, 사람들에게 성적 만족을 얻으려면 돈이 필요하다는 인식을 심어주어 사회적 지위와 성적 만족을 동질화하는 방법이기도 하다. 여기에는 온 국민을 여드름이 극성을 부리는 사춘기 초반에나 어울릴 법한 강박적이고 자의식 강한 자기 불만 상태로 몰아넣는다는 불행한 부작용이 뒤따른다.

돈은 본래 인간의 하인으로 만들어졌다. 그런데 우리가 이 하인에게 지나치게 의존하다 보니, 어느 순간 하인이 우리의 주인으로 변해버렸다. 우리가 그들에게 인생을 영위하는 능력을 넘겨버렸기 때문이다. 하인은 이제 너무도 막강해져서, 우리들은 하나같이 공허한 존재이니 스스로를 채울 방법을 찾아야 한다고 우리를 설득하기에 이르렀다. 우리 내면은 텅 빈 구멍투성이이기 때문에, 끊임없이 외부의 물질을 끌어다 우리의 결함과 결핍을 메꿔 나가야 한다는 것이다. 이런 공허감이나 불완전한 느낌, 즉 어떤 외부 물질 없이는 스스로 불완전하다고 느끼는 필사적인 의존 성향이야말로 중독의 본질이자 특성이다. 이 책에서는 바로 이 중독을 다루고자 한다.

　이 책은 돈에 대해 매우 낡고 매우 단순하지만, 매우 중요한 질문을 성찰하고자 한다. 그것은 우리가 돈을 지배하느냐, 아니면 돈이 우리를 지배하느냐의 문제이다.

돈에 중독된 사람들
The Money on Your Back

최근 캘리포니아의 난파선에서 승객 한 명이 200파운드의 금을 허리띠에 동여맨 채 배 밑바닥에서 발견됐다. 그렇다면 가라앉던 순간 그가 금을 가졌던 것일까? 아니면 금이 그를 가졌던 것일까?

러스킨Ruskin

내가 사는 도시 옆에는 파사티엠포Pasatiempo라는 시골마을이 있다. 이름만 들으면 농민들이 낮잠으로 느긋하게 한나절을 보내는 꿈 같은 멕시코 마을이 연상되지만, 실제로는 그곳에 농사를 짓는 사람이 한 명도 없다. 파사티엠포는 근사한 구릉 중턱에 자리 잡은 도시 위쪽으로 골프장을 둘러싸고 평화롭게 모여 있는 부촌이다.

미국 건국 200주년(1976년)에 이 일대에 극심한 가뭄이 들었다. 주민들을 대상으로 용수 사용제한 조치가 취해졌다. 매일 호스로 세차를 하거나 정원에 물을 주지 말라는 지시가 떨어졌고, 다양한 절수 장비가 배부되었다. 비상조치가 발동되기 전에, 물 사용을 자제하라는 당부만으로도 도시의 물 사용량은 거의 20퍼센트나 줄어들었다. 그런데 유독 파사티엠포만은 이 요청을 따르지 않았다. 이 마을의 물 사용량은 오히려 **전보다 50퍼센트나 증가**했던 것이다.

이 작은 사건은 내가 부자들과 그들을 대하는 우리의 태도에 대해 생각해보는 계기가 되었다. 그것은 다음과 같은 두 가지 의문점 때문이다. 하나는 파사티엠포 주민들의 행동이었다. 그들은 어째서 평소보다 훨씬 더 많은 물을 소비하게 되었을까? 그들은 마치 물이 부족하다는 소리를 듣자마자 일제히 수도꼭지로 달려가 물을 최대한 틀어 놓은 꼴이었는데, 이것은 차분하고 쉽게 동요하지 않으며 다분히 영국적인 성향이라는 부자에 대한 우리의 할리우드 식 고정관념과는 사뭇 달랐다. 우리 문화의 통념상 그들이 물 사용제한을 무시하는 상황은 예상할 수 있어도, 일부러 물 부족 사태를 악화시키는 상황은 받아들일 준비가 안 되어 있었던 것이다.

또 하나의 의문점은 이런 파사티엠포의 소식이 세상에 알려진 후에도 아무런 비난이나 항의가 없었다는 점이다. 이 소식이 물을 절약하려는 다른 주민들의 노력에 찬물을 끼얹었으리라는 것은 분명하다. 다 같이 힘을 모아야 할 상황에 이렇게 엇나가는 사람들이 생기면 나머지 주민들의 사기도 떨어지기 쉽다. 그러나 실제로는 절수 방침이 워낙 큰 효과를 거두어 이내 모든 강제적인 제재 조치가 철회되었다. 당시 나머지 주민들의 태도는 부자들이 자기 몫보다 더 많은 물을 쓸 것을 예상했으며, 그것을 기꺼이 부자들의 특권으로 인정한다는 식이었다. 그런 가난한 사람들의 태도는 내게, 탐욕스런 아이가 충동을 자제할 수 없다는 것을 당연시하고 아이의 응석을 받아주는 너그러운 부모처럼 보였다.

이런 생각을 하는 동안 나는 부富에 관한 온갖 모순적이고 혼란스러운 생각들이 중요한 점을 놓치고 있음을 감지했다. 예를 들어 여전히 대중에게 널리 수용되는 자본주의적 관점에서는, 부가 남달리 똑똑하고 부지런하며 재능 있는 사람들에게 주어지는 합리적인 보상으로 여겨진다. 부자들은 대부분 재산을 상속받았음에도 불구하고 모종의 특별한 능력과 역량을 지닌 사람들로 널리 인식되고 있다.

마르크스주의 관점은 부를 주로 사회적 측면에서 바라본다. 이 관점은 인간을 타락시키는 돈의 영향력을 강조하지만, 일부 사람이 다른 사람들보다 유달리 그런 영향력에 취약하다는 사실은 거의 주목하지 않는다. 부 중독에 관한 마르크스주의 이론은 약물 중독에 관한 미국인의 이론과 놀랄 만큼 흡사하다. 마약 밀매상이 순진한 희생자에게 몰래 헤로인을 한 번만 투여할 수 있다면, 그렇게 걸려든 고객들의 중독을 평생 부추기기만 해도 먹고살 수 있다는 식이다.

한편 정신분석의 초창기에는 돈의 심리학을 분석하려는 야심찬 시도가 돋보였다. 프로이트Sigmund Freud와 그의 제자들은 항상 무언가를 비축하고 절약하고 말끔히 정돈하려는 '항문기 성격anal personality'에서 돈에 대한 집착을 읽어냈고, 직장 질환이 부자들에게 공통적으로 나타나는 신경증적 증상임을 발견했다. 그러나 부의 신경증적 측면에 대한 이런 학문적 관심은 정신분석가 자신들이 부유해지면서 점차 시들해졌고, 최근 수십 년간은 가난과 불결함의 연구에 더 치중하는 추세이다.

돈은 확실히 중독성이 있으며, 돈에 대해 완전한 면역력을 갖춘 사람은 거의 찾아보기 힘들다. 그렇다고 중독의 원천인 돈을 누구도 당해내지 못할 보편적인 위협으로만 여겨서는 아무 도움이 되지 않는다. 일부 사람이 다른 사람들보다 더 쉽게 중독된다는 사실을 지적하면 헛된 안도감을 느낄 사람도 있겠지만, 돈이라는 미끼에 대응하는 우리의 내부 기제를 파악하는 데는 그런 과정이 필수적이다. 만일 어떤 사람이 처음 담배를 피우면서 니코틴 중독에 빠질 것을 우려한다고 해서 처음부터 자기 내면을 돌아볼 필요는 없다. 역설적이게도 자기이해는, 중독 증세가 워낙 확연하여 우리 눈으로 직접 확인할 수 있는 '불쌍하고 불행한' 사람을 우월한 입장에서 분석적으로 바라볼 때 시작되는 경우가 많다. 극적인 중독 증세를 확인하고 나서야 비로소 자기 안의 증상을 감지할 수 있는 것이다.

나는 미국인이 대부호들의 유별난 병적 증상을 이해하지 않고도 자신의 돈 노이로제를 과연 다스릴 수 있을지 의심스럽다. 부자들의 중독을 유지시키고 우리의 중독을 부추기는 것은 부자에 대한 우리들의 선망과 존경이기 때문이다. 부를 바라보는 미국인의 시각은 1900년 이래로 거의 변한 것이 없다. 비록 지식인들은 이 주제에 대해 워낙 다양한 주장을 제기하고 반박하여 결국 원점으로 돌아와놓고도 문제를 해결했노라 자부하지만 말이다.

최근의 어느 길거리 인터뷰에서는 오가는 사람들에게 다음과 같은 질문을 했다. "부자들을 보면 화가 나는가?" 이 물음에 응답자 전원이 "그렇지 않다"고 대답하면서, 부자들은 자수성가한 사람이므로 부를 누릴 권리가 있다거나 자신이 언젠가 속하고 싶은 집단을 향해 화를 내는 것은 어리석다고 주장했다. 다시 말해, 자신도 언젠가 부자가 될 것이라는 환상을 즐기려면, 부자들이 부를 누릴 자격이 있는 사람들이라는 확신이 필요한 것이다.

이런 응답자들의 태도를 그저 순진하고 어리석다며 웃어넘길 수도 있겠지만, 우리 사회의 평범한 사람들 대다수가 정말로 이렇게 생각한다면 심각하게 검토해볼 필요가 있다. 게다가 지식인들의 행동 역시 평범한 사람들의 이런 생각과 별반 다르지 않은 경우가 허다하다. 이념적 신념이야 어떻든 간에, 지식인들의 머리와 가슴 사이에는 소통이 턱없이 부족하기 때문이다. 그래서 나는 사람들이 머리로 이해하고 있는 몇가지 사실들을 다시금 밝히고자 한다. 그들이 이 사실들을 머리로는 이해하지만 삶 속에서 가슴으로 느끼며 살아가지 못하기 때문이다.

사회학자인 C. 라이트 밀스C. Wright Mills는 부자들의 엄청난 재산이 스스로 번 것이 아니라 얻은 것임을 입증한 바 있다. 큰 부자들은 대부분 손쉽게 재산을 물려받고, 기존의 지위를 이용한 투자로 막대한 재산을 증식한다. 1950년의 최대 부자 90명 중 68퍼센트는 부유한 가문 출신이었다. 그렇다고 이런 신흥 부자들이 부를 누릴 만한 자격이 없다고 단정 지을 수는 없다. 그들에게는 분명히 이익을 포착하는 예리한 안목이 있었고, 개중에는 자신의 분별력으로 석유 산지를 손에 넣은 사람도 있었다. 그러나 4장에서 살펴보겠지만, 이런 겉모습은 기만적일 수 있다. 이기는 도박사가 항상 영리해 보이는 것은 사실이다. 하지만 부자 열 명이 투기를 목적으로 사들인 땅 중에 한 곳에서만 석유가 발견된다고 해서 그 땅 주인이 다른 부자 아홉 명보다 더 똑똑하리라는 보장은 없다. 오히려 그가 더 부도덕하여 뇌물이나 다른 교활한 수단을 동원해 경쟁자들은 접근할 수 없던 정보를 얻었을 가능성이 더 높다. 실제로 불법적이거나 비윤리적인 행위 없이 큰 재산을 축적한 부자는 거의 찾아보기 힘들다.

이것은 괜히 냉소적으로 하는 말이 아니다. 큰 재산을 윤리적인 방법으로 얻을 수 없는 이유는 매우 간단하다. **돈은 거래 수단이고, 윤리적인 거래라면 모든 참가자의 재산이 거의 비슷해진 상태로 끝나기 때문이다.** 따라서 평생 동안 거래를 거듭한 끝에 한 사람은 부자가 되고 한 사람은 가난해졌다면, 가난한 사람은 사기를 당한 것이고 부자는 사기꾼인 셈이다. 이것은 사업 성공의 제1원칙에서 극명히 드러난다. **"싸게 사서 비싸게 팔라"**는 이 원칙은 바꿔 말하면 "거래 상대를 속이라"는 것이다. 만약 우리의 경제체제 전체가 이런 원칙에 바탕을 둔다면, 최대의 보상이 최대의 사기꾼에게 돌아간다고 해서 놀랄 것도, 분개할 것도 없다. 우리가 정작 자문해야 할 것은 "우리가 정말 그들에게 보상을 주기를 원하는가?"라는 질문이다.

모든 사회는 어떤 식으로든 그 사회에 가장 가치 있는 기술이나 재능, 개성을 가진 사람에게 보상을 주게 마련이다. 지금의 우리 사회는 탐욕과 약삭빠른 거래에 보상을 주고, 관용과 겸손에는 벌을 준다. 그렇다면 결국 그것이 우리가 추구하는 바일 텐데, 지금 우리가 무슨 짓을 하는지, 또 어떤 대가를 지불하고 있는지는 좀 더 생각해볼 필요가 있다. 우리와 평생 동안 거래해온 사람이 결국 부자가 되었다면, 그는 그 대가로 우리에게 무엇을 지불했을까?

대부분 "아무것도 지불하지 않았다"고 답할 것이다. 그들은 끊임없이 결핍을 느끼고 어떤 대가도 제공하려 하지 않았기 때문에 부자가 된 것이다. 만일 무엇으로든 대가를 지불하려는 사람이었다면 결코 부자가 되지 못했을 것이다. 부자들은 싸게 사서 비싸게 파는 방식으로, 바꿔 말하면 준 것보다 더 많은 것을 빼앗는 방법으로 재산을 모으기 때문이다.

부자들을 옹호하는 사람들은 이런 단순한 진실을 회피하기 위해 온갖 기발한 논리를 고안해왔다. 그들은 부자들의 자선사업, 한곳에 부를 집중시킬 경우의 이점, 자기 자본을 들여 특별한 위험을 무릅쓴 데 따른 보상의 필요성 등을 거론한다. 그러나 5억 달러를 훔쳐가고 100만 달러를 내놓는 것은 일반적인 '자선'의 정의에 부합하지 않는다. 게다가 4장에서 살펴보겠지만, 최대 부호들 가운데 상당수는 자선단체에 거의, 또는 한 푼도 기부하지 않는다.

만약 우리가 소수의 사람을 큰 부자로 만드는 데 상당한 국력을 바치지 않았더라면, 애당초 그들의 기부를 필요로 하지도 않았을 것이다. 우리는 각자에게 돌아가야 할 자원(과 돈)을 한곳에 집중시켜 몇몇 사람을 점점 더 부자로 만든다(자신도 언젠가는 그런 운 좋은 소수에 들기를 간절히 바라면서). 그러고 나서 기본적인 생계유지를 위해 작은 도움을 구걸하고, 부자들로부터 약간의 부스러기라도 떨어지면 감지덕지한다. 이것은 집중된 부의 혜택을 거두는 방법 치고는 매우 비효율적으로 보인다. 각종 세금과 조합비, 퇴직연금, 모금 등 다른 방법도 얼마든지 많다. 우리는 그동안 우리 사회 내에 돈을 집중시키는 더 나은 방법이 있음을 거듭 증명해왔다. 그리고 위험에 관해서도 한마디 하자면, 부자들이 위험을 무릅쓰는 것은 위대한 대의에서 뿐만 아니라 자신들의 이기적인 목적을 위해서이기도 하다. 더욱이 기업은 본래 위험을 분산할 목적으로 만들어진 제도이므로, 부자들이 이 과정에서 굳이 개인의 재산을 동원할 필요도 없다.

우리 사회는 마치 거액의 당첨금이 걸린 복권 제도처럼 돌아간다. 모든 사람이 돈을 갹출하여 몇 사람에게 몰아주고는, 그 부작용에 따른 사회와 구성원의 수요를 충족시키기 위해 애쓴다. 국영 복권이 판매수입의 몇 퍼센트를 떼어내어 예산의 수지를 맞추고 (복권 제도에 참여하라고 권장하는 광고 등으로) 복권 제도를 운영하듯이, 국가 전체가 거대하고 대단히 부패한 복권 제도를 운영하면서, 일부 수입은 복권 상금을 지급하는 데 (즉 몇몇 사람을 부자로 만드는 데) 쓰고, 일부 수입은 복권 사업을 유지하는 데 (즉 사람들에게 의식주를 제공하고 과학과 예술, 교육과 국방을 지원하는 데) 쓰고, 일부 수입은 광고비로 (즉 우리에게 이 시스템이 얼마나 훌륭한지를 계속 강조하고자) 쓴다. 그런데도 국영 복권이 국가 재정을 확충하는 어리석은 방법이라고 규탄하는 많은 사람들마저 경제체제에 대해서는 완벽히 합리적이라고 믿는 경향이 있다.

현 경제체제의 옹호론자들은 이런 식으로 몇몇 사람을 부자로 만들면 결국에는 모두에게 혜택이 돌아간다고 주장한다. 사람들은 부자가 되기 위해 열심히 일하고, 부자들은 돈을 써서 전체 사회가 돌아가게 만든다는 것이다. 이것이 그 유명한 '트리클 다운trickle-down 이론(낙수 효과)'이다. 그 명칭만으로도 충분히 반박의 여지가 있다. 이름부터 '포어 다운pour-down 이론(억수 효과)'이 아닌 것이다.

이 이론의 근본적인 문제는 부자들이 축적한 부에 비례해서 돈을 쓰지 않는다는 데 있다. 바로 그렇기 때문에 그들이 부자인 것이다. 그들은 원래 **주는 것보다 더 많이 받고, 쓰는 것보다 더 많은 돈을 저축하며,**

싸게 사서 비싸게 파는 사람들이다. 그러므로 부자에게서 가난한 자에게로 이전되는 돈은 '트리클(극소량)'에 불과할 수밖에 없다. 이에 반해 사회에서 가난한 자들이 버는 돈은 금방 다시 부자들의 손으로 되돌아간다. 가난한 자들이 소비를 하기 때문이다. 살아가기 위해서는 누구나 소비를 해야 한다. 게다가 부자들은 대개 가난한 자들이 비싸게 사서 싸게 팔 수밖에 없는 구조를 만들어놓았기 때문에, 부가 아래로 흘러넘치는 속도는 느려도 위로 빨려 들어가는 속도는 매우 빠르다. 이처럼 트리클 다운 이론은 워낙 얼토당토않기 때문에 정색하고 반박할 가치조차 없는데도, 여전히 우리 사회의 공식적인 신념으로 자리 잡고 있다. 이 점은 6장에서 더 자세히 논의할 것이다.

앞서 우리 경제체제가 다수를 희생시켜 소수에게 보상을 몰아주는 일종의 복권 제도와 같다고 했다. 그렇다고 부자가 된 사람들이 단지 운만 좋았다는 뜻은 아니다. 4장에서 살펴보겠지만, 부자들은 오로지 돈을 벌겠다는 일념으로 그 목표를 달성하기 위한 기술을 갈고닦는 데 전력투구해온 사람들이다. 그들은 자신이 원하는 바를 잘 알고 그것을 추구하며, 우리 사회는 그런 종류의 집중력과 추진력을 높이 산다. 이것은 잘못된 일이 아니다. 집중력과 추진력은 분명히 훌륭한 자질이다. 하지만 이런 자질은 돈과 전혀 무관한 방식으로도 얼마든지 발휘할 수 있다. 이 세상에는 돈에 눈이 먼 대다수의 사람들이 거들떠보지 않지만 훌륭한 일을 할 기회가 얼마든지 있다.

모든 신흥 부자들이 거저 재산을 얻는 것은 아니다. 가끔씩 사회적 기여를 바탕으로 재산을 모으는 부자들도 있다. 예를 들어, 예술가나 연예인은 사람들에게 즐거움을 주는 대가로 돈을 번다. 획기적인 발명품이 큰 인기를 얻기도 한다. 그러나 백만장자가 되려면 대개 어떤 형태로든 조직체가 필요하다. 아무리 좋은 발명품도 생산하고 홍보하고 유통시켜야 비로소 돈이 되기 때문이다. 산업왕국은 하루아침에 생겨나거나 한 사람의 힘으로 건설될 수 없다. 모든 백만장자의 뒤에는 충성스런 파트너와 헌신적인 추종자 집단이 버티고 있다. 그 정도의 많은 돈을 벌려면 다종다양한 기술이 요구되기 때문이다. 그런데도 그 수많은 중요한 재능이 부의 축적에 기여함에도 불구하고 금전적 보상을 차지하는 것은 겨우 한두 사람뿐이다. 어떤 의미에서 이것은 '필요에 따라 배분 받는' 사례일 수도 있다. 성공적인 사업의 구성원 중에는 상당한 급여를 받으며 맡은 바 일을 잘하고 능력을 인정받는 데 만족하는 사람들이 있다. 그러나 또 한편에는 유난히 결핍이 심하고 불안정한 구성원들이 있다. 이들은 경쟁심이 강한 중독 증세 때문에 항상 자신의 몫 이상을 얻으려는 강박에 시달린다. 이들은 자신이 가진 것을 남들도 갖고 있으면 결코 만족하지 못한다. **남들이 가진 것을 기어이 빼앗아야만** 비로소 만족스러워지는 것이다.

물자가 부족한 상황에서 물자를 개인적으로 비축하거나 오히려 남용하는 부자들에 대해서도 이렇게밖에는 설명할 수가 없다. (전시처럼) 물자가 희소해질 경우 부자들은 늘 그렇듯이 자신의 정당한 몫보다 더 많이 가져갈 뿐 아니라 평소보다도 더 가지려 드는 경우가 많다. 이를테면 1973~74년의 에너지 위기 때도 부자들은 값비싸고 특히 연료 소모가 많은 대형 자동차를 수천 대나 구입했는데, 그럴 만큼 경제적으로 여유가 있다는 사실을 과시하는 것이 유일한 목적인 것처럼 보였다. 진짜 부 중독자에게는 다른 사람이 그것을 얼마나 절실히 원하는지, 또는 필요로 하는지에 따라 소유물의 가치가 매겨지기 때문이다.

내가 사는 도시에는 값비싼 요트 수백 척이 정박한 항구가 있다. 1년 중에 날씨가 가장 좋을 때에도 실제 사용되는 요트는 그중 4분의 1도 안되고, 몇 척을 제외하고는 대부분 한 달에 한 번이나 1년에 한 번 정도 사용될 뿐 연중 내내 항구에 묶여 있다. 자물쇠가 채워진 울타리 안에서 요트는 오직 경탄과 질투를 유발하는 상징으로 존재하는 듯 보인다. 요컨대 남들에게 부 중독을 유발하기 위해 그곳에 전시되는 것이다. 이렇듯이 모든 부 중독자는 노골적으로 남들의 중독을 충동질하려는 경향이 있다. 부 중독은 중독자가 **다른 사람의 금단현상을 보면서 한층 더 희열을 느끼는 유일한 중독**이기 때문이다.

많은 사람이 자기 요트를 갖기를 꿈꾸고 실제 소유하는 사람도 날마다 늘어가지만, 요트는 사실 슬롯머신 게임보다도 투자 가치가 떨어진다. 요트를 구입하고 거주 지역에 정박시켜두는 데는 워낙 큰돈이 들어서, 본전을 뽑자면 1년 내내 매주 세 번씩은 꼬박꼬박 이용해야 한다. 그러니 필요할 때만 빌리는 편이 당연히 경제적이다. 만약 이 개인 소유의 요트들을 모조리 임대용으로 돌린다면 대여료가 하락하여 이용객이 크게 증가하겠지만, 그런 경우에도 여전히 놀려두는 배들은 많을 것이다. 요트를 소유할 재력이 있는 사람이 원하거나 필요할 때 언제든지 요트를 구하기는 어렵지 않으리란 뜻이다. 결국 요트를 소유하는 진짜 목적은 다른 사람들이 그 배를 즐기지 못하게 막기 위한 것으로 보인다.

부자들의 이런 심리는 요트에만 국한되지 않는다. 전용기를 세워두는 공항은 언제 보더라도 이용량이 많지 않다. 또 내가 사는 도시에서 가장 전망이 훌륭한 해변의 최고급 저택들은 거의 1년 내내 차양을 치고 비워진 채로, 다른 사람들이 아름다운 경관을 누리지 못하도록 막고 있다.

가장 극단적인 사례는 미술품 도둑이다. 어떤 미술관에서 걸작을 도난당했다는 소리를 들으면, 흔히 복면을 쓰고 각종 연장과 범죄용 장비를 갖춘 절도범을 떠올린다. 그러나 그 모든 미술품 도둑들의 배후에 백만장자들이 있다는 사실을 의식하는 사람이 거의 없는 것은 놀라울 정도이다. 그들이 아니면 훔친 미술품을 사들일 만한 재력가가 없는데도 말이다. 위대한 예술품은 일반적인 장물처럼 거래될 수 없다. 오로지 개인적 만족을 위해 작품을 숨겨두려는 부유한 수집가들에게나 매매가 가능하다.

내가 처음 이런 생각을 이야기하자 사람들은 터무니없는 소리라며 웃어넘겼고, 나중에 샌프란시스코의 한 미술관에서 렘브란트Rembrandt 작품을 도난당했을 때 그곳의 회화 담당 큐레이터도 똑같이 회의적인 입장을 표했다. 그는 '어느 부도덕하고 탐욕스러운 수집가가 금고 속에 렘브란트의 작품을 넣어두고 한밤중에 몰래 꺼내 보며 코냑이나 홀짝거리기 위해 그 비싼 가격에 사들인다는 것은 그야말로 할리우드식 발상'이라며 내 생각을 비웃었다. 그러면서 도둑맞은 작품이 시장에서 거래되기에는 너무나 잘 알려져 있으므로 금방 회수될 것이라고 주장했다. 그러나 그의 낙관론은 이런 상황에 가장 정통한 인물, 즉 국제미술품보안협회International Association of Art Security의 회장 앨런 베어 Alan Baer의 동의를 얻지 못했다. 그는 도난당한 작품이 국제 암시장에서 팔릴 것으로 예측하며, 인터폴이 루벤스Rubens, 벨리니Bellini, 코레조

Correggio, 툴루즈 로트레크Toulouse-Lautrec 등의 도난당한 걸작을 현상 수배 중이지만 여전히 오리무중이라고 지적했다. "화가들의 명성과는 아무 상관이 없습니다." 그는 도난 미술품 시장이 연간 5,000만 달러가 넘는 대규모 사업이라며 이렇게 말했다. "돈 많고 양심 없는 수집가들은 어디에나 있으니까요."

부에 대한 중독의 속성을 이보다 더 단적으로 보여주는 사례는 없을 것이다. 부자는 도둑에게 미술관의 그림을 훔쳐달라고 의뢰하며 돈을 지불한다. 미술관에 걸려 있는 그림은 (그 부자를 포함해) 수백만 명이 즐길 수 있지만, 부자는 그림을 집에 가져다놓고 혼자 독점하길 원한다. 그는 작품을 손에 넣더라도 결코 발각당하지 않을 만한 비밀 장소에 보관해야 하기 때문에 그림을 충분히 감상하기는 힘들 것이다. 수집가의 진정한 만족은 **소유의 배타성**, 즉 가난한 사람들에게서 그 그림을 보는 즐거움을 **빼앗는다**는 데 있다.

나는 부자들의 이러한 심리 상태를 표현하기 위해 '부富 중독Wealth Addiction'이라는 용어를 사용한다. 아마 이 용어가 적절하지 않다고 생각하는 사람도 많을 것이다. 그런 사람들이 내세우는 반박의 논리는 부자라고 해서 전부 중독자는 아니라는 것이다. 중독이라면 어딘가 광적이고 탐욕스러운 느낌을 주는데, 자선단체와 대학 이사회에 앉아 있는 자산가들의 우아하고 교양 있는 이미지와는 전혀 어울리지 않는다는 것이다.

그러나 안타깝게도 모든 중독은 양量이 관건이다. 중독자와 비중독자를 구분하는 기준도 상당 부분 양에 달려 있다. 1년에 한두 번 헤로인을 복용하거나 매주 한 번 술을 마시는 사람을 중독자라고 볼 수는 없다. 하지만 독한 위스키를 매일 반 파인트(약 285밀리리터) 넘게 마신다면 본인이 인정하든 안 하든 알코올 중독자라고 봐야 할 것이다. 같은 이유로, 나는 **보유 자산이 100만 달러가 넘거나 연간 순소득이 5만 달러 이상이면** 누구든 부 중독자로 봐도 무방하다고 생각한다. 물론 이런 자산가들만이 부 중독자라는 말은 아니다. 술을 일절 입에 대지 않는 사람들 중에도 잠재적인 알코올 중독자가 수두룩하듯이, 현재 가난한 사람들 중에도 잠재적인 부 중독자가 부지기수이다.

그러나 모든 금주가를 잠재적인 알코올 중독자로 치부해서도 안 되듯이, 모든 가난한 사람을 잠재적인 부 중독자로 간주해서도 안 된다. 술에 전혀 관심이 없는 사람들도 많은 것처럼, 돈에 집착하지 않는 사람들도 의외로 많다. 모든 사람이 돈을 원한다는 것은 부 중독자가 자신들의 중독을 합리화하기 위해 유포시킨 거짓에 불과하다. 다른 중독자들도 이와 유사한 행동을 한다. 알코올 중독자는 술꾼만이 인생의 재미를 안다고 큰소리칠 때가 많은데, 늘 술고래들에 둘러싸여 살다 보니 그동안 만난 재미있는 사람들이 전부 술꾼들이었을 뿐이다. 게다가 부 중독자는 언론매체 등을 통해 우리 사회에 막강한 영향력을 행사하므로 다른 중독자에 비해 자신들의 중독을 변호하기에도 더 유리하다. 그럼에도 불구하고 7장에서 살펴볼 것처럼 우리 사회에는 부 중독에서 탈피하는 사람들이 점점 더 늘어가고 있다.

일각에서는 부자들이 그저 태어날 때부터 돈이 많았다든가, 늘 해오던 습관대로 재산을 유지한다든가, 보수가 높은 직업을 가졌다든가, 확실한 안정을 추구할 뿐이라는 반박도 나올 수 있다. 이와 같은 주장은 알코올 중독자들도 똑같이 할 수 있다. 그들은 단지 술꾼 집

안에서 태어났다든가, 사회적 교류를 위해 술을 마신다든가, 지루한 일상에서 기분전환이 필요하다든가, 칵테일을 마시는 것은 유쾌한 습관에 불과하다고 말한다. '단지 습관에 불과하다'는 것은 우리가 바로 그 습관을 문제 삼는 상황에서는 특히나 기묘한 변명이다.

많은 양과 일관성은 반박의 여지없는 중독 증상이다. 그 대상 없이도 고통받지 않고 살 수 있어야만 중독의 혐의에서 벗어날 수 있다. 물론 돈이 많다는 사실만으로 중독자라고 단정 지을 수는 없다. 부 중독자는 높은 소득을 계속 유지하거나 점점 늘려간다. 비중독자는 어쩌다 많은 돈이 생기더라도 돈에 연연하거나 강박적으로 더 많은 돈을 추구하지 않는다. 돈을 놓아버릴 수 있어야만 중독이 아니라는 것이 입증된다.

더 심각한 것은 (술, 담배, 카페인, 마리화나, 설탕, 신경 안정제 바륨, 코카인처럼) 돈이 아무리 많아지더라도 사람을 여유롭고 행복하게 만들 뿐 중독으로 치닫지 않을 수 있다는 주장이다. 물론 많은 재산을 얻어 마음껏 즐기다가 깡그리 탕진하는 사람들도 있다. 그런 사람은 중독자가 아니다. 그러나 나는 많은 재산을 보유하고 거기에 집착하면서도 끝내 중독에는 이르지 않는 사람을 단 한 번도 본 적이 없다.

모든 중독자의 은밀한 계략은 자신의 중독을 누구나 빠지기 쉬운 나약한 인간의 취약점으로 덮어버리려는 것이다. 골초가 보기에는 건강관리에 미친 극소수 사람을 제외하고 누구나 담배를 피운다. 알코올 중독자가 보기에는 극소수의 금욕주의자를 제외하고는 누구나 술을 마신다. 낮아진 자존감을 북돋우고자 강박적으로 성에 집착하는 성도착자는 자신이 그저 남달리 정력적이고 혈기왕성할 뿐이라고 주장한다. 그리고 부 중독자는 극소수의 유별난 은둔자를 제외하고는 누구나 돈을 추구하며, 자신들은 단지 유능하고 공격적인 방식으로 돈을 벌어들이는 것뿐이라고 강변한다.

부 중독자가 다른 중독자와 다른 점은 일반 대중에게 이런 착각을 심어주는 데 상당한 성공을 거두고 있다는 점이다. 골초가 비흡연자를 상대로 벌이는 설득은 사실상 승산이 없다. 알코올 중독자도 점점 비슷한 처지가 되어간다. 남녀를 불문하고 진정한 성욕과 절박한 자기애를 구분할 줄 아는 사람들도 점점 늘어가고 있다. 그렇지만 정신의학자 에드먼드 버글러Edmund Bergler가 지적하듯이, "돈에 대한 신경증적인 태도는 사회 부유층의 인정과 사회적 지지를 받고 있어 외부의 압박으로부터 자유롭다. 돈에 대해 평범한 태도를 지닌 부자는 거의 찾아보기 어렵다".

부 중독자들은 사회 전체의 선전기구를 좌지우지하며, 그들의 자기기만을 영속화하기 위해 총력을 기울인다. 그 결과 가장 심각한 중독자들의 신경증적 방어기제가 우리 사회의 공식 이데올로기로 자리매김했다. 그들의 탐욕, 이중성, 냉혹성, 자기 본위, 편협함, 즉 다른 모든 것을 배제하고 오로지 제한된 목표에만 주력하고 집중하는 능력 등은 명백히 우리 사회가 기꺼이 치하하고 보상하려는 자질이 되었다.

초지일관 돈 버는 데 집중하는 삶이 결국 부 중독자들이 추구하는 '성공'으로 이어진다는 점에는 의심의 여지가 없지만, 장기적으로는 그들의 삶에 불행과 불만을 가져다줄 수도 있다. 물론 어떤 사람이 다른 사람보다 더 행복하거나 불행하다는 것을 증명하기란 쉬운 일이 아니다. 아마 대부분의 사람들은 부자가 평범한 일반인보다 어딘가 더 행복해 보인다고 생각할 것이다. 분명히 우리 주변에는 유쾌해 보이는 알코올 중독자도 있을 테고, 평온해 보이는 골초나 마약 중독자도 있을 것이다. 그러나 일부 중독자가 중독의 늪에 빠져서도 쾌활함을 유지한다는 것과 중독 자체가 그들을 즐겁게 만든다는 것은 전혀 다른 이야기이다. 암 투병 중에도 쾌활하고 긍정적인 태도를 잃지 않는 환자가 있다고 해서 암이 우리에게 행복을 가져다준다거나, 모두들 암에 걸려야 한다고 주장하는 사람은 없다. 나는 때때로 흥에 겨워하는 술꾼은 본 적이 있어도, 평생을 술 마시는 데 바치고도 고통받지 않는 사람은 본 적이 없다. 그리고 4장에서 다시 언급하겠지만, 부 중독자의 경우에도 이와 마찬가지라고 믿는다.

부가 인간을 불행하게 만드는 주된 이유 중 하나는 부자에게 자신의 경험에 대한 과도한 통제력을 선사하기 때문이다. 부자는 인생이 제시하는 현실을 맛보기보다 자신의 환상을 현실로 바꿔가며 살아간다. 이는 대체로 사람을 무기력하고 김새게 만드는 일이다. 우리가 인생에서 벌어지는 일을 통제할 수 있게 되면, 살면서 느끼는 감흥이 대부분 사라진다. 부가 예상치 못한 일로부터 보호해주기 때문에, 부자는 인생에서 뜻밖의 일을 거의 기대할 수가 없다. 부자의 세계는 그의 생각에서 비롯된 산물들로 가득 차게 되므로 색다른 경험을 박탈당한다.

어느 모텔 체인이 내건 광고 중에 여행에서 "가장 놀라운 일은 놀라운 일이 없다는 것the best surprise is no surprise"이라는 문구가 있다. 여행 중에 그렇게 놀라운 일을 피하고 싶다면, 왜 군이 수고스럽게 집을 떠나는 것일까? 나 역시 그렇지만 내가 이야기를 나눠본 다른 여행자들 모두 여행 중에 겪었던 위기, 돌발 상황, 예기치 못한 모험에서 가장 짜릿한 경험을 했고 그 기억을 추억으로 간직하고 있다. 물론 적잖은 고생도 따랐지만, 고통받을 가능성을 허용하지 않으면 기쁨을 누릴 가능성도 차단하게 된다. 여행하는 사람이 몸과 마음을 온전히 모험에 내맡기고 '유연히 대처해' 나간다면 그 여행은 분명히 행복과 만족을 줄 것이다. 그것이 내 믿음이다. 낯설지만 친절한 이방인이나 유머 감각이 여행 중의 불편이나 어려움마저 즐거움으로 바꿔줄 테고, 어긋나버린 계획이 이전에는 알지 못했던 세계의 문을 열어줄 것이다. 이것이 바로 여행을 하고 모험을 떠나는 이유이다. 아무런 위험도 감수하지 않는다면, 아무것도 얻을 수 없다. 그런데 부는 여행에서든 일상생활에서든 모험과 도전을 거세하고 거친 자리를 푹신하게 만들며, 뜻밖의 일을 억제하고, 색다른 경험을 잠재우는 역할을 한다. 결국 '성공하는' 사람은 오직 운명을 휘어잡고 통제하려는 노력에만 열중하게 된다. (물론 우리가 모험에 유연히 대처한다면, 우리의 부는 그리 오래 유지되지 못할 것이다.) 부자들은 좌절과 모험에 유난히 과민 반응을 보이는 경향이 있다. 그들은 새로운 문이 열리는 것보다 자신의 노력이 무산된다는 것에 더 관심을 갖는다. 반면 비중독자는 인생을 통제하기보다는 충만하게 살고자 하는 사람들이다. 그렇기 때문에 그들은 오랫동안 부자로 남아 있는 경우가 드물다.

우리가 평생 부자로 남을 만큼 자신의 세계를 통제할 수 있다면, 언젠가는 도전에 목말라하는 자신을 발견할 가능성이 높다. 동서고금을 막론하고 부자들은 권태에 시달렸고, 기분전환이나 오락 등의 진기한 경험을 구매함으로써 권태를 극복하고자 필사적으로 애썼다. 그러나 이것은 장기적으로 볼 때 오히려 문제를 키우는 꼴이다. 진짜 예상 밖의 경험은 말 그대로 통제될 수가 없기 때문이다. 우리가 돈을 주고 산 경험에서 강렬한 놀라움을 얻는 경우는 극히 드물다. 의도된 경험은 아무런 위험도 감수할 필요가 없으므로 역시 금방 지루해지고, 손쉽게 자극의 수위를 높이려는 유혹에 빠지게 된다. 위기감이 전혀 없는 게임이 과연 얼마나 오래 흥미를 끌겠는가? 내 집 같은 편안함 속에서 여우 사냥이나 사파리에 나가본들 과연 얼마나 흥분이 되겠는가? 가능한 모든 위험을 예상하고 사전에 미리 대처해놓은 (그리고 행여 예기치 못한 불상사가 발생할 경우 담당자가 바로 해고되는) 상태에서 무슨 모험이 가능하겠는가? 그래서 자꾸만 새로운 볼거리, 새로운 즐거움, 새로운 예술가, 새로운 광대, 그리고 더욱더 폭력적인 요소를 찾게 된다. 과거 로마제국의 귀족들이 그랬듯이 오락거리가 점점 잔인해지거나 빠른 말, 빠른 차, 빠른 배 등으로 인해 위험해지는 것이다.

그러나 부가 인간을 불행하게 만드는 이유는 이뿐만이 아니다. 우리가 통제나 조종, 권력, 돈이 배제된 사랑을 할 수 있으려면, 마음을 들여다볼 수 있어야 한다. 나는 나 자체로 사랑스러울까? 다른 사람을 유혹하거나 강요하는 모든 외적 요소를 벗어던진 상태에서도? 부중독자의 마인드는 이런 질문을 회피하며 번번이 외부 환경을 조작하려 든다. 그래서 부유하거나 성공한 남녀는 사랑을 하더라도 감정의 칼로리는 섭취하지 못한다. 우리는 누구나 사람들의 사랑을 바라고 성공을 하려 부단히 노력하지만, 과연 성공을 이룬 후에 우리가 얻는 사랑을 믿을 수 있을까? 명예, 권력, 재산이 생기면 애인을 구하는 데 그다지 어려움이 없겠지만, 그 애인이 사랑하는 것은 우리의 명예, 권력, 재산일 것이다. 미끼를 들고 낚시를 가면, 그 미끼를 무는 물고기를 잡기야 하겠지만, 사랑은 낚시가 아니다. 우리가 무엇보다 원하는 것은 미끼 없이도 있는 그대로의 나 자신이 사랑받는 것이다. 미끼가 커질수록, 사랑에 대한 의구심도 커질 것이다.

내가 만약 목수이고
당신이 여인이라면
그래도 나와 결혼하겠소?
우리 아이들을 낳아주겠소?

마지막으로, 부는 우리가 인생에서 배우고 성장하는 데에도 장애물이 된다. 상황에 대한 통제력과 보험, 백일몽을 실현하는 힘이 지나치게 커지면 현실에 대한 감수성을 잃어버리기 쉽다. 우리가 자연이나 불가피한 일들과 맺는 관계에는 아름답고도 섬세한 균형이 있고, 절묘한 호혜성이 있다. 우리는 살아가면서 피치 못할 일들을 겪고, 그 과정에서 무언가를 배운다. 때로는 힘든 시기도 있고 때로는 편안한 시기도 있다. 때로는 온 세상이 열리며 우리에게 기쁨을 안겨주기도 하고, 때로는 오만상을 찌푸린 채 눈앞에서 문을 닫아버리기도 한다. 우리는 어떤 일을 계기로 자신에게 있는지 몰랐던 능력과 깊이를 새롭게 깨닫거나, 존재조차 몰랐던 세상에서 희열을 맛보기도 한다.

인간의 에고는 편협하다. 에고가 아는 것은 과거뿐이다. 그래서 어제 유효했던 일을 오늘도 계속하려고 든다. 에고는 완고하고 제한적이다. 한눈을 팔지 못하도록 옆 눈가리개를 씌운 경주마처럼 오로지 정면만을 바라보고 달린다. 항상 안위에 대해 염려하며 전전긍긍한다.

상상력이란 거의 없다. 상상력을 발휘하기에는 너무도 분주하기 때문이다. 그래서 우리가 에고에 너무 많은 권한을 부여하면 끔찍한 잘못을 저지르게 된다.

그런데 부는 바로 이러한 에고에 지나치게 많은 권한을 부여하는 성향이 있다. 부를 좇기 시작하면, 우리는 장애물과 좌절을 거기에서 무언가 배워야 할 인생의 이정표가 아니라 용납해서는 안 될 무의미하고 성가신 방해 요인으로 취급하게 된다. 또 불도저 같은 사고방식을 갖게 되어, 인생과 상호 관계를 맺기보다 녹초가 되어 나가떨어질 때까지 혼자 끝없는 트랙을 내달리게 된다. 부가 뒷받침된 사람은 평생 배우고 성장하기가 매우 힘들다. 배우고 성장하려면 실생활의 경험이 밑바탕에 깔려 있어야 하는데 부는 그런 경험을 인생에서 차단시키기 때문이다. 부는 우리에게 진부한 환상, 진로, 목표를 실현시켜줄 수단을 제공하고, 온갖 과도한 안전장치를 제공하여, 우리가 전혀 변하거나 발전하지 않고도 손쉽게 외부의 개입을 통제하게 해준다.

인간은 고무바퀴와 완충장치를 사용하면서부터 땅과 완전히 단절되어, 장애물이 제거 또는 축소되거나 매끈하게 포장된 길 외에는 더이상 땅과 상호작용하는 법을 알지 못하게 되었다. 그 결과 우리는 둔감해지고 우리가 사는 세계는 흉해졌다. 우리는 어디에서든 최단 거리 또는 최소 비용의 길은 만들 줄 알아도, 가장 아름답거나 가장 스릴 넘치거나 가장 섬세하거나 가장 기운을 북돋우거나 가장 우아한 길은 만들 줄 모른다. 부는 개인적인 차원에서도 역시 무미건조하고 감흥 없는 환경을 조성한다. 예를 들어 부자들은 꿈을 이루는 과정에서 경험을 통해 배움을 얻지 못하므로, 스스로 가장 만족스러운 소명을 찾아내기가 어렵다. 만약 작가가 되고 싶다면, 자비自費 출판사에 돈을 지불하고 책을 펴내면 그만이다. 만약 오페라 가수를 꿈꾼다면, 유한 부인들이 자주 그러듯이 극장을 빌리고 객석을 채워줄 관중을 고용하면 된다.

사람은 가장 혹독한 현실에 부딪혀본 후에야 자기 재능의 부족함을 깨닫고 더 올바른 길을 찾아 떠날 수 있는 법이다. 따라서 부 중독자들에게 숨겨진 진정한 재능은 그것이 무엇이든 간에 발견되기 힘들 것이다. 그의 가장 치기 어린 자아상들이 무한정 실현되며 진정한 탐색을 가로막고 있기 때문이다.

의식적으로 자기의 운명을 형성해가는 힘이 너무 강해지면, 우리의 미래는 단지 편협한 목표, 즉 자신에게 안전한 세상을 만들려는 욕망에 갇히고 말 것이다. 안전은 곧 정체를 의미한다. 인생은 위험을 무릅쓸 때 비로소 살 가치가 생긴다. 부는 그 자체도 일종의 안전장치이지만, 더불어 다른 여러 안전장치를 확보하게 해준다. 결국 생명력과 성장은 오로지 부 자체가 위험에 처할 때만 되찾을 수 있다.

그렇지만 가난 역시 사람을 불행하게 만든다. 성장과 행복은 여러 대안 가운데 선택하는 힘에 달려 있는데, 가난한 사람들은 선택의 사치를 누리지 못하기 때문이다. 결국 부자들은 자기 인생에 대한 통제력이 너무 강해서 숨이 막히고, 반대로 빈자들은 통제력이 너무 부족해서 숨이 막힌다. 6장에서 살펴볼 것처럼, 가난한 사람들이 생계를 유지하기조차 힘겨운 것은 부 중독자들이 모든 자원을 독차지했을 뿐 아니라 **부 중독자가 되지 않고는 살아남기 힘든 사회적** 환경을 조성해놓았기 때문이다.

부 중독의 네 가지 징후

The Four Signs of Addiction

이른바 '수단'이 늘어갈수록 그만큼 삶의 기회는 줄어든다.

소로Thoreau

　돈을 원하는 것 자체가 중독의 징후는 아니다. 가끔씩 여행을 가거나 옷을 사거나 요트를 소유하거나 큰 파티를 열거나 친구와 친지에게 줄 선물을 사기 위해 큰돈을 원하는 사람을 꼭 중독자라고 할 수는 없다. 돈을 절약하거나 돈을 벌려고 열심히 일한다고 해서 무조건 중독의 징후인 것도 아니다. 원하는 집을 사기 위해 열심히 일해서 돈을 저축하는 사람은 중독자가 아니다. 진짜 중독자는 **투기로 돈을 벌기 위해 원하지도 않는 집을 사는 사람이다.**

　부 중독은 단순히 돈을 벌거나 절약하거나 바라는 데 그치지 않는다. 부 중독은 돈을 대하는 우리의 태도와 관련이 있다. 그러므로 우리의 건전한 욕망 뒤에 잠복해 쉽게 모습을 숨길 수 있다. 그렇다면 우리가 중독인지 아닌지를 어떻게 판단할 수 있을까? 당장 생계 걱정이 없고 적당한 집과 차를 소유한 평균적인 중산층과 안정된 노동 계층을 살펴볼 때, 모든 중독 중에 가장 지독하다는 부 중독에 완전히 빠져들 기회만 노리는 잠재적 중독자Closet Addict는 몇 명이나 될까? 쾌적한 환경에서 잘 먹고 편안하게 살고 싶다는 본능적인 욕구가 중독이란 질병으로 변질되는 지점은 어디일까? 어떻게 자기 내면에서 중독의 징후를 감지할 수 있을까?

중독은 단순한 욕구와 혼동하기 쉽다. 우리는 누구나 음식, 물, 섹스, 온기, 사랑 등에 대한 욕구가 있다. 때로는 오락, 고독, 자존심 고취, 시골길 산책 등에 대한 욕구도 느낀다. 거의 모든 것이 욕구의 대상이 될 수 있고, 어떤 욕구라도 중독이 될 수 있다. 중독은 (1) 강렬하고 (2) 만성적이며 (3) 자신의 전체성에 본질적이라고 느껴지는 욕구이다. 중독은 우리의 자신에 대한 느낌과도 연관된다. 잠시라도 무언가가 없으면 자신이 불완전하게 느껴지거나 초조하거나 평소처럼 자연스럽게 행동하기가 어렵다면, 우리는 그 무언가에 중독된 것이다. 중독은 자신에게 부족하다고 느끼는 부분을 채우기 위한 기제이다.

예를 들어 음식은 누구에게나 필요하지만, '한 끼라도 굶고는 살아갈 수 없다'고 생각한다면 음식에 중독된 것이다. 또 누구나 사랑과 성적 만족을 원하지만, 단 몇 달이라도 섹스 파트너 없이는 살아갈 수 없다면, 어떻게든 성을 이용해 자신의 에고를 지탱하려는 성 중독 상태인 것이다. 이때 중독은 식욕이나 성욕이 얼마나 강한지, 또는 굶주리거나 몇 달 동안 혼자 지내는 생활이 얼마나 불편한지와는 거의 무관하다. 대신 스스로 그런 불편함이 자신의 정신을 압도할 것이라고 생각하는지 여부와 관련이 있다. 결핍이 자신에게 압도적일 것이라는

60

부 중독자

두려움이 바로 욕구와 중독을 가른다.

대부호인 글렌 터너Glenn Turner는 언젠가 "돈이 없으면 나는 아무것
도 아니다"라고 말했다. 부 중독의 속성을 이보다 더 간명히 표현한
말은 찾기 힘들 것이다. 자신의 인격이나 공적인 이미지를 완성하는 데
돈이 반드시 필요하다고 느낀다면, 부 중독이라고 봐야 한다.

부 중독에도 몇 가지 유형이 있다. 우선 **돈 중독자**Money Addict가 있
다. 이들은 돈을 벌어 차곡차곡 쌓아놓을 뿐, 돈으로 무언가를 하려
고 들지 않는다. 또 어떤 사람은 **소유 중독자**Possession Addict이다. 이들은
돈이 생기는 족족 집, 옷, 자동차, 요트 등을 사들여 재력을 실물로 현
시하고 싶어 한다. 또 **권력 중독자**Power Addict도 있다. 이들은 어느 정도
재산을 모으면 정치적 권력을 얻거나 정계 주변을 어슬렁거리는 데 돈
을 아끼지 않는다. 그리고 **명예 중독자**Fame Addict가 있다. 이들은 사회
적으로 명성을 떨치거나 지배층으로부터 주목받고 발탁되어 후손들
에게 존경받기를 바라고, 그런 목적으로 돈을 쓴다. 마지막으로 단순
한 **소비 중독자**Spending Addict가 있다. 이들은 소유에는 별로 관심이 없
지만 주머니 속에 '마음껏 쓸 돈'이 있기를 바란다. 여행을 가거나 문
화생활을 즐기기 위해서다. 솔직히 말하자면 나 자신도 이 마지막 범
주에 속한다.

이렇게 보면 이 모든 사람들을 부 중독자라고 부르는 것이 이상할
수도 있겠지만, 축적하고 움켜쥐려는 대상이 돈이라는 점에서 달리 마
땅한 용어가 없다. 앞서 살펴보았듯이, 돈은 무엇이든 상징할 수 있다.
명예나 권력에 중독된 사람들 중에는 결코 많은 재산을 축적하지 않
는 이들이 있다. 하지만 어떤 사람들은 돈에 전혀 관심이 없다고 말하

면서도 결과적으로 수억 달러를 벌어들인다. 어느 쪽이 부 중독자인가? 용어의 정의상 전자는 부 중독자가 아니지만 후자는 맞다. 여기에서 돈이 무엇을 상징하느냐는 알코올이나 헤로인이 무엇을 상징하느냐 만큼이나 문제되지 않는다.

예컨대 (H. L. 헌트의 아들로, 한때 부친과 마찬가지로 미국 최고의 부자로 손꼽히던) 벙커 헌트Bunker Hunt는 자기 인생에서 유일한 진짜 목표는 이윤 창출뿐이라고 말했다. "왜냐하면 그것이 인생의 성패를 판단하는 기준이기 때문이다. (…) 돈은 사실상 내게 아무 의미도 없다. (…) 아버지 역시 진정으로 돈을 원했던 적은 없었다. 아버지에게 돈은 단지 점수를 기록하는 수단일 뿐이었다."

하지만 인생의 '점수를 기록할' 방법은 돈 말고도 얼마든지 있다. 많은 억만장자들처럼 H. L. 헌트도 사치를 부리지 않고 소박하게 살았다. 이 점은 헨리 포드Henry Ford도 마찬가지였다. 그렇지만 이들 모두 10억 달러가 넘는 재산을 축적했다. 이들이 벙커 헌트의 말대로 정말 돈에 관심이 없었다면 왜 그토록 많은 돈을 모은 것일까? 왜 돈을 써버리지 않았을까? 왜 하필 돈이라는 고리타분한 점수기록 방법을 고집한 것일까? H. L. 헌트는 소박하게 살았지만, 그 자신이 원한 적 없다는 돈을 자선단체에 절대 기부하지 않는 것으로도 악명 높았다. 요컨대 부 중독자들이 '돈에 관심이 없다'고 말할 때의 진짜 속내는 '돈을 쓰는 데 관심이 없다'는 것이다.

부 중독에는 네 가지 주요 징후가 있다.

1. 움켜쥔 손

2. 목표 혼동

3. 소유 증가와 사용 감소

4. 긴장과 탐색 행위

움켜쥔 손

모든 중독의 핵심 징후는 술, 마약, 특정 복장, 섹스 파트너, 두둑한 지갑 같은 외부의 안전장치가 없이는 삶에 대면할 수 없다는 두려움이다. 이것은 벌거벗은 자기 자신만으로는 불완전하다는 느낌이다. 중독은 탐욕과 통제, 의존과 확신을 낳는다. 중독은 내가 오늘 가지고 있는 것을 놓아버리면 다시는 얻을 수 없으리라는 신념으로 꽉 움켜쥔 주먹이다. 나 역시도 여태껏 살면서 많은 것들에 중독되었는데, 내가 스스로 중독을 감지하는 방법은 매우 단순했다. 내가 중독된 것들은 내 자신이 늘 바닥나지 않도록 관리한다는 것이다. (다른 사람은 나보다 덜 강박적이더라도, 막상 중독 대상이 바닥나면 재앙이라고 느낀다.)

중독자는 물질적인 만족과 무형적인 만족을 가리지 않고 비축해둔다. 우리는 누구나 어느 정도는 중독자이다. 우리는 음식, 술, 돈, 연료를 비축해둔다. 또 선행('봉사활동 점수'), 잠재적 애인, 사회적 연줄, 잠재적 모험, 자유 시간 등을 비축해둔다. 유형이든 무형이든 비축하지 못할 대상은 없다.

내가 흡연하던 시절에는 항상 손이 닿는 곳에 며칠 동안 피울 담배를 넉넉히 준비해두었고, 한두 갑만 남으면 몹시 불안해졌다. 수입 와

인과 원두커피에 대해서도 똑같은 과정을 겪었다. 하지만 내가 좋아하는 음식이 이런 강박적인 불안을 유발했던 적은 거의 없었다.

어떤 경험이 하루를 더 행복하게 만들어줄 것이라는 느낌과 그 경험이 없으면 하루를 망치고 말 것이라는 느낌은 전혀 다르다. 중독자는 항상 유리잔에 물이 반쯤 차 있다기보다 반쯤 비어 있다고 본다. 중독자는 자신이 원하거나 필요하다고 생각하는 것을 언제든 사용할 수 있도록 보장하려고 노력한다. 그 과정에서 자신이 원하거나 필요하다고 생각하지 않는 다른 만족의 원천은 차단해버리는 경우가 많다. 그로 인한 결핍이 중독을 한층 더 강화시킨다는 것을 모르는 채로 말이다. 중독자들은 결핍의 원인은 착각하더라도 스스로 결핍이라는 사실은 정확히 알아차리기 때문에 상황은 계속해서 악화된다.

어떤 사람이 두 개의 샘이 있는 황야지대에 산다고 가정해보자. 한쪽 샘물은 철분의 함량은 매우 높지만 다른 미네랄 성분이 없다. 다른쪽 샘물에는 인간의 생존에 필수적인 아연과 각종 미량원소가 함유되어 있다. 이 사람은 첫 번째 샘물에 철분이 들어 있는 것을 잘 안다. 첫번째 샘물을 맛본 그는 철분이 건강에도 좋고 힘을 북돋아준다고 확신한다. 그는 동물들이 몰려와 이 샘을 엉망으로 만들까 봐 걱정스러운 나머지 샘 가까이 살면서 샘을 지키기로 한다. 당연히 그는 또 다른 샘에는 갈 일이 없고, 얼마 지나지 않아 그의 몸은 철분 외 다른 요소의 결핍을 느끼기 시작한다. 중독 또는 확신(사실 이 두 가지는 거의 같다)에 빠진 그는 자신의 병과 불쾌한 증상이 철분이 든 샘물을 충분히 마시지 않은 탓이라고 넘겨짚는다. 그래서 철분이 든 샘물을 이전보다 두 배로 마시기 시작하고, 그 결과 철분 과다 증상을 겪기 시작한다.

이런 식으로 중독은 계속 악화된다.

대부분의 중독에서 폐해는 중독 대상 자체에서 기인한다기보다 중독으로 인해 우리에게 꼭 필요한 다른 요소—영양분을 제공하는 성분, 우리를 살찌우고 지탱하며 만족시키는 경험 등—를 멀리하기 때문에 생겨난다. 그리고 그 결핍 때문에 중독은 점점 더 강화된다.

부 중독으로 인한 폐해도 마찬가지로, 돈과 안정을 원하는 데 있다기보다 돈과 안정에만 관심을 쏟다 보니 사랑, 우정, 모험, 신체적 건강 등 인생의 자양분이 되는 다른 인간적 만족이 결핍된다는 데 있다. 더욱이 돈과 안정을 맹목적으로 추구하다 보면 본인이 결핍될 뿐 아니라 다른 이웃들까지 결핍에 빠트려 사회 전반의 결핍감을 증폭시키게 된다.

목표 혼동

오래전 소득세 신고를 직접 처리하던 시절에, 나는 얼마간 추정치가 포함된 애매모호한 세금 공제를 받기 위해 터무니없는 시간을 허비하고는 했다. 여기에서 '터무니없다'고 말하는 까닭은 그 시간이 (아무리 좋게 말해도) 유쾌하지 않았을 뿐더러 경제적인 측면에서도 결코 이득이 되지 않았기 때문이다. 나는 고작 세금 몇 달러를 줄이자고 한 시간씩 공제 신고서를 붙들고 씨름했던 것이다. 문제는 내가 최대한 공제를 받으면서도 세무조사에 걸리지 않거나 적어도 방어할 수 있을 만큼은 적정하게 신고하길 바란다는 것이었다. 이것은 모든 소득세 신고자나 블랙잭 도박꾼에게 익숙한 흔한 딜레마이다.

세금 신고를 위해 가능한 위험과 가능한 이득을 저울질해가며 최소한의 개인적인 양심을 유지하는 선에서 다양한 조합을 시도하다 보면, 나는 늘 내가 있어야 할 곳을 잃어버린 듯한 방향감각의 혼란을 느꼈다. 그때마다 마치 무의미한 계산의 바다에서 익사하는 느낌이 들었다면 조금은 과장이겠지만, 그 상황의 미묘한 분위기는 전달될 것이다. 나는 언제나 약간의 혼란과 긴장감 속에서 신고를 마무리 짓고는 했다. 내가 과연 모든 가능성을 고려했을까? 올바른 선택을 한 것일까? 그때 나는 지나치게 많은 계산을 했던 것이 틀림없다.

나는 곧 그 느낌을 돈과의 특정한 접촉에 수반되는 특수한 감각으로 인식하게 되었다. 물론 항상 그렇다는 것은 아니다. 나도 잠깐씩이나마 돈과 관련한 즐거운 경험이 있다. 방향감각을 상실하는 느낌은 오로지 돈이 주도권을 장악하고 내게 명령을 내리기 시작할 때, 즉 내가 나 자신이 원하던 것을 잊어버리고 오로지 돈을 아끼거나 쌓아두는 방법만 생각하기 시작할 때 발생한다. 돈 그 자체가 목표가 되어버리고, 나는 돈지상주의의 노예로 전락하는 순간에 말이다.

대부분의 미국인은 살아가면서 이런 느낌을 수시로 경험하지만, 오늘날 일상에서 마주치는 짜증 나고 성가신 많은 요인들에 대해 그래왔듯이 돈과 관련된 이런 위화감에도 점차 무감각해지는 법을 터득했다. 예를 들어, 나는 옷가게에 가서 내 마음에 쏙 드는 비싼 셔츠 하나와 적당히 마음에 드는 저렴한 셔츠 두 벌을 놓고 어느 것을 살지 고민할 때가 있다. 이럴 때 돈은 '내가 원하는 바가 무엇인가?'라는 기본적인 물음에서 나를 이탈시킨다. 세상에는 골라 입을 여러 벌의 옷을 원하는 사람도 있겠지만, 나는 정말 즐겨 입는 한두 벌의 옷을 훨씬 더 선호하기 때문이다. 나한테는 비싼 옷이 오히려 더 경제적인데, 마음에 드는 옷은 낡아서 해질 때까지 줄기차게 입는 반면, 싼값에 산 옷들은 내내 서랍 속에 처박아두다가 남들에게 줘버리는 탓이다. 그러나 여기에서 중요한 것은 우리가 어느 쪽을 선택하느냐가 아니라, 그 선택이 부를 극대화하려는 돈지상주의가 아닌 순전히 우리 자신의 욕구에 기초해야 한다는 점이다.

그렇다면 가난한 사람들은 어떠할까? 간신히 싸구려 셔츠를 하나 사거나 그것마저도 사기 어려운 형편의 사람들도 그래야 할까? 만일 그들이 부를 극대화할 생각을 하지 않으면, 계속 가난한 상태로 남을 것이다. 위의 주장은 사실 선택의 사치를 누릴 수 있는 풍요로운 중산층에나 해당되는 것이 아닐까?

답은 '그렇지 않다'는 것이다. 가난한 사람이 부 중독자라면 당장은 부자가 되는 데 도움이 되겠지만, 결국에는 다른 중독자에게 이용당할 가능성이 훨씬 높아진다. 대부분의 광고는 결국 우리 본성의 중독적인 측면을 자극하도록 만들어진다. 사기꾼들은 흔히 정직한 사람에게는 아무도 사기를 칠 수 없으며, 자기들에게 사기당한 피해자는 결국 그 자신의 탐욕에 희생된 셈이라고 주장한다. 이 말이 사실이든 아니든 간에, 우리 사회의 가장 악명 높은 부 중독자들은 대부분 다른 사람의 성공 판타지를 조종함으로써 자신의 입지를 굳혔다. 우리 경제는 남들의 탐욕을 이용하는 데 기반을 둔다. 만일 내가 거래 상대에게 나를 속이고 있다는 확신만 심어줄 수 있으면, 나는 그 사람에게 사기를 칠 수 있다.

3장 부 중독의 네 가지 징후

가난한 사람들 이야기로 돌아가보자. 내가 가난해서 지갑에 싸구려 셔츠 한 벌을 살 돈밖에 없다고 가정해보자. 나는 셔츠를 세일하는 매장 앞을 지나간다. 내 선택지는 싸구려 셔츠를 사거나 아예 사지 않는 것이다. 문제는 여전히 동일하게 '내 선택이 나 자신의 욕망에 따라 결정되었는가, 아니면 돈지상주의에 따라 결정되었는가?'이다. 나는 가진 돈을 탈탈 털어 셔츠를 살 수도 있다. (내가 한때 알고 지낸 '자수성가한' 부자는 젊은 시절에 일자리를 잃고 호주머니에 잔돈 몇 푼밖에 없는 상태로 낯선 마을에 남겨졌다. 그는 그 돈으로 음식이나 잠자리를 구하는 대신에 쓸데없는 장식품을 충동 구매해버렸다. 그런데 그 직후 그의 운이 좋아지기 시작했고, 부자가 된 그는 인생 최악의 시절을 떠올리는 부적으로 그 장식품을 항상 몸에 지니고 다녔다.) 아니면 나는 그 돈을 쓰지 않고 모아 빈곤의 악순환에서 벗어나기 위한 밑천으로 삼을 수도 있다. 셔츠를 사든, 사지 않든 나 자신이 원하는 바에 따르는 한, 그것은 타당한 결정이라고 할 수 있다.

그러나 돈지상주의는 이런 결정과는 무관하다. 돈지상주의는 가게 주인이 물건을 할인 판매해서 부추기려는 대상이다. 돈지상주의는 "네가 지금 저 세일 상품을 사면 결과적으로 돈을 아끼는 셈이야"라고 속삭인다. 돈지상주의는 상품에 대해 우리가 어떻게 느끼든 상관없이, 우리가 그 물건을 갖고 싶어 하는지 여부도 상관없이, 싸게 사거나 비싸게 팔아서 돈을 모을 기회가 있다면 절대로 놓치지 말아야 한다고 강요한다. 돈지상주의는 우리가 항시 대기하며 하루 24시간을 시장에 바치되, 사고파는 물건에는 상대적으로 무심해질 것을 요구한다.

비중독자는 셔츠가 필요할 때, 자신이 원하는 셔츠를 거기에서 발견할 수 있으리라는 기대로 옷가게에 간다. 반면 중독자는 자신이 어

부 중독자

떤 셔츠를 원하는지를 알지 못해도, 단지 세일을 한다는 이유로 옷가게에 간다. 이 차이는 사소한 듯해도 대단히 중요하고, 부자와 빈자 모두에게 영향을 미친다. 부유하든 가난하든 돈지상주의에 민감하게 반응한다면, 그것만으로도 우리는 다른 중독자에게 이용당할 여지를 열어놓고 사는 셈이다.

돈지상주의에 '적당히'란 없다. 재산을 축적하고 싶다면, 다른 모든 것을 배제한 채 일하는 시간 내내 그 목표에만 집중해야 한다. 우리가 아무리 온 힘을 다하더라도 세상에는 더욱 극단적인 중독자들이 얼마든지 있고, 부 중독은 철저히 경쟁적인 게임이기 때문이다. 조지프 손다이크 2세Joseph Thorndike Jr.의 말대로, "큰 재산을 얻는 사람들의 공통적인 특징은 한 가지 목표에 전념한다는 것이다".

마이클 필립스Michael Phillips에 따르면, '돈의 제1법칙'은 올바른 일을 하고 있으면 돈이 저절로 들어온다는 것이다. 이것은 필립스의 다른 법칙과 마찬가지로 주로 교육받은 중산층에 기초한 이야기이지만, 여기에는 중요한 진실이 담겨 있다. 돈은 종종 우리의 에너지를 분산시키는 경향이 있다는 것이다. 우리는 '충분한' 돈을 모으기 위해 이것저것 다양한 시도를 한다. 그러나 장기적으로 볼 때 돈은 에너지를 따라간다. 만일 우리가 에너지를 분산시키면, 궁극적으로는 돈을 잃게 될 것이다. 우리가 부자가 되기 위해서는 돈에 필사적으로 매달리거나 반대로 돈을 완전히 무시해야만 한다. 무언가를 창조하거나 공연하거나 발명하는 데 전적으로 몰입하다 보면 그 부산물로 의도하지 않은 성공과 돈이 따라오기도 하는 것이다. (가난한 사람들은 이렇게 한 가지 일에 에너지를 집중하기가 힘들다. 생계를 유지하는 데 너무 많은 에너지가 소요되기 때문이다. 이들은 또 돈을 무시할 여유도 없다. 이들이 생각할 수 있는 '최선'은 자식에게라도 그런 기회를 제공할 만큼 돈을 버는 것이다.) 필립스의 법칙은 만약 돈에 모든 에너지를 쏟을 수 없다면, 다른 가능한 곳에라도 모든 에너지를 쏟으라는 의미로 들린다. 물론 여기에도 어느 정도 위험은 도사리고 있다. 돈이 에너지를 따라간다지만, 우리 생전에 반드시 당도하리라는 보장은 없기 때문이다. 그렇더라도 직접적으로 돈을 추구하는 사람보다는 아마 더 만족스럽게 살아갈 수 있을 것이다.

어설픈 중독은 우리를 더 극단적인 중독자들의 완벽한 호구로 만든다. 그들은 우리의 돈을 밑천으로 자신의 게임을 하고 심지어 돈을 잃기도 한다. 돈지상주의에 빠지면 누군가의 호구가 될 가능성이 높아진다. 세계적으로 성공한 도박가 중에 수많은 어설픈 중독자를 등쳐먹고 살지 않는 사람은 거의 없다. 사업가의 세계도 다르지 않다. 다른 모든 경쟁적인 세계와 마찬가지로 소수의 승자와 다수의 패자로 나뉘는 것이다.

우리는 패자에 대한 이야기를 자주 듣지 못한다. 거대한 승자에게 잡아먹혀 파멸에 이른 작은 승자의 이야기도 듣기 힘들다. 중독 게임의 문제는 우리가 여기에 모든 것을 쏟아붓기 때문에 만약 이 게임에서 패하면 아무 대가도 없이 평생을 낭비한 꼴이 된다는 것이다. 게임에 참여하지 않으면 부유하든 가난하든 다른 종류의 인생을 살 수 있지만, 일단 이 게임에 발을 들여놓으면 다른 모든 가능성은 사라진다. 한번 돈지상주의에 빠지면 종국에는 다른 부 중독자의 공급책으로 전락하고 만다. 심각한 중독자들은 중독을 유지하기 위해 어느 정도는 우리 모두에게 의지하지만, 특히 가장 많이 의존하는 대상은 어설픈 중독자들이다.

나는 돈지상주의에 매몰되는 것도 일종의 가벼운 정신병이라고 주장해왔다. 그 상태에서는 자신의 바람이나 반응, 감수성과는 단절된 채 온통 돈 계산에만 신경을 곤두세우기 때문이다. 그런데도 돈지상주의의 언어는 합리성의 언어로 간주된다. 돈을 당장 어디에 쓰겠다는 명확한 용도도 없이 돈 그 자체를 원하는 것은 미친 짓이다. 돈 자체에는 아무런 가치가 없기 때문이다. 그런데도 이런 혼란에 빠져 방향감각을 잃고 자신마저 잃어버린 구제불능의 사람들이 우리 사회에서는 희한하게도 정상인으로 간주되는 건 왜일까?

그들은 안정에 열렬하고도 강박적으로 집착하여, 그들의 모든 행동이 지향하는 일종의 북극성으로 설정함으로써 정상인의 상태를 가장한다. 그러나 그러려면 다른 모든 욕망, 흥미, 반응, 기쁨 등을 저버릴 수 있을 만큼 절실히 안정을 원해야 하는데, 진짜 정상인 중에는 그렇게까지 불안한 사람이 많지가 않다. 대부분의 사람들에게 돈지상주의는 가끔씩 물을 튀기거나 흠뻑 뒤집어씌워 잠시 방향감각을 잃게 하는 정도의 파도이다. 그러나 일부 심각한 중독자에게 돈지상주의는 걷잡을 수 없이 밀려들어 그들을 완전히 압도하고 휩쓸어가는 해일이다. 이런 중독자들은 해일이 어디로 밀려가든 거기에 완전히 몸을 맡겨버리기 때문에 마치 자신들이 어디로 가는지 아는 것처럼 행동한다. 그렇지만 실은 정서적인 삶을 포기하고 돈지상주의에 전권을 양도해버렸을 뿐이다. 이것은 마치 유서 깊고 품격 있는 지역 호텔이 규격화된 호텔 체인에 흡수당한 상황과도 같다. 자신을 돈지상주의에 완전히 내맡겨버린 사람들은 북극성에 기대어 길을 잃는 법은 없겠지만,

자신의 인간적이고 생물학적인 욕구로부터는 영원히 단절되고 만다.

돈지상주의에 휩쓸려버린 우리들은 경제학에서 전통적으로 가정해온 '경제인economic man(경제 원리에 맞게 합리적으로 행동하는 사람—옮긴이)'이라는 허상 중의 허상이 되어버린다. 앞서 살펴봤듯이, 돈은 모든 것을 동질화하므로 돈지상주의도 모든 것을 동질화하게 된다. 이것이 바로 돈이 존재하는 이유이다. 우리가 돈지상주의에 함몰되면, 이런 식으로 모든 것을 동질화할 수 있다고 믿게 되고, 재산을 더 늘리면 원하는 모든 것을 손에 넣을 수 있으리라 기대하게 된다. 그 결과 우리의 선택은 극도로 단순해진다. 더 이상 돈과 다른 것 중에 선택할 필요가 없다. 돈이 아닌 다른 선택지가 아예 존재하지 않기 때문이다. 우리는 오로지 더 많은 돈과 더 적은 돈 중에서만 고르면 되고, 이것은 부 중독자라면 눈감고도 할 수 있는 선택이다. 사실 이런 선택은 기계도 할 수 있다. 물론 자기 인생의 통제권을 통째로 돈지상주의에 넘겨버린 사람은 흔하지 않다. 하지만 거기에 가장 가까이 다가간 사람들이 최대 부자가 되었다.

우리의 다양한 느낌과 바람은 일종의 모자이크를 이루고 있어, 어느 한 가지 요소가 너무 강해지면 다른 요소들과 충돌을 빚게 마련이다. 허기와 성욕은 일단 충족되면 자연히 소멸하면서 그동안 더욱 강력해진 다른 욕망에 자리를 내주고, 그런 욕망들도 일단 충족되면 또 다른 욕망의 뒤로 물러나면서, 이런 식으로 끊임없이 욕망의 증감이 순환된다. 이런 모든 욕망과 감정은 서로의 견제하에 균형을 유지함으로써 자연스레 각자의 경계를 형성하게 된다.

그런데 돈지상주의의 왕국에는 이런 자연스러운 경계라는 것이 존재하지 않는다. 우리의 내면 공화국에서 '견제와 균형'을 이루던 다양하고 개별적인 욕망은 일제히 동질화되어, "돈만 충분히 많으면 이 모든 욕망을 충족할 수 있다"고 선포하는 독재 통치자를 강제로 섬기게 된다. 그렇다면 **돈이 얼마나 많아야 '충분히 많은' 것일까?** 우리에게는 대체 어떤 제한 요인이 남아 있을까?

다른 욕망을 돈에 종속시키면, 우리는 '충분함'을 인식하는 능력을 잃게 된다. 스스로 충족시킬 수 있던 모든 목표와 욕망이 돈에 흡수되면서, 돈에 대한 욕망의 자연적인 한계가 사라진다. 돈은 그 자체로는 어떤 욕망도 충족시킬 수 없으므로 우리는 결코 돈이 충분히 많다고 느끼지 못한다. 많은 부자들이 이미 보유한 재산의 일부만으로도 자신의 모든 물질적 욕구와 심지어 변덕까지 만족시킬 수 있음을 시인하면서도, 돈을 긁어모으려는 노력을 끝내 멈추지 못한다. 일단 돈에 우선순위를 두게 되면, 언제 어디에서 부 축적을 멈추어야 할지를 결정하는 기준이 영원히 사라지는 것이다.

예를 하나 들어보자. 부동산 경기가 좋은 지역에 집을 한 채 사서 나중에 가격이 올랐을 때 되파는 방식으로 시세차익을 노린다고 해보자. 여기에서는 순전히 돈을 버는 것이 목적이지, 집 자체에는 아무런 흥미가 없다. 우선 부동산 중개업자를 찾아가면 매물로 나온 집들을 보여줄 것이다. 이때 우리는 어떤 기준으로 구매할 집을 골라야 할까? 보통은 그 집에 온갖 집기를 들여놓고 실제 사는 모습을 상상해보면 각각의 집에 대한 자연스러운 반응이 나올 것이다. 하지만 거주할 생각이 없는 집을 고를 때는 어떻게 해야 할까? 우리는 모든 불필요한 자연스러운 반응을 억누르고, 어떤 집이 가장 빠른 시일 내에 가장 많은 차익을 내고 팔릴지를 따져보아야 한다. 우리가 돈지상주의에 완전히 빠져든 상태가 아니라면, 경제와 무관한 우리 자신의 취향과 정서와 무관한 돈지상주의 사이에서 분열을 겪을 것이다.

어쨌거나 이런 난관을 극복하고, 우리에게 아무 의미는 없지만 잘 팔릴 것 같은 집을 샀다고 가정해보자. 이제 집값이 오르기를 기다리는 동안 집을 임대해야 한다. 우리는 그 세입자를 어떻게 대할 것인가? 돈지상주의에 따르면 입장은 명확하다. 가능한 최대한의 임대료를 받아내고, 그 대가로 아무것도 해주지 않다가, 집값이 올라 차익을 남길 기회가 오면 즉시 세입자를 쫓아내는 것이다. 우리에게 일말의 사회적 책임감이나 최소한의 인간적 온정만 있더라도, 이런 상황은 몹시 혼란스럽게 느껴질 것이다. 대체 임대료는 얼마나 받아야 충분히 받는 것일까? 얼마를 받으면 너무 과하게 받는 것일까? 집을 매각할 때는 얼마만큼의 차익을 얻어야 충분한 것일까? 물론 우리가 돈지상주의에 완전히 매몰되고 나면, 아예 이런 의문조차 들지 않는다. 임대료는 당연히 챙길 수 있는 데까지 최대한 챙기고, 집은 시세가 최고점에 도달했다 싶을 때 즉각 팔아버리면 그만인 것이다.

다시 말해 우리가 아무 거리낌 없이 전적으로 돈지상주의를 받아들이면, 많은 갈등과 혼란이 저절로 해소될 것이다(이것이 성공 지침서들의 기본 메시지이다). 그렇다고 돈지상주의가 마음의 평온을 가져다준다고 말하기는 힘들다. 자기 성찰과 망설임이 밀려난 자리에 과도한 계산속과 끝 모를 경계심이 들어차기 때문이다. 우리는 집을 팔자마자 더 큰 차익을 낼 다른 집을 찾아 나설 것이다. 요컨대 돈지상주의에 자신을 내주고 나면 부 중독 말기환자가 되어 마음 편히 숨 돌릴 겨를조차

부 중독자

잃어버리게 된다.

대다수 사람들은 돈지상주의와 모종의 불편한 타협을 한다. 심지어 부자들도 종종 돈지상주의의 일차원성에 회의를 느끼고 대안적인 가치체계를 찾아 정처 없이 헤매곤 한다. 이것은 미국 사회에서 특히 심각한 문제이다. 미국에서는 부가 단 한 번도 상류층의 책임이나 의무와 명확히 결부된 적이 없어, 돈지상주의가 가장 제멋대로 활개를 치기 때문이다. 손다이크는 "미국의 엄청난 부자들이 세상 사람들에게 다소 경박하고 무책임한 인상을 준다면, 그것은 아마 그들이 스스로 무엇을 해야 할지 모르기 때문일 것"이라고 말했다.

소유 증가와 사용 감소

우리는 현대 사회의 소유 관념에 워낙 익숙해져서 다른 관점을 갖기가 쉽지 않다. 대다수 미국인은 소유욕이 '단순한 인간의 본성'이라고 믿는다. 그러나 지금껏 지구상에 살았던 인류의 90퍼센트 이상은 수렵과 채집으로 생계를 유지하며 기동성을 매우 중시했기 때문에 소유물을 거추장스런 짐이자 회피 대상으로 여겼다. 한 사람의 소지품이라야 도구와 무기 몇 개가 전부였고, 내 것 네 것의 구분도 사실상 희미했다.

토지 사유권 역시 최근에 와서야 생겨난 개념이다. 미국 땅에 살던 원주민들은 한 사람이 땅의 일부를 '소유'할 수 있다는 생각이 얼토당토않다고 생각했다. 땅은 명백히 모든 생물체에 속한 것이지 특정한 누군가에게 소속된 것이 아니었기 때문이다. 인류는 누군가가 토지 소유권을 주장하고 나설 만큼 오만해지기 전까지 수백만 년 동안 지구 상에서 땅을 일구며 살아왔다.

소유권이란 거의 항상 도둑질에서 시작된다. 여러 세대에 걸쳐 같은 땅을 일궈온 사람들은 자신들이 그 땅을 소유하는 만큼이나 그 땅이 자신들을 소유한다고 믿는 경향이 있다. 우리가 아는 소유권이라는 개념은 누군가가 그 땅을 훔쳤을 때 비로소 생겨났다. 정복자가 쳐들어와서 땅과 농민을 차지한 후에 자기 부하들에게 농민을 착취하고 세금을 부과하도록 시킨 것이다. 실제로 토지에 대한 소유권을 굳이 확립해야 하는 이유는 그것이 빼앗은 땅이기 때문이다. 오랜 관습과 경작으로 토지에 대해 진짜 권리를 가진 사람들, 즉 토지와 상호 조화를 이루며 수세기 동안 그 땅에서 살아온 사람들은 굳이 소유권을 주장할 필요가 없다. 누군가가 토지를 강탈하기 전까지는 아예 소유권 문제가 제기되지 않는다. 법적인 토지 소유권의 의미는 대략 이러하다. "이것은 최초의 도둑에게 이 땅을 넘겨받은 일련의 소유자들이 다시 내게 팔거나 준 땅이다." 토지 소유자란 결국 사후 공범이자 훔친 장물의 취득자인 셈이다.

그러나 현실적으로 이를 원상으로 되돌릴 수는 없다. 역사의 이 시점에 와서 산업화 이전이나 특히 농경 이전의 사람들이 느꼈던 상호 유대감을 다시금 회복할 길은 없다. 우리는 날 때부터 저마다 개별적인 개체로서 자기 몫을 움켜쥐도록 교육받았다. 아이들에게는 '나누라'고 가르치지만, 어디까지나 양보와 노블레스 오블리주Noblesse Oblige 행위로써의 의미일 뿐이다. 개인주의가 약한 사회에서는 인간이 개별적이라는 의식이 거의 발달하지 않으므로 나누는 행위가 훨씬 자연스럽게 이루어진다. 그러나 우리는 은연중에 아이들에게 각자 소유권을 지닌 개인이라고 가르친다. 그래서 나눔도 의식적으로 따로 가르쳐야 한다. 개인주의가 약한 사회에서는 형제자매가 방과 침대, 옷, 소지품을 나눠 쓰는 것은 당연한 일이고, 각각의 '소유자'를 가리는 것은 생각할 수도 없다. 반면 우리 사회에서는 서너 명의 형제자매가 한 방을 쓰더라도 물건의 주인이 누구인지를 두고 다투는 모습을 흔히 볼 수 있다.

다시 말해, 독점적인 소유욕은 우리 같은 사회를 제외하고는 기정사실이 아니다. 그렇다고 우리만 유별나다는 말은 아니다. 동서고금을 막론하고 탐욕스런 지주 귀족이나 부농에게는 명백히 이런 충동이 있었다. 다만 역사상 어느 시대나 장소보다 현대 미국에 와서 이런 충동이 유독 강해졌을 뿐이다. 따라서 우리는 이런 충동을 새로운 눈으로 바라보기 위해 특별히 노력을 기울일 필요가 있다.

소유란 어떤 대상의 사용권을 영구히 독점하는 것이다. 그러므로 소유욕에는 일말의 불안감이 내포되어 있다. 소유는 우리가 즐기거나 원하는 **대상에 대한 접근을 보장하는 방법**이다. 우리는 무언가를 원할 때 그것이 손닿는 곳에 있기를 바라는 마음이 워낙 간절하기 때문에 심지어 원하지 않을 때에도 그렇기를 바란다. 그래서 배가 고프지 않은데도 창고에 음식을 쟁여두고, 입지도 않는 옷을 장롱에 쌓아놓고, 타지도 않는 차를 주차장에 세워둔다. 그 논리적 근거는 우리가 먹거나 입거나 타기를 원할 때 그런 음식, 옷, 차를 찾아 헤매는 시간을 절약하기 위해서다. 뒤에서 살펴볼 것처럼 소유를 한다고 해서 시간이 정말로 절약되는지는 의문이지만, 소유의 강박 뒤에는 대상을 향한 절실함이 자리 잡고 있음을 알 수 있다.

소유를 새로운 시각으로 바라보는 한 가지 방법은 대안을 상상해 보는 것이다. 가령 모든 차를 모든 사람이 이용할 수 있다고 가정해보자. 어딘가로 가려면 그냥 가장 가까운 데 있는 차에 올라타 차를 몰고 떠나면 된다. 목적지에 다다라 차에서 내리면, 또 다른 사람이 그 차를 이용할 것이다. 차 운행 상황을 추적하고 관리하며 대기자에게 가장 가까운 위치에 있는 차를 알려주는 현황 시스템이 도입될 수도 있다. 어쩌면 차가 부족한 지역으로 빈 차를 옮겨놓을 운전사가 필요해질지도 모른다. 어떻든 간에 이렇게 하면 현재 우리가 가진 차량의 3분의 1 정도만으로도 충분할 것이다. (이런 시스템하에서 자동차는 신분의 상징, 성적 페티시, 남성 정력의 대용품으로써의 기능보다 본래의 주행 기능이 한층 강화될 것이다. 마초 기질을 과시하려는 남자는 오랜 시간을 들여 그 목적에 부합하는 차를 찾아내야 할 테니 말이다.)

이런 시스템은 실용적이고 낭비가 적으며 한결 쾌적한 환경을 조성할 것이 분명한데도, 대부분의 미국인은 이런 시스템에 반대할 것이다. 사람들이 원하는 것은 '자기만의 차'이기 때문이다. 여기에서 소유의 진짜 기능이 드러난다. **소유란 우리가 원하는 대상에 대한 다른 사람의 접근을 막는 방법**인 것이다. 소유의 배후에는 근원적인 불안감이 도사리고 있다. 우리는 어떤 대상이 남의 차지가 되거나 품귀에 이르기 전에 그것을 소유하고 싶어 한다. 소유는 우리가 손에 넣지 못할까 봐 두려운 무언가에 욕심내고 매달리는 방식이다.

부 중독은 질병의 성격이 강하고, 질병은 보통 '정상에서 벗어난 상태'로 간주된다. 그렇다면 질병의 대표적인 증상이라 할 '소유'가 어떻게 우리 사회에서는 일반적인 생활 양식으로 통용되는 것일까? 쉽게는 사회 전체가 병든 상태라고 말할 수도 있겠지만, 그럴 경우 단순히 문화의 전염병을 공유할 뿐인 사람과 치명적인 말기 증세에 해당하는 사람을 구분하는 데 아무런 도움이 되지 않는다.

양자의 구분은 소유와 사용 행태를 비교해보면 알 수 있다. 소유물의 사용횟수가 적을수록, 분명히 중독이 더 심각하고 통제하기 힘든 상태라고 볼 수 있다. 하루도 빠짐없이 사용하는 것이라면 그에 대한 접근을 보장받고 싶은 마음도 이해가 간다. 하지만 기껏해야 한 달에 한 번 또는 1년에 한 번 사용하는 것을 굳이 소유하려는 것은 무슨 속셈일까?

소유물이 생기면 신경을 쓰고 관리를 해야 한다. 청소하고 수리하고 보호하고 움직여주는 등의 노력이 필요하다. 그러니 무언가를 구입할 때마다 사실상 우리를 지배하는 보스가 하나씩 늘어나는 셈이다. 우리에게 어떤 일을 요구하는 것이 결국 보스 아니겠는가? 소유자는 자신이 소유한 만큼 많은 주인을 섬기는 하인이 된다. 그나마 보상을 많이 주는 보스를 위해 일하는 것은 합리적이다. 그러나 거의 아무런 보상도 얻지 못하면서 수많은 주인을 섬기는 사람은 어떻게 봐야 할까?

여기에서 중요한 질문은 우리가 '얼마나 많이 소유하느냐'가 아니라 '어떻게 시간을 보내느냐'다. 우리는 만족을 느끼며 시간을 보낼 수도 있고, 만족의 잠재적인 원천을 손질하고 보호하고 구속하고 관리하고 통제하고 탐색하면서 시간을 보낼 수도 있다. 후자의 경우에는

3장 부 중독의 네 가지 징후

단지 자기 욕망의 집사일 뿐이다. 집사로서 해야 하는 역할이 거의 또는 전혀 사용하지도 않는 만족의 원천을 돌보는 것에 불과하다면, 얼마나 시간 낭비인가!

여유 있는 중산층은 무보수의 집사 역할에 많은 시간을 쏟는 반면, 하인을 둘 만큼 부유한 사람은 무보수의 집사장이 된다. 철저히 이성적으로 따지자면, 소유는 만족을 극대화하는 데 지극히 비효율적인 방법이다. 비용이나 품질에 특별한 차이가 있거나 매일같이 사용하는 것이 아니라면, 무엇이든 소유하지 않고 빌려 쓰면서 소유권은 탐색·보호·관리 등의 집사 서비스를 제공하는 리스회사에 맡겨두는 편이 더 합리적이다. 어쨌거나 리스회사는 그런 서비스를 제공하는 것이 주업일 테니 말이다.

돈과 만족의 관계는 복잡하다. 돈이 많아진다고 해서 무한정 만족이 증가하는 것은 아니다. 실제로 재산이 일정 수준을 넘어서면, 점점 늘어날수록 그 대가로 얻는 만족은 감소한다. 내가 보았을 때, 사람들은 뜻밖의 횡재로 현 소득의 5퍼센트 정도를 얻을 때 만족이 최고조에 달한다. 그 범위 안에서는 횡재한 돈이 많으면 많을수록 만족 역시 커진다.

하지만 그 수준을 넘어서면 횡재한 금액이 클수록 만족은 오히려 줄어든다. 재산이 많아지면 어떻게든 살림의 규모를 확대하려는 유혹에 빠지기 때문에 동산이나 부동산을 대거 구매하거나, 생활 방식을 바꾸거나, 더 많은 돈을 벌기 위한 투자에 뛰어드는 탓이다. 재산이 대략 5퍼센트 정도 증가하는 시점부터 사람들은 대부분 자신의 재정 상태를 한 단계 격상시키고, 이에 걸맞은 수준으로 살기 위해 돈을 투입하기 시작한다. 이때부터 만족이 점점 줄어들고, 다음에 다시 만족을 얻으려면 더 많은 뜻밖의 수입이 생겨야 한다. 극작가 닐 사이먼Neil Simon이 말했듯이, "돈은 약간의 행복을 가져다준다. 그러나 일정 수준이 넘으면 그저 더 많은 돈을 가져다줄 뿐이다". 돈은 자신의 재정 상태에 대한 인식을 변화시키지 않을 정도의 소액일 때 가장 큰 만족을 선사한다. 그래야 무엇이든 한턱 크게 쏘면서 돈을 '실컷 쓸' 수 있기 때문이다.

사람들은 자신의 특수한 욕구에 맞는 만족의 모자이크를 형성하려는 경향이 있다. 누구나 각기 다른 형태와 수준의 사랑, 투쟁, 우정, 고독, 모험, 평화, 자연, 문화, 활동, 휴식 등을 필요로 하므로, 자신의 욕구를 충족시키는 환경을 조성해가려는 무의식적인 경향을 나타낸다. 그런 환경은 우리의 내적 균형에 따라 계속 변하지만, 기본적인 모자이크에는 대체로 큰 변동이 없다. 모자이크의 일부분은 눈에 잘 띄어서 더 열심히 돌보게 되는 반면, 다른 부분은 무시하거나 망각하게 된다. 예를 들자면, 나는 오래전부터 접촉, 운동, 사랑, 우정에 대한 욕구를 충분히 절감하고 있었다. 그런데 한참 뒤에는 혼자 보내는 시간이 너무 적으면 몸이 버티지 못할 만큼 힘들어진다는 사실을 깨달았다. 최근에는 가끔씩 바다를 보러 가야 할 필요성을 자각하기 시작했다. 이것은 미량영양소와도 같아서, 많이 필요하지는 않아도 없으면 불편해진다. 나는 또 내 인생에서 분쟁과 갈등이 완전히 사라지면 몸이 편치 않게 느껴진다. 내가 그 결핍을 인식하기까지는 오랜 시간이 걸리겠지만 말이다.

균형을 이룬 만족의 모자이크는 풍부한 자양분으로 사람을 활기차고 쾌활하게 만든다. 중독의 문제는 이런 복잡한 모자이크에 대한 감수성을 둔화시킨다는 데 있다. 중독은 매사를 지나치게 단순화하기 때문이다. 우리에게 꼭 맞는 만족의 모자이크는 구축하기는 어려워도 허물기는 쉽다.

우리는 은연중에 무의식적으로 시행착오를 거듭하며 점진적으로 그런 모자이크를 형성한다. 앞서 뜻밖의 횡재에 관한 내 이야기의 논지는, 그 액수가 소득의 5퍼센트 미만일 때만 우리 모자이크의 빈틈을 채우는 데 사용되는 경향이 있다는 것이다. 그 이상이 되면, 우리는 보통 재정 상태를 재조정하여 기존 모자이크의 균형을 스스로 깨뜨리게 된다. 그러면 새로운 모자이크를 형성해야 하는데, 이것이 더 만족스럽다는 보장은 없어도 대단히 어수선할 것만은 분명하다. 우리는 여전히 동일한 조합의 욕구를 갖고 있고, 단지 그것을 만족시킬 더 많은 돈이 필요할 (또는 필요하다고 생각할) 뿐인데 말이다.

돈은 또 고통을 완화시켜줄 수도 있다. 바로 이것이 가난한 사람에게는 돈이 갖는 가장 큰 의미 중 하나이다. 돈을 바라보는 한 가지 시각은 돈이 대체로 빈자에게는 선택 가능한 대안을 증가시키고 부자에게는 선택 가능한 대안을 감소시킨다는 것이다. 부자는 돈이나 돈으로 산 소유물을 돌봐야 하는 집사 역할을 하느라 손과 발이 묶이기 때문이다. 돈이 새롭게 열어준 선택의 기회를 누리기보다, 돈과 소유물을 관리하는 데 더 많은 시간을 써야 하는 것이다.

물론 이것은 우리가 돈이나 소유물에 애착을 느끼는 경우의 이야기이다. 만일 우리가 언제든 모든 것을 잃고도 버틸 자신이 있다면, 돈은 항상 우리에게 선택 가능한 대안을 늘려줄 것이다. 돈이 있든 없든, 돈과 상관 없는 수많은 선택지로부터 관심이 멀어지지 않는 한 말이다. 사람들은 돈이 많아질수록 부에 중독되기 쉬워진다. 돈으로 살 수 있는 만족을 생각할 기회가 점차 많아지고, 그 외의 만족을 생각할 기회는 점차 줄어들기 때문이다. 그래서 필요한 양보다 더 많은 재화를 사서 비축해두게 되고, 그때부터 악순환이 시작된다. 물질적인 소유물이 많아질수록, 집사로서 할 일은 급격히 증가한다. 너무나 바빠서 만족을 누릴 시간이 점점 부족해지고, 그로 인해 결핍이 심해짐에 따라 필요할 때 바로 사용할 수 있도록 더욱더 많은 물건을 사들이게 된다. 이것이 다시 집사의 일거리를 늘리고, 이런 식으로 악순환이 계속되는 것이다.

부자들의 벽장에는 스키 장비, 골프 장비, 스쿠버 다이빙 장비, 캠핑 장비, 카메라, 수상스키 등이 잔뜩 채워져 있고, 한 켠에는 이런 장비의 사용법에 관한 책들이 수북이 쌓여 있다. 또 부자들은 아름다운 별장을 갖고 있어도 그곳에 머무는 날이 거의 없고, 설령 머문다고 해도 대개는 소유물이 요구하는 끝없는 유지보수와 장비 문제를 해결하느라 시간을 다 보낸다.

긴장과 탐색 행위

중독의 또 한 가지 확실한 징후는 초조함이다. 이것은 부자들뿐 아니라 가난한 사람들에게도 영향을 미친다. 모르핀 중독을 예로 들어 생각해보자. 일반적으로 모르핀에 빠지게 되는 방식에는 두 가지가 있다. 하나는 모르핀을 많이, 자주 복용해본 후에 그러면 기분이 좋아진다는 사실을 발견하고, 우울할 때 기분 전환을 위해 모르핀을 찾는 것이다. 또 하나는 끔찍한 고통에 시달릴 때 모르핀이 있으면 그 고통이 완화된다는 사실을 알고 사용하는 것이다.

가난한 사람들이 부 중독자가 되는 경우가 후자에 해당한다. 그들은 가난 때문에 극심한 고통을 겪을 때마다 돈만 있으면 그 지긋지긋한 고통이 줄어들 것이라고 믿게 된다. 이런 믿음은 충분히 일리가 있다. 하지만 시작이 어떻든 간에 사람들은 돈을 버는 데 인생을 바치다 보면 초조하고 성마른 성격으로 변해가는 경향이 있다. 그들은 잠시 걸음을 멈추고 자기가 하는 행동이 장차 어떤 의미를 갖는지 따져보거나 돌아볼 생각조차 하지 못한다. 그들은 장애, 지연, 중요한 세부 요소 등을 참아내지 못한다. 그들은 핵폐기물 처리 방법을 고민하기도 전에 일단 원자력발전소부터 건설하고 보는 부류이다.

우리도 누구든지 이럴 때가 있다. 교통 체증을 참지 못해 갓길로 달리다가 상황을 더 악화시키고, 목표를 좇는 데 방해가 된다고 아이들을 제쳐두고, 추진하는 계획의 반대 의견을 묵살하기 위해 권위나 다수의 힘을 이용하는 순간 말이다. 이런 조바심과 밀어붙이는 태도야말로 중독의 명백한 징후이다.

중독자는 내면에 텅 빈 공간을 갖고 있는데, 그 빈자리를 채울 수 있는 것은 오로지 외부에 있는 어떤 것이라고 믿기 때문에 끊임없이 탐색에 몰두하게 된다. 결핍된 요소를 찾기 위해 항상 주위를 두리번거리는 것이다. 탐색 행위는 중독 대상이 약이나 술처럼 신체적으로 흡수되는 것이 아니라 부와 권력, 명예, 미덕, 매력처럼 상징적이고 심리적인 경우에 더욱 확연히 나타난다. 이런 경우에는 어떻게 해도 '이만하면 충분하다'는 느낌을 받기 어렵다. 우리 몸에는 한계가 있지만, 우리의 에고에는 한계가 없기 때문이다. 헤로인이나 알코올은 과다 복용할 수 있어도 명예나 권력은 과다 복용할 수 없다. 물론 어떤 중독이라도 충분히 채워지면 그 이상은 과도하다고 판단하여 스스로 중단할 수는 있지만, 이것은 신체적인 과다 복용과는 성격이 다르다(가령 우리가 편두통을 야망의 과다 복용 탓으로—전혀 허무맹랑한 소리는 아니지만— 해석하지 않는 한 말이다).

가난한 사람들이나 심지어 대부분의 중산층도 돈으로 자유를 살 수 있다고 생각한다. 그러나 진짜 부 중독자는 결코 자유를 만끽하지 못한다. 아마 이것이 중독자와 비중독자를 구분하는 가장 좋은 기준일 것이다. 비중독자가 부유해지면 인생을 확장하는 데, 즉 다양성, 흥분, 모험, 새로운 경험 등을 얻는 데 돈을 쓴다. 반면 부 중독자는 오로지 더 많은 돈을 버는 데만 돈을 쓰기 때문에 점점 더 편협하고 꽉 막힌 외골수로 변해간다.

대부분의 부 중독자는 부를 축적하는 과정을 즐긴다고 말한다. 이 말은 첨예한 이해관계 속의 거래라는 게임에서 다른 참가자보다 한 수 앞선다는 만족감을 의미할 테고, 중독자들이 그 과정에서 어느 정도 희열을 느끼는 것도 사실일 것이다. 그래야만 그들이 그 일에 바치는 엄청난 헌신과 에너지, 열정이 설명되기 때문이다. 하지만 이 게임에서 얻는 주된 만족은 과정보다는 결과에서, 즉 경쟁 자체보다는 이기는 데서 비롯된다고 봐야 한다. 그렇지 않다면 그들의 긴장과 경계심이 그토록 심할 이유가 없는 것이다.

경계심과 기쁨은 공존할 수 없다. 게임에서 이길 때 잠깐 우쭐해질 수는 있어도(게임이 계속된다면 그런 우쭐함조차 위험한 사치일 수 있겠지만), 기쁨은 결과에 대한 조바심과 경계심을 풀고 경험에 몸을 완전히 맡긴 채 감정이 밀려오도록 내버려둘 때만 차오른다. 기쁨은 아무런 결핍도 의식하지 않는 상태이기 때문에 탐색 행위와도 양립할 수 없다. 기쁨은 완전하고 충만하다는 느낌인 반면 부 중독은 공허하다는 느낌이다.

긴장, 경계, 스트레스, 탐색 행위는 모든 중독에 있어서 공통된 징후이다. 우리는 누구나 이런 증상을 공유한다. 다들 완전히 각성하지 못한 상태로 살아가다 보니—유형이든 무형이든, 물질이든 정신이든, 구체적이든 상징적이든 간에—무언가에 중독되어 있는 탓이다. 만일 우리 사회 전체가 이 모든 중독에서 벗어난다면, 광고업계는 그날로 사라지고 우리가 아는 자본주의는 이내 붕괴될 것이다. 현대 사회는 우리의 중독을 자극하여 상품을 판매하는 전략에 전적으로 의존하기 때문이다. 이 말은 부 중독이 다른 많은 중독을 부추기는 성향이 있는 매우 독특한 중독이라는 뜻이기도 하다.

우리가 좀처럼 긴장을 풀기 어렵고 계속 주변을 두리번거리며 지금 여기에 온전히 머물기 힘들다는 생각에 사로잡힌다면, 우리의 생각이나 눈이나 관심이 자꾸 옮겨 가려는 대상에 심각하게 중독되어 있을 가능성이 높다. 그리고 그 대상이 돈, 소유물, 출세 등이라면 아마 부 중독일 것이다. 특히 사용하지도 않는 소유물을 끊임없이 축적하고, 자기 몸이 보내는 신호에 무관심하며, 앞으로 일어날 일을 계획하고 통제하는 데 필요 이상으로 많은 시간을 쏟아붓고 있다면 말이다.

부 중독자

우리 안의 독재자, 에고

　다음 장에서는 이런 부 중독의 네 가지 징후가 뚜렷이 나타나는 사람들을 살펴볼 것이다. 아마 현대사에서 가장 심각한 부 중독자로 둘째 가라면 서러워할 만한 사람들일 것이다. 하지만 부 중독의 네 가지 징후를 한데 묶는 공통점을 파악한다면, 그들의 행동을 더 잘 이해할 수 있을 것이다. 그러기 위해서는 이른바 '에고ego'가 우리들 한 사람 한 사람 내에서 수행하는 역할을 검토해봐야 한다.

　나는 하나의 인간을 전체 사회에 비유해보고 싶다. 역사적으로 많은 저자들이 나와는 정반대로 사회를 하나의 인간에 비유하곤 했는데, 그러한 비유는 사회의 갈등을 무시한다는 이유로 호된 비난을 받는 경우가 많았다. 오늘날의 관점에서 보면 이런 비난은 한 사람의 인간에게 아무런 갈등이 없다고 가정한다는 점에서 터무니없게 느껴진다. 이제 우리는 모든 인간 유기체가 내적 갈등으로 점철되어 있다는 것을 잘 안다. 그렇지 않다면 병이나 고통, 정신적 스트레스, 근육의 긴장, 경직, 맹점, 억압된 충동, 자제력, 죄의식, 수치심, 망설임, 후회, 신년 결심, 야망, 모순 등도 없을 것이다. 이런 내적 갈등과 복잡성의 산물이야말로 인간과 동물을 구별 짓는 주요 요인이다.

　그럼에도 불구하고, 사람들은 스스로 하나의 인간으로서 통일성을 지닌다고 믿고 싶어 한다. 1960년대에 마치 모든 미국인이 만장일치로 지지하는 정책인 양 '미국의 베트남 정책'을 운운하던 미국 외교관들처럼, 우리 역시도 세상에 한결같이 통일된 모습으로 비춰지기를 원하는 것이다. 우리는 대부분 한 사회는 물론이고 한 개인 내에서도 그런

만장일치가 거의 존재하지 않는다는 것을 알고 있지만, 그렇지 않은 척하기를 좋아한다. 그래서 사람들이 앞뒤가 맞지 않거나 변덕을 부리고, 인생에서 심각한 모순을 표출할 때면 새삼 놀랍다는 반응을 보인다. 언론인, 전기 작가, 문학 비평가들은 이런 '영혼의 모순'이 오로지 유명인사의 삶 속에나 있을 뿐 나머지 사람들은 내적으로 완벽한 조화를 이루며 살아간다는 듯이 그들의 모순을 파헤치기를 즐긴다.

우리는 왜 놀라는 척하는 것일까? 내 안의 어떤 부분이 내가 분열되지 않은 개체로서 말하고 행동한다고 믿고 싶어 하는 것일까? 내 안의 어떤 부분이 '일국의 정책'을 들먹이는 정치 지도자들과 닮은 것일까?

모든 인간 유기체에는 개체의 생존과 외부 위협에 관한 문제를 관장하는 특별한 부분이 있다. 생물학적으로는 이 특별한 보호자가 그다지 중요할 것이 없다. 인류라는 종의 관점에서 보자면 어차피 하나의 인간이란 몇 조각의 DNA를 전달하는 심부름꾼에 지나지 않으니 말이다. 하지만 개개인의 입장에서는 당연히 이 부분이 굉장히 중요할 수 있다. 나는 인간 유기체의 이 특별한 보호자를 '에고'라고 부른다. 이 용어는 매우 다양한 의미로 사용되지만, 여기에서는 사람들이 일반적으로 의미하는 바에 가깝다고 보면 된다. 많은 사람들(특히 도시의 지식인층)은 자신을 이 보호자와 완전히 동일시하기 때문에, 에고를 단지 인간 유기체의 일부분으로 한정 지어 생각하는 데 어려움을 느낀다. 그들에게 에고는 존재의 정수이자 요체이다. 이것은 물론 에고가 바라는 바이기도 하다. 에고는 인간 유기체 전체를 만장일치로 합의된 상태로 간주하려 하기 때문이다. 그리고 이제 우리는 그 이유를 안다. 정치 지도자들이 그렇듯 에고도 인간 유기체 전체의 복종을 바라기 때문이다.

에고는 인간 유기체 중에서 지금 여기에 살지 않는 부분이다. 에고는 직접 현실에 부딪치기보다 옆으로 비켜서서 우리가 행동하고 느끼는 바를 논평한다. 에고는 과거와 미래에 살면서, 지나간 일을 비판하고 앞으로 다가올 일을 계획하고 예측한다. 에고는 우리 안에서 벌어지는 일을 간섭하는 모든 요인의 총합이다. 에고는 우리 머릿속에서 끊임없이 수다를 떨며 명상을 방해하고, 우리가 실제 자신과는 다른 사람인 척하거나 실제 느낀 바와는 다르게 행동하도록 만들고, 상처받거나 멍청한 짓을 하지 않게끔 '적절히' 대응하는 방법을 가르치고, 성공적인 인생의 공식을 제시하며, 놀고 싶을 때는 일하고 달리고 싶을 때는 쉬라고 강요하고, 축소하고 싶을 때는 확대하고 확대하고 싶을 때는 축소하라고 다그치는 부분이다. 에고는 선의의 독재자로, 매우 논리적이며 동시에 매우 어리석다.

인간 유기체는 전체적으로 다양한 층위에서 무척 민감하며 창의적으로 세계를 인식하고 유연하게 대응한다. 반면에 에고는 단순하기 그지없는 이분법적 메커니즘이다. 에고가 행하는 모든 복잡한 사고과정은 결국 한 가지 구분을 정교화한 데에 불과하다. 바로 위협과 비非위협의 구분이다. 디지털 컴퓨터는 에고를 모델 삼아 설계되었다. 따라서 사람들이 "컴퓨터는 생각을 할 수 없다"고 말할 때는 사실 '생각은 에고의 쓸데없이 복잡한 계산 범위를 넘어선다'라고 주장하는 셈이다. 그리고 컴퓨터 과학자들이 일부 컴퓨터는 스스로 생각하는 능력이 있다고 말할 때는 사실 "내가 보기에 생각은 에고의 계산과 별반 다르지 않다"라고 주장하는 것과 마찬가지이다.

3장 부 중독의 네 가지 징후

앞서 에고가 단순하기 그지없다는 말에 고개를 갸웃거리는 사람도 있을 것이다. 의식의 산물인 논리적 사고보다 더 복잡한 것이 세상에 어디 있단 말인가? 그러나 논리적 사고는 궁극적으로 접근이 가능한 데 비해, 인간 유기체는 대부분 여전히 수수께끼로 남아 있다. 우리는 장님이 코끼리 만지듯이 연구하여 간혹 신뢰할 만한 결과를 얻기도 하지만, 인간 유기체의 일상적인 작용들—즉 인체 통합성의 기초, 스스로 균형을 유지하는 자연 치유력, 인체를 움직이는 동력, 인간이 죽는 이유, 어떤 때는 병이 나고 어떤 때는 건강한 이유 등—은 대부분 우리의 이해 범위를 넘어선다. 에고는 상황을 복잡해 보이게 만들고, 심지어 그 자체도 복잡해 보이지만, 무의식과 인간 유기체 전체에 비하면 에고나 그것을 본뜬 가장 복잡한 기계마저도 애들 장난감처럼 보일 뿐이다.

그런데도 우리들 대부분은 에고의 지배하에 다양한 양상의 권위주의에 이끌린다. 어떻게 이런 지배가 가능할까? 어떻게 에고처럼 단순한 기제가 인간 유기체처럼 복잡 미묘한 존재를 그토록 강력히 통제해올 수 있었을까?

그 답은 인류의 역사만큼이나 오래되었다. 큰 위험이 닥칠 때는 단순한 기제로도 충분했다. 코뿔소가 우리를 향해 돌진해올 때 더 이상 거창한 질문은 중요하지 않다. 그 순간 우리에게 필요한 것은 도망갈까 말까, 왼쪽이냐 오른쪽이냐, 안전할까 아닐까 같은 단순한 양자택일의 대답이다. 그리고 에고는 이런 종류의 정보 처리에 탁월하다. 결국 유사시에 우리는 에고에 독재 권력을 넘겨주게 된다.

그러나 안타깝게도 역사가 수없이 일깨우듯이, 권력에는 중독성이

부 중독자

있다. 에고는 권좌에 오르고 나면 다른 모든 것들과 마찬가지로 그 자리에 아예 눌러앉는다. 본래 위치로 돌아갈 시간이 되어도 안락한 궁전 안에서 계속 어물거리며 미적댄다. 짐 싸는 것을 미루고, 변명거리를 찾아낸다. 이로써 비상 사태는 장기화되고, 계엄령이 일상화된다.

에고에 따라 정도의 차이는 있지만, 모든 에고는 정보를 제한하고 통제하길 좋아한다. 모든 인간 유기체에는 에고와 무관한 정보체계가 있지만, 에고의 관점에서 그것은 너무 느슨하고 유연하고 즉흥적이며 민주적이다. 에고는 이 체계를 간소화하고 단순화하여 이진법 기반으로 재설계하길 원한다. 오로지 '관련' 정보만 궁으로 올려 보내고, 나머지는 무시하려는 것이다. 독재자들은 부정적인 피드백을 싫어하는데, 거기에는 그들이 너무 많은 권리를 사적으로 남용하고 점점 좁아지는 세력기반 위에서 상층부만 비대한 중앙집권적 사회 구조를 형성한다는 지적이 빠지지 않기 때문이다. 이것이야말로 그들이 가장 듣기 싫어하는 소리이다. 우리는 정치적 차원이든 심리적 차원이든 이처럼 비판적인 정보를 차단하는 것을 '억압'이라고 부른다. 우리의 무의식과 에고 사이에 소통이 조금만 부족해져도 독재적인 에고가 반드시 존재를 드러낸다. 이를테면 꿈을 잊어버린다든가 특정한 감정이 차단된다든가 '프로이트의 실수'가 연거푸 발생한다든가 하는 식이다.

다시 말해, 심리적인 억압은 개인 차원에서의 압제나 다를 바 없다. 과거의 왕들은 나쁜 소식을 전하는 전령의 목을 베는 경우가 많았다. 현대의 통치자들은 그렇게까지 잔인하지는 않아도 여전히 매우 손쉽게 자신을 속인다. 그렇지만 개인 차원에서의 권위주의는 한층 더 원초적이다. 우리에게 우리 자신의 행동이 무분별하다고 고하는 전령들

(흔히 '고통', '상처', '아픔' 등이라 불린다)은 종종 그 자리에서 바로 죽임을 당한다. 스스로의 잘못에서 어떤 교훈을 얻는 대신, 해오던 대로 계속하게 놔두는 신경안정제, 진통제, 술, 최면제, 자제력, 오락거리 등에 의해서 말이다.

그 결과 부족해진 피드백을 보충하기 위해, 독재자와 독재적인 에고는 첩자, 정보원 등을 가동하여 나름의 정교한 정보체계를 구축한다(개인 차원에서의 정보원은 체온계, 로르샤흐 검사, 엑스레이, 각종 장비 등으로, 에고가 이런 것을 동원한다면 유기체의 나머지 부분과 소통이 원활하지 않다는 사실을 스스로 폭로하는 꼴이다). 그러나 이런 체계로는 문제가 해결되지 않는다. 정보가 항상 독재자의 권력에 당면한 위협을 경고하는 단순한 이진법 망을 통해서만 흐르기 때문이다. 이 정보체계는 결코 에고 독재자가 저지르는 근본적인 실책이나 눈에 띄지 않게 그의 권력을 약화시키는 장기적인 변화를 전해주지 않는다. 신체(국가)의 정보망은 이미 그런 정보를 포착하고 있지만, 에고의 정보망은 그 같은 불리한 정보를 포착하도록 설계되지 않는다. 에고의 정보체계는 항상 우리가 공격당할 일은 절대 없다고 전하고, 독재자는 그의 정권을 무너뜨릴 변화를 철저히 무시하는 정보체계를 설계한다.

한편, 에고는 자신의 지위를 유지하기 위해 끊임없이 위기감과 비상국면을 조성한다. 보통 계엄령이나 임전 태세만으로도 충분히 사회적 혼란과 긴장을 부추길 수 있으므로, 이것은 비교적 쉬운 일이다. 에고는 지속적으로 위험을 부각시키고 경고함으로써 사회적 혼란을 증폭시킨다. 에고는 유기체 전체를 위협하는 요인과 에고만을 위협하는 요인을 구분하지 못하기 때문에 진지한 태도로 이런 작업에 임한다. 에고 독재자는 자신이 퇴위하면 국가 전체가 혼란에 빠질 것이라고 주장하며, 이런 주장을 현실화하는 수준까지 통제력을 집중시키려 든다(실제로 이란의 샤Shah of Iran는 실각하기 직전까지도 "나라에 극심한 혼란을 유발하면 내가 이란에서 유일한 질서의 수호자임을 온 국민이 깨달을 것"이라고 믿었다고 한다). 에고 독재자는 자신과 국가를 동일시하기 때문에 시민의 권리 같은 개념을 이해하지 못한다. 그에게 군대는 곧 왕실 근위병이다. 충심 어린 반대 같은 것은 있을 수 없다. 독재에 반대하는 것은 비애국적인 행위이며 반대 의견은 곧 반역이다. 외부의 위협에 대한 두려움과 내부의 위협에 대한 두려움을 점점 구분하기가 힘들어진다. 이런 상태를 '불안'이라 부른다. 언제 축출당할지 모른다는 에고의 두려움이 외부 위협에 대한 두려움으로 위장하는 것이다.

이 지경에 이르면 에고는 더 이상 인간 유기체의 유능한 지도자나 대변인이 되지 못하고, 오히려 유기체의 최선의 이익에 반하는 행동을 일삼게 된다. 에고가 점점 맹목적이고 고집불통이고 잔인해질수록 인간 유기체는 끊임없는 스트레스와 불행에 시달리게 되고 위험도 점점 증가한다. 한마디로 어느 순간부터 에고는 기존에 독재를 정당화하던 기능을 효과적으로 수행하지 못하게 된다. 경직성 때문에 변화하는 환경에 적응하지 못하고, 편협성 때문에 꼭 필요한 정보마저도 받아들이지 못한다. 이 단계에서는 인간 유기체를 위험에서 보호하는 에고 본연의 보호자 역할마저 완전히 실패하고 만다. 한 사람이 다른 사람의 보호자로 지정되면 으레 그렇듯이, 보호자가 가장 심각한 위협 요인이 된다.

이것이 우리들 대부분이 처하게 되는 상황이다. 우리는 인생 초년의 어느 시점에 독재자를 불러들이고 나서 다시는 그들을 내쫓지 못한다. 에고는 끊임없이 우리에게 철 지난 위험을 상기시킴으로써 공포 상태를 유지한다. 우리는 외부 위협에 대한 우리의 두려움과 과도한 통제력 상실에 대한 에고의 두려움을 구분하지 못하고 항시적인 동원령 속에서 살아간다. 대부분의 인간 유기체는 민주화가 절실히 필요하다.

경직성은 약점이므로, 독재적인 에고는 인간 유기체의 취약점이 될 수 있다. 예컨대 평균적인 에고, 즉 영혼의 취약한 독재자는 모순에 직면하면 극심한 분열을 일으킨다. 에고에게는 모든 것이 명쾌한 양자택일이어야 하기 때문이다. 불행히도 바깥세상은 온갖 모순으로 가득 차 있기 때문에 에고는 종종 심각한 행동장애를 보인다. 반면에 인간 유기체 전체는 그런 복잡한 환경에도 적절히 대응할 수 있다. 결국 우리는 복잡한 인간 유기체와 복잡한 외부 환경의 중재를 앞뒤가 꽉 막힌 얼간이들에게 맡기고 있는 셈이다. 에고가 허구한 날 초조해하는 것도 전혀 무리가 아니다!

그렇지만 독재자는 적어도 기차를 정시 운행하게 만들므로, 심리학자와 정신과 의사들은 우리를 정시에 기차로 실어 나르는 에고를 유능하다고 여기고, 일관되게 그러지 못하는 에고는 '약한 자아'로 취급하려는 경향이 있다. 이런 구분은 특정한 목적을 위해서는 유용할지 모르겠지만, 내 관점에서는 우리를 늘 정시에 데려다주는 에고든 한 번도 그러지 못하는 에고든 마찬가지로 구태의연한 독재자일 뿐이다. 에고는 긴장하고 시간을 엄수하고 한결같은 쪽이 안전하다고 주장할 수도 있고, 반대로 지저분하고 무질서하며 무기력한 쪽이 안전하다고 주장할 수도 있다. 어느 쪽이든 그것은 조금도 중요하지 않다. 우리에게 명령을 내리고 오래전에 사라진 위험으로부터 우리를 '보호'함으로써 자신의 지배적 입지를 보전하려는 독재자인 것은 매한가지이기 때문이다.

앞서 인간 유기체에 민주화가 필요해 보인다고 말했다. 이 말은 개개인의 차원에서 무슨 의미일까? 모든 통치자의 권력은 궁극적으로 대중의 적극적·소극적 지지에 기반을 두는데, 하나의 인간 유기체에 있어서 이 '대중'이란 무엇을 가리킬까? 나는 인간 유기체에서 에고를 제외한 모든 부분, 즉 신체, 충동, 욕망, 감정, 기분, 꿈, 가수假睡 상태, 텔레파시, 환상, '무의식', 그리고 서핑이나 자전거 타기, 막춤, 즉흥 연주처럼 의지나 계산 없이도 자연스럽게 나오는 모든 행동을 일컬어 '유권자'를 뜻하는 미국 정치용어를 빌어 '기반요소Constituents'라고 부른다.

특히 독재적인 에고를 떠받들고 사는 사람들은 이런 기반요소를 경시하고 에고보다 다소 '낮춰' 보려는 경향이 강한데, 이러한 태도는 시간이 지날수록 비싼 대가를 치르고 종국에는 종 자체를 파멸시킬 수도 있는 명백한 잘못이다. 많은 서구인이 민주적인 상태가 대체 어떤 것인지를 이해하는 데만도 어려움을 겪는다(말하자면, 에고가 파수꾼이나 국방장관 정도의 적절한 역할을 수행하고 있다는 것을 의미한다). 그들이 생각하기에, 에고가 빠진 인간 유기체란 학습이나 발전이 불가능하여 죽을 때까지 바보 같은 실수만 되풀이하는 존재이다.

그러나 압도적인 위험이 임박하지 않는 한 대부분의 인간 유기체는 에고 없이도 충분히 잘 돌아간다. 학습에도 에고가 꼭 필요한 것은 아니다. 에고는 그저 학습을 보다 신속하고 피상적으로 만들 뿐이다. 기반요소의 학습은 시행착오를 거쳐 이루어지므로, 느리지만 확실하고 치밀하며 깊이 있다. 이런 식으로 학습한 것은 인간 유기체 전체가 '온몸으로' 받아들이므로 잘 잊히지 않는다. 그러면서도 경험을 통한 학습 내용의 조정에는 더욱 열려 있다. 이에 반해 에고는 자체적으로 일반화하여 규칙을 도출하는 방식으로 학습해 나간다. 이런 학습은 자신의 규칙을 새로운 상황에 곧바로 적용할 수 있으므로 처리가 빠르다. 예컨대 눈이 파란 남자를 피해야 할 어떤 타당한 이유를 알고 나면, 눈이 파란 모든 남자에게 그 이유를 확대 적용하는 식이다(기반요소의 학습은 이렇게 섣불리 추론에 이르지 않는다. 이 경우 문제의 파란 눈의 남자와 생김새, 목소리, 냄새가 똑같은 파란 눈의 남자만 회피 대상이 된다). 에고의 이런 학습 방식은 강점인 동시에 약점이기도 하다. 실제로는 눈이 파란 다른 남자를 두려워할 이유가 없을 수도 있기 때문이다. 에고의 학습은 미세 조정이 없다. 그리고 한번 도출한 규칙은 경험을 거쳐 변경하기도 힘들다(경험을 회피하는 경우에는 더욱 그렇다). 독재적인 에고를 가진 인간 유기체는 관료제와도 비슷하다(애초에 관료제가 그런 인간 유기체를 본 따 설계된 것이므로 어찌 보면 당연한 일이다). 규칙이 한번 정착되면 종종 자체적인 생명력을 띠게 되고, 때로는 사실상 불멸에 이른다. 규칙은 급격히 확산되고, 서로 충돌하고, 특정 상황에 적용되지 못하고, 임의적으로 악용되고, 잊혀지고, 파기되는 식으로 나름의 생명력을 갖는다. 분명히 두 가지 학습체계에는 각각의 장단점이 있다. 시행착오를 거치는 기반요소의 학습은 느리고 서투르지만 현실에 밀착되어 있으므로 유연하고 환경에 맞추어 미세 조정된다는 장점이 있다.

이른바 민주적인 사람들의 관점에서 보자면, 우리에게는 중앙집권적이고 권위적인 체계에 대한 정서적 믿음이 있다. 얼마 전 MIT의 연구 결과, 그런 체계는 오로지 단순하고 정적인 환경에서만 원활히 돌아가는 것으로 입증되었다. 가변적이고 복잡한 환경에 대처할 때는 민주적인 체계가 훨씬 효과적으로 작동한다. 전통적인 교전규칙에 따라 종래의 전쟁터에서 싸우는 재래식 군대는 중앙집중적인 상태에서 가장 효과적으로 싸우지만, 게릴라 군대는 분산된 상태에서만 위력을 발휘할 수 있다. 중앙집권적 체제의 지도자가 변화에 민감하게 대응하기 위해서는 처리해야 하는 정보가 너무나 많다. 예를 들어, 외국의 어느 독재자가 곧 실각한다는 소식은 미 국무부나 CIA의 상층부에 도달하기 오래전에 이미 미국 언론인 절반의 귀에 들어가 있을 것이다.

정치 지도자들의 완고한 근시안은 개인 차원으로 따지자면 '신경증'에 해당한다. 에고는 한때 훌륭한 전략이라 여겨 소중한 근간이자 '주춧돌'로 삼았던, 시대에 뒤쳐지고 부적절하며 파괴적이고 비용이 많이 드는 어리석은 정책을 폐기하지 못한다. 내가 개인(또는 국가)의 민주화를 주장하는 것은 민주주의나 분권화가 도덕적으로 우월하기 때문이 아니라 급변하는 상황에서 보다 유연하고 효율적이기 때문이다.

이제 부 중독의 문제로 되돌아가보자. 부 중독의 네 가지 징후를 한데 묶는 공통점은 그것들이 모두 과도하게 중앙집권적인 인간 유기체와 독재적인 에고의 징후라는 점이다. 그런 징후는 기반요소의 학습을 신뢰하지 못하고, 에고가 주도하는 통제의 필요성을 과대평가한다.

예를 들어, 움켜쥔 손―무언가를 잃거나 놓아버리는 데 대한 두려움과 무엇이든 붙잡고 보장하고 쌓아두려는 욕구―는 아직 일어나지도 않은 상상 속의 미래 위험으로부터 보호받고 싶어하고, 기반요소가 앞으로 맞닥뜨릴 결핍에 적절히 대처하리란 것을 믿지 않으려는 에고의 특성이다. 그런 결핍, 놀라움, 상실, 비상 사태는 학습과 성장으로 가는 관문이지만, 에고는 기반요소가 그런 위기 속에서 갈 길을 모색하도록 내버려두지 않는다. 그들의 학습이 에고의 독재적 지위를 침해할 것이기 때문이다. 대중의 무지야말로 독재 정치의 산파인 것이다.

자신의 바람과 욕구를 읽어내지 못하고 돈지상주의에 휩쓸리는 목표 혼동 역시 기반요소의 조언을 거부하고 혼자만의 계산에 집착하는 독단적인 에고의 특징이다. 결국 에고가 하는 일은 수단에 신경 쓰는 것이다. 에고는 자신의 권력을 강화하는 것 말고는 다른 목표가 없다. 에고의 모든 목표는 기반요소에서 비롯되므로, 목표에 비해 수단을 지나치게 강조하는 것은 에고의 압제와 불감증을 시사한다.

소유 증가와 사용 감소도 결국 앞에 언급한 두 가지 징후의 또 다른 양상일 뿐이다. 에고는 기반요소의 진정한 욕망을 파악하기보다 미래의 결핍이 없도록 보장하는 데 더 열을 올린다. 에고는 목표에 부합하는지 여부도 따지지 않고 무작정 수단을 제시하고, 번번이 수단을 찾아내는 데 급급한 나머지 기반요소의 진짜 목표가 무엇인지에는 끝끝내 귀 기울이지 못한다.

긴장과 탐색 행위 역시 독재적인 에고의 과도한 경계심을 드러낸다. 사람들의 이런 경계심이 얼마나 지나친지를 확인하려면, 동물의 행동을 살펴보면 된다. 동물들은 대부분 진짜 치명적인 위험이 닥치기 전에는 그로 인한 긴장감이나 초조함을 조금도 내비치지 않는다. 나는 동물원에서 커다란 거북이 새장에 있는 어떤 다리 긴 새를 끈덕지게 공격하는 모습에서 깊은 인상을 받은 적이 있다. 거북은 굳세게 새한테 달라붙어 다리를 물려고 한다. 하지만 새는 철저히 거북을 무시하다가 거북의 입이 다리에 몇 센티미터 근처까지 바짝 다가오면 그제야 한두 발쯤 옆으로 비켜선다. 그런가 하면 상당히 겁이 많은 내 고양이도 개나 두려운 상대가 공격 범위 안으로 다가오기 전까지는 태평하게 낮잠을 즐긴다. 가젤 떼도 사자가 뛰기 시작하기 전에는 사자 바로 옆에서 평화롭게 풀을 뜯는다.

물론 이 모든 행동은 위험과 관련된 오랜 경험과 습관에서 비롯된다. 그렇지만 우리의 독재적인 에고는 기반요소가 이런 종류의 경험과 습관을 얻도록 결코 내버려두지 않을 것이다. 독재적인 에고는 만성적인 경계 상태이고, 기반요소가 점점 약해져서 경계의 필요성이 증가할수록 에고의 경계를 더욱더 강화한다. 초원에서 가젤의 민주적인 에고가 계산착오로 죽을 확률은 1만 분의 1 정도라고 한다. 하지만 가젤이 설령 사자에게 붙잡혀 죽는 경우라도, 에고에 시달리며 잠시도 쉴 틈 없는 예측과 과잉 경계로 점철되고 얼룩진 인생을 살아가는 인간에 비하면 실제 살아 있는 시간은 더 길 것이다.

동물에게서는 독재적인 에고를 찾아보기 힘들다. 이런 에고는 보통 길들여진 가축이나 실험실의 표본에서나 찾아볼 수 있다. 우리는 그런 동물을 신경과민이라 부르며 기형 취급하지만, 정작 인간에게 그런 행동이 거의 보편화되어 있다는 사실은 자각하지 못한다.

동물은 안전 보장 같은 것이 가능하다는 사실을 모른다. 이런 측면에서 그들의 무지는 우리의 지식만큼 유용하다. 기실 완전한 안전 보장이란 삶에서 불가능하기 때문이다. 그럼에도 많은 사람이 에고의 지휘하에 안전 보장이나 역시 손에 잡히지 않는 또 다른 환상을 추구하는 데 평생을 바친다. 이 과정에서 사람들은 무수히 많은 명예, 전리품, 부, 권력을 축적할 수 있겠지만, 결코 충분히 만족스런 수준에는 이르지 못한다. 과도하게 중앙집권적인 인간 유기체는 '충분함'이 어느 정도인지에 대한 감이 없다. 에고는 아예 기반요소의 말을 무시하고, 자신의 임무라고 믿는 바를 마치 노예처럼 맹목적으로 수행하느라 바쁘기 때문이다. 다음 장에서 이런 행위의 몇 가지 극단적인 사례를 살펴보자.

부 중독자

심각한 중독자와 그 자녀들

Heavy Addicts and Their Children

"대왕께서는 세계를 정복할 계획이시군요. 그런 다음에는 무엇을 하시렵니까?" 철학자 키네아스Cineas가 묻자 피로스Pyrrhus 왕이 대답했다. "글쎄, 그런 다음에는… 조국으로 돌아와 조용히 여생을 즐기려 하네." "폐하, 그렇다면 지금 당장이라도 그러실 수 있지 않습니까?" 철학자가 물었다.

토머스 트러헌

나는 심각한 중독자Heavy Addict의 의미를 보여주는 사례로 여덟 명의 인물을 선정했다. 그들은 모두 미국인이고 20세기 중에 억만장자가 되었다. 틀림없이 오늘날에도 조용히 부를 축적해가는 또 다른 부자들이 있고, 미국 밖에도 수 많은 부자들이 있겠지만, 내가 이 여덟 명을 고른 것은 그들이 억만장자의 지위를 세계적으로 오랫동안 인정받아왔기 때문이다.

그들은 존 D. 록펠러John D. Rockefeller, 앤드루 멜런Andrew Mellon, 헨리 포드, J. 폴 게티J. Paul Getty, H. L. 헌트, 하워드 휴스Howard Hughes, 존 D.

맥아더John D. MacArthur, 다니엘 K. 루드위그Daniel K. Ludwig*이다.

나는 가끔씩 논지를 전달하는 데 도움이 된다면 다른 큰 부자들도 거론할 것이다. 이런 이들을 여덟 명의 '심각한 중독자'와 구분하기 위해 '중증 중독자Major Addict'라고 부르기로 하자. 양자는 정도의 차이가 있을 뿐이지만 말이다. '중독자Addict'라는 단어만 따로 쓸 경우는 심각한 중독자와 중증 중독자를 모두 아우른다고 보면 된다.

이 책에서 중증 중독자의 분류 기준은 J. P. 모건J. P. Morgan이다. 즉 모건의 사망 시 보유자산을 달러화로 환산한 액수보다 재산이 더 많은 사람만을 중증 중독자로 분류할 것이다. 사람들은 저마다 독특하기 때문에 심각하든 중증이든 중독자에 대한 일반화는 다수의 특징에 대한 언급으로 이해해야지 모든 중독자가 꼭 그렇다는 식으로 받아들여서는 안 된다.

10억 달러 같은 수치에 의미를 부여하기는 힘들다. 경제학자들은 이런 말을 즐겨 한다. "우리가 매년 10만 달러씩을 침대 밑에 감춘다면, 10억 달러를 모으는 데 1만 년이 걸릴 것이다." 그들은 특정 액수를 모으는 데 얼마나 오래 걸리는지에 관심이 많다. 나는 거꾸로 **그 금액을 전부 써버리는 데 얼마나 오래 걸리는지**를 살펴보고 싶다.

윌리엄 랜돌프 허스트William Randolph Hearst는 억만장자 클럽에 들지는 못했지만 조금만 검소하게 살았더라면 억만장자 타이틀쯤은 아무

● 심각한 중독자 중에 여성이 없는 데는 적어도 두 가지 이유가 있다. 하나는 이 사회가 남성 중심 사회라서, 여성이 남성의 욕구와 이해관계를 충족시키는 전통적인 여성의 역할에서 벗어난 다른 목표를 추구하지 못하게끔 가로막았기 때문이다. 또 하나는 우리 사회의 여성이 남성보다 편집증적인 강박이 다소 적기 때문인데, 그 이유는 내가 다른 저서에서 논한 바 있다(《지구걷기Earthwalk》의 4장 참조). 그러나 이것은 어디까지나 정도의 차이일 뿐이고, 앞으로는 여성 중독자들의 비율이 높아질 것이라 예상할 수 있다. 지금껏 등장했던 여성 중독자들이 남성 중독자와 크게 다를 바 없는 특징을 보였기 때문이다.

것도 아니었을 만큼, 낭비벽에 관한 한 세계에서 견줄 자가 없는 인물이다. 부자 아버지를 둔 그는 매달 세계 인구의 95퍼센트가 평생 버는 것보다 더 많은 돈을 써댔다.

그렇게 많은 돈을 쓰는 것은 결코 쉬운 일이 아니다. 하지만 소득이 자기 재산의 평균 6퍼센트 정도인 억만장자가 허스트만큼 많은 돈을 쓰면서 정부에 그 두 배의 세금을 낸다면(그리고 그가 소득의 40퍼센트 이상을 순순히 납부하는 보기 드문 중독자라면), 그렇더라도 그의 재산은 매년 1,500만 달러씩 불어날 것이다! 우리가 큰 부자들의 삶을 연구할 때 자주 맞닥뜨리는 한 가지 사실이 있다. 일단 1억 달러 이상의 큰 재산을 모으면, 아무리 사치스럽거나 어리석거나 관대하거나 무분별하다고 해도 그 **재산을 전부 탕진하기가 거의 불가능하다**는 사실이다. 버나드 콘펠드Bernard Cornfeld나 제임스 링James Ling처럼 하락 장세에서 '쫄딱 망한' 수완가들의 이야기를 들을 때는, 그것이 상대적인 이야기임을 감안해야 한다. 예를 들어, 최근에 빈곤의 나락으로 떨어졌다는 콘펠드는 대략 5,000만 달러를 보유하고 있다고 알려졌다. 폴라로이드Polaroid를 발명한 에드윈 랜드Edwin Land는 주식시장의 침체로 몇 달 만에 2억 달러를 날리고도 여전히 미국 최대 부자 50인 안에 이름을 올려놓고 있다(대부호들 사이에서는 가난에 대한 특수한 어휘가 통용된다. '완전히 빈털터리flat broke'라는 말은 대개 재산이 1,000만 달러 미만이란 뜻이고, '무일푼penniless'이나 '빈민pauper'이란 말은 단지 '더 이상 백만장자가 아니다'라는 뜻일 뿐이다).

이런 사례는 억만장자가 돈을 벌고자 노력하는 것이 얼마나 어리석고, 자칫 경계를 늦추면 빈곤 상태로 전락하리라는 그들의 두려움이 얼마나 병적인지를 보여준다. 사실은 정반대이다. 그렇게 재산이 많은 사람이 그 재산에서 벗어날 길은 거의 없다. 그렇지만 이 책에서 다루려는 바는 현실적인 목표나 두려움이 아니다. 중독자는 에고 중심으로 과도하게 중앙집권화되어 자기 자신과의 소통이 단절된다. 그들이 자신의 광적이고 강박적인 행동과는 어울리지 않게 그런 문제를 온화하게 이야기하는 것만 봐도, 스스로 어떤 두려움 때문에 평생 다 쓰지도 못할 천문학적인 돈을 버는 데 인생을 허비하고 있음을 전혀 깨닫지 못하고 있음을 확인할 수 있다.

심각한 중독자의 삶을 검토하다 보면 몇 가지 공통점이 발견되는데, 그중 대부분은 이미 다른 저자들이 이야기한 바 있다. 여기에서는 우선 부 축적에 기여하는 듯 보이는 몇 가지 일반적인 특징을 살펴보고, 심각한 중독자들이 실제 부자가 되는 데 사용한 방법을 간략히 살펴볼 것이다. 그리고 마지막으로 그들이 부자로서 어떤 삶을 살아가는지, 즉 부가 중독자와 그 자녀들에게 실제로 어떤 영향을 미치는지를 살펴보기로 한다.

어떤 집안 출신인가

앞서 부자가 되는 가장 간단하고 일반적인 방법은 부자로 태어나는 것이라고 말했다. 심각한 중독자 중 세 명(휴스, 게티, 멜런)은 부 중독자의 자식으로, 그들의 부모는 돈을 쓰기보다 불리는 쪽을 택했다. 심각한 중독자 중에 빈민가의 가난한 집안 출신은 한 명도 없었다. 록펠러와 포드는 둘 다 비천한 출신을 과장하기를 좋아하여 누이들의 심기를 불편하게 했지만, 실제로는 살면서 한 번도 굶주리거나 생계유지에 곤란을 겪은 적이 없었다. 록펠러는 심지어 인생에서 몇 번의 결정적인 시점에 아버지로부터 돈을 빌리기도 했다.

미국의 성공 신화에는 가난뱅이에서 벼락부자가 된 사람들이 자주 등장하지만, 그 가난뱅이는 알고 보면 약간 초라한 하위 중산층에 속하는 경우가 대부분이다. 중독자가 되려면 일찍부터 중산층의 특정한 가치관을 주입받아야 한다. 그 가치관이란 개인주의, 직업윤리, 남을 무시하고 '좋은 인간관계'를 피하려는 태도, 이웃 주민 간의 유대나 의무에 대한 무관심 등이다. 강한 민족적 소속감은 그런 가치관을 발전시키는 데 큰 장애물로 작용한다. 자신의 감정을 억제하고 열심히 일해야 하며 항상 일인자가 되어야 한다고 가르치는 부모가 적어도 한 명은 있어야 그런 가치관을 배울 수 있다. 만일 부모가 현재 또는 과거에 중산층이거나 그렇다고 자처한다면 도움이 될 것이고, 와스프 WASP(미국 사회의 주류를 이루는 앵글로색슨계 백인 신교도—옮긴이)라면 더욱 유리할 것이다. 그리고 실제로 지난 150년간의 모든 중독자가 이런 경우에 해당했다.

러시아 출신 미국 사회학자 소로킨Sorokin은 1925년의 연구에서 대부호들이 주로 영어권 국가 출신이고, 뉴잉글랜드New England에서 자랐으며, 부친이 사업가나 농부이고, 일반인에 비해 대학 진학률이 다섯 배 이상 높다는 공통점을 밝혀냈다. 그 후로 50년간 중독자들 가운데 소수민족의 비중이 약간 늘어나기는 했어도, 앞서 말한 원칙은 여전히 유효하다. 만약 가난한 지역에서 태어났다면, 글들을 계속 그곳에 붙잡아두는 주민들 사이의 정서적 유대감과 냉정히 거리를 두는 법을 익혀야 한다. 장차 출세를 꿈꾸는 야심가에게 이웃과의 유대감은 걸림돌이 될 뿐이다. 록펠러와 포드 같은 사람이 친목 관계를 그토록 줄기차게 비난했던 이유도 바로 여기에 있다. 가난한 지역 주민은 보통 어려울 때 서로를 돕는 것을 당연히 여기고, 진짜 가난한 사람들은 언제나 형편이 어렵기 때문에, 가차 없이 몰인정한 사람만이 집단적 빈곤의 늪에서 탈출할 수 있다.

심각한 중독자 중 다섯 명은 평범한 가정 출신이며, 가난한 사람은 한 명도 없었다. 포드와 헌트는 농가에서 태어났고, 맥아더는 전도사의 아들이었으며, 루드위그는 부동산 중개인의 아들이었다. 다섯 명 중에 록펠러만이 고등학교를 마쳤고, 대학에 진학한 사람은 아무도 없었다. 헌트, 루드위그, 맥아더는 8학년 이상 넘기지 못했다. 그렇지만 이들 모두 자신이 원했다면 얼마든지 계속 교육을 받을 수 있는 형편이었다. 학교 중퇴는 지금부터 살펴볼 중독자의 다른 특징과 더 큰 관련이 있다.

유년기에 시작된 돈에 대한 집착

심각한 중독자 대부분은 아주 일찍부터 돈에 집착하는 조짐을 보였다. 예를 들어 록펠러는 일곱 살 때부터 용돈을 저축했고, 열 살 때는 이웃 농부에게 7퍼센트 이자를 받고 50달러를 빌려줬다. 100시간 동안 감자를 심는 것보다 이런 방법으로 더 많은 돈을 벌 수 있다는 사실에 그는 깊은 감명을 받았다. 일찌감치 사회 계층의 의미에 대해 심오한 교훈을 얻은 셈이었다. 대부분의 성공한 자본가처럼, 그도 처음에는 대자연을 이용해 한몫을 챙겼다. 야생 칠면조 둥지에서 훔쳐 온 칠면조 새끼를 잘 키워 '많은 이윤을 남기고' 내다 팔았던 것이다. 그는 아주 어려서부터 모든 현금 거래를 꼼꼼히 장부에 기록했고, 아들과 손자에게도 이런 습관을 물려주었다.

다니엘 루드위그는 겨우 아홉 살 때 침몰한 배를 사서 수리하여 큰 차익을 남기고 대여했다. H. L. 헌트는 10대 때 이미 도박으로 큰돈을 벌었다. 하워드 휴스는 10대 때 자신이 성인들의 계약 관계에 얼마나 유능한지를 알리기 위해 법정 싸움을 불사했고, 그 후에는 삼촌과 조부모가 보유한 휴스공구회사Hughes Tool Company 지분을 모조리 사들여 열아홉 살 때 그 회사의 단독 소유주가 되었다.

앤드루 멜런은 아홉 살 때 집 옆을 지나가는 많은 농민들의 마차 행렬에서 돈을 벌 기회를 발견하고, 건초와 다른 농작물을 소매가로 팔기 시작했다. 열다섯 살에는 아버지의 은행에 들어갔고, 열일곱 살 때 막중한 재무적 책임을 지게 되었다. 또 같은 나이에 아버지에게 빌린 4만 달러로 자신의 목재 사업을 시작했다. 그는 노는 데 별로 관심이 없었던 사람으로 알려져 있다.

J. 폴 게티는 열한 살 때 자신의 첫 번째 주식으로 주당 5달러에 아버지의 석유회사 주식 100주를 샀다. 이 나이 때 그의 일기에는 벌써부터 돈과 축재에 집착하는 소년의 모습이 엿보인다. "아빠가 집에 돌아와서 25센트를 주셨다", "아빠가 우체국에 가서 편지를 부치라고 10센트를 주셨다", "심부름하고 20센트를 받았다", "현재 내 구슬은 275

개이다", "지금까지 수집한 우표를 세어보니 305장이다", "또 55센트를 받았다", "아빠가 1달러를 주셨다. 아싸!"

이런 기록이 특히나 딱하게 느껴지는 것은 작성자가 가난한 소년이 아니라 부잣집 소년이고, 문제의 심각성을 완화해줄만한 요소라곤 찾아볼 수 없기 때문이다. 이 일기가 작성된 18개월 동안 놀이동무가 언급된 것은 딱 한 번뿐이었고, 청소년기에 떠난 유럽 여행에서 그에게 가장 인상 깊었던 것은 물가였다.

미국의 언론인 겸 작가인 케네스 래멋Kenneth Lamott은 19세기 강도 귀족robber baron(공정거래질서가 아직 확립되지 않은 미국에서 온갖 수단과 방법을 동원해 불법 축재를 일삼던 악덕 자본가―옮긴이)과 20세기 신흥 부자의 차이가 바로 돈에 대한 어려서부터의 열망이라고 주장한다. 예를 들어 리튼 인더스트리Litton Industries의 찰스 손턴Charles Thornton은 어린 나이에 땅을 샀고 열네 살이 되었을 때는 "마을의 어떤 가게에서도 수표를 현금으로 바꿀 수 있었다." 해운업·철도업 등으로 큰 재산을 축적한 코모도어 밴더빌트Commodore Vanderbilt는 겨우 열일곱 살 때 어머니에게 빌린 돈으로 배를 사서 그의 오랜 경력을 시작했다. 앤드루 카네기Andrew Carnegie는 열네 살 때 차축과 철교를 만드는 회사에 투자했다.

어떤 부자들은 불가피하게 유년기를 일찍 끝낼 수밖에 없었지만, 대부분은 선택의 문제였다. 중독자들은 공통적으로 놀이 능력이 심각하게 부족하여, 대부분 첫 번째 시도에서 바로 놀이를 포기해버렸다. 그래서 그들은 성인이 돼서도 장난기가 남아 있는 사람들과 잘 어울리지 못하고 종종 그런 사람들을 업신여겼다. 대부분의 중독자들은 그들의 에고 독재자가 유년기에 선포한 비상 사태에서 너무 오랫동안 살다 보니 그런 상태를 일상으로 여기게 되었다.

결핍을 보상하려는 만성적인 탐욕

대단히 많은 중독자들이 어렸을 때 외로움, 상실감, 정서적 불만 등 모종의 심리적 결핍을 겪는다는 사실은 여러 전문가들이 지적해왔다. 중독자들 중에는 어려서 부모의 사망이나 이혼으로 한쪽 부모와의 이별을 경험한 사람이 많다. 헨리 포드는 열세 살 때 어머니를 잃었고, 열여섯 살에 집을 나왔다. 하워드 휴스는 여섯 살 때 어머니가 죽고 이듬해에 아버지마저 세상을 떠났다. 다니엘 루드위그는 열다섯 살 때 부모가 이혼한 뒤로 아버지와 함께 살았다. 록펠러의 아버지는 오랫동안 가족을 내팽개쳐두고 어느 날 불쑥 나타났다가 다시 말 없이 사라져버리기를 반복하는 사기꾼이었다. 그는 정책상의 문제라며 현금 거래에서 아들들을 속였고, 여섯 살 난 록펠러에게 셰틀랜드 포니Shetland Pony 조랑말을 사주기로 한 약속을 지키지 않아 60년 후에 록펠러가 대단히 씁쓸하게 그 일을 회상하기도 했다. H. L. 헌트는 열두 살 때부터 가출을 일삼았다.

최근의 중증 중독자를 살펴보자면, 제임스 링은 열두 살에 고아가 되었고, 클레멘트 스톤Clement Stone은 어려서 아버지를 여의었으며, 찰스 손턴은 어렸을 때 아버지가 어머니를 버렸고, 노턴 사이먼Norton Simon은 열네 살 때 어머니가 죽었으며, 조셉 허시혼Joseph Hirshhorn은 아주 어려서 아버지를 잃었다(허시혼은 중증 중독자 가운데 보기 드물게 어릴 때 도시 빈곤층에 속했다).

폴 게티는 부유한 집안에서 태어나 온전한 부모 밑에서 자랐고 종 종 미국 최대 부자로 손꼽혔지만, "나는 단 한 번도 진짜 부자라고 느껴본 적이 없다. 석유업계에는 전부 나보다 부자인 사람들뿐이었다"라고 말했다. 존 D. 맥아더는 억만장자답지 않게 소박하게 사는 이유를 묻는 질문에, 사업을 시작하고 처음 15년 동안 '살얼음 위를 걷는' 기분이었다고 말했다. "나는 돈을 벌기 시작했을 때도 언제 어떤 일이 일어날지 모르기 때문에 기존의 생활 방식을 바꾸고 싶지 않았다." 그렇지만 맥아더는 한 번도 심한 가난을 겪어본 적이 없었다. H. L. 헌트 밑에서 일하던 한 직원은 "헌트는 아무리 돈을 벌어도 **마음속으로는 항상 가난했다**"라고 말했다. 이 말은 깊은 불안에 시달리는 중독자들에게 대부분 적용할 수 있다. 자기 자신을 돈으로 가득 채워 내면의 가난을 치유하려는 노력이 얼마나 허망한지를 보여주는 것이다.

화가인 들라크루아Delacroix는 거대 은행 가문의 제임스 드 로스차일드James de Rothschild에게 거지 그림의 모델을 서 달라고 부탁한 적이 있다. 그가 "진정한 굶주림을 정확히 체현한다"는 이유에서였다. 로스차일드는 친구인 화가의 말에 동의하며 다음 날 거지 같은 허름한 차림새를 하고 화실로 찾아갔는데, 그의 거지 분장이 얼마나 실감 났던지 지나가던 행인 하나가 그에게 돈을 쥐어주었다고 한다.

항상 가난하다고 느낀다는 H. L. 헌트의 말을 듣고 정신분석가라면 '구강기 결핍oral deprivation'을 운운할지도 모르겠으나, 헌트가 일곱 살까지 어머니 젖을 떼지 못했다는 점으로 미루어보았을 때 그의 결핍감은 더욱 뿌리가 깊었던 것이 틀림없다. 이유야 무엇이든 간에 헌트는 평생 동안 어머니 젖에 게걸스러웠다. 그는 어머니 대자연에서 나는 석유도 너무 많이 빨아대는 바람에, 제2차 세계대전이 끝날 무렵에는 전시의 적국들을 전부 합친 것보다 더 많은 석유를 개인적으로 소유하고 있었다.

자본주의에 대한 민간 신앙은 이런 종류의 탐욕이 모종의 사회적 가치를 갖는다고 주장한다. 사람들은 어떤 사람이 어떻게든 사자의 몫lion's share(가장 좋은 몫—옮긴이)을 차지하면, 그가 바로 사자라고 믿는 경향이 있다. 그리고 어떤 의미에서 보면 이것은 사실이다. 사자는 실제로 다른 동물이 구한 먹이를 종종 자기 것으로 여기기 때문이다. 심각한 중독자를 옹호하는 사람들은 그들에게서 막대한 부를 정당화할 만한 특별한 자질, 즉 리더십, 정확한 판단력, 위험을 무릅쓰는 용기 등을 찾아내고자 필사적으로 노력해왔다. 그러나 심각한 중독자 중에 간혹 그런 자질을 갖춘 사람이 있을지라도, 그들 모두에게서 공통적인 특출한 재능을 찾기란 거의 불가능하다. 심각한 중독자들이 공통적으로 남들과 다른 점은 탐욕, 즉 남들에게서 무언가를 빼앗으려는 의지와 재능뿐이고, 이런 특징에 대단한 사회적 가치가 있다고 주장하기는 아무래도 어려울 테니 말이다.

심각한 중독자의 옹호자들은 논의 중에 툭하면 동물 세계를 언급하니, 나도 그들의 방식을 한번 따라해 보겠다. 나는 어미 젖을 빠는 새끼 고양이나 강아지들을 지켜볼 때마다, 각자에게 돌아갈 젖꼭지가 아무리 충분해도 제일 욕심 많은 새끼가 꼭 제 몫의 젖꼭지는 놔둔 채 가장 약한 새끼를 밀쳐내고 그의 젖꼭지를 차지하려 드는 모습에 깊은 인상을 받곤 한다. 가장 약한 형제가 만족스럽게 젖을 빨아 먹는 모습은 더 강한 새끼들의 호승심을 자극하는 모양이다. 강한 새끼들은 어떤 상황에서도 이미 가진 것보다 더 많이 원하고, 가능하면 한 번에 두 개의 젖꼭지를 빨려고 기를 쓴다.

　심각한 중독자의 옹호자들은 이런 강한 새끼들이 '적자'라고 주장한다. 그러나 내 경험상 그렇게 강한 새끼 고양이나 강아지는 그냥 그대로 자랄 뿐 별다른 변화가 없다. 나는 탐욕스런 형제자매들 사이에서 간신히 살아남은 약골 새끼 고양이 두 마리를 알고 있는데, 그 녀석들은 젖을 뗄 무렵만 해도 영양부족 상태로 보였다. 하지만 둘 다 자라면서 타고난 사냥꾼 기질을 드러냈고, 모든 면에서 총명했으며, 다소 아둔한 한배 새끼들과 비교하면 특히 그러했다. 이것은 놀라운 일이 아니다. 사냥에는 우월한 힘이 그다지 중요하지 않기 때문이다. 사냥에 더 요긴한 것은 인내심과 민첩성인데, 공격적이지 않은 약한 동물은 살아남기 위해 그런 자질을 익혀야 하는 반면, 강한 동물은 그럴 필요가 없다. 약한 새끼는 먹이를 찾아내는 법, 즉 남는 젖꼭지가 보일 때 남들 눈에 띄지 않게 잽싸게 그것을 물고, 밀려나기 전까지 최대한 많이 빨아 먹는 법을 터득한다. 반면에 힘센 동물은 다른 동물이 발견한 것을 빼앗아서 먹고살 수 있으므로 굳이 사냥에 필요한 자질을 배울 필요가 없다.

　남의 몫을 빼앗는 것도 일종의 생존 기술이기는 하지만, 어디까지나 다른 동물에게 의존하는 방법이다. 역설적이게도 강한 동물이 약한 동물에게 종종 기생하듯 의지해서 살아가는 것이다. 암사자가 잡아 온 것을 먹고사는 수사자처럼 말이다.

　우월한 힘에 의한 지배는 사냥하거나 채집하지 않고 인간에게 먹이를 받아먹는 가축들 사이에서 가장 유용한 생존 기술이다. 우리가 동물들 사이의 지배 관계에 대해 처음 알게 된 것은 닭 연구를 통해서였고, 그래서 영어로 '모이를 쪼아 먹는 순서pecking order'란 용어가 위계 서열을 의미하게 되었다. **사육당하는 상황에서 지배가 중요한 이유는 다른 모든 기술이 불필요해지기 때문이다.** 만약 원하는 만큼 마음껏 먹이를 차지할 수 있다면, 가장 탐욕스러운 동물이 가장 많이 먹게 된다.

자본주의에 대한 민간 신앙에서 유행하는 다윈주의에서는 모든 생물 종이 종국에는 오로지 하나의 우월한 종만 살아남게 될 일종의 리그를 치르고 있다고 본다. 당연히 이것은 터무니없는 주장이다. 포식자와 먹이, 기생생물과 숙주, 방목 가축과 풀은 모두 상호 의존적이기 때문이다. 다른 것을 먹고 사는 어떤 동물이든 먹이 공급량에 비해 개체수가 너무 많아지면 굶어죽게 마련이므로 일방적인 승리를 거두기란 불가능하다. **자연에서 생존하기 위해서는 '실패'가 '성공'만큼이나 필수적이다.** 자연은 끊임없이 변화하되 균형 상태를 유지하므로, 어느 한 부문이 지나치게 비대해지는 것은 곧 재난을 의미한다. 하지만 가축의 경우에는 인간이 보통 가장 '개체가 많은' 종부터 도축함으로써 (가능한 선에서) 이런 균형을 유지한다.

전기 작가 스탠리 브라운Stanley Brown에 따르면, H. L. 헌트는 이기는 것을 즐기는 것은 물론, 다른 사람이 지는 것을 굉장히 중요시했다. 강한 새끼 고양이나 강아지처럼, 중독자들은 본인이 충분히 갖고 있을 때에도 다른 사람이 무언가를 얻는 것을 보기 싫어한다. 이런 특성은 하워드 휴스에게서 특히 두드러진다. 그는 필요도 없는 사람이나 공간을 소유해야만 직성이 풀리는 사람이었다. 그가 고용한 어떤 직원은 결코 오지 않을 그의 호출을 기다리며 모텔 방에서 수개월씩이나 죽치고 있어야 했다. 한 이발사와 여러 의사들은 휴스를 위해 다른 손님을 받지 못한 채 오랫동안 대기했지만, 결국 휴스에게마저 외면당하고 말았다. 휴스는 한 번도 사용하지 않을 값비싼 집을 빌리고, 24시간 경비대를 고용하여 사람들이 그곳에 접근하지 못하게 막았으며, 잔디나 수영장, 정원이 사람의 손길이 닿지 않아 엉망이 될 때까지 방치했다. 또 적어도 다섯 명의 젊은 신인 여배우를 대저택에 머물게 하며 차와 기사, 경비원, 식당 외상 장부까지 제공했지만, 정작 본인은 한 번도 그곳에 방문하지 않으면서 다른 사람이 드나들지 않는지 확인하기 위해 사설탐정까지 고용했다.

휴스는 대개 휴일을 혼자 보냈고, 직원들을 부를 일이 없을 때에도 항시 대기 상태에 있게 하여 그들이 가족들과 여가를 보내지 못하게끔 방해했다. 어느 해 부활절에는 한 보좌관에게 하루 휴일을 주기로 약속하고도, 그의 집에 비상호출 전화를 걸어 당장 자신의 대저택으로 달려와 그의 철통같은 무균지대 보안 시스템을 뚫고 들어온 파리를 잡으라고 지시했다.

이렇게 가장 가까운 직원들이 행복하거나 편안히 쉬는 꼴도 두고 보지 못하던 사람이니 외부인의 어떤 요구에 선뜻 응했을 리가 만무하다. 휴스는 다른 사람들의 정당한 요구를 들어주지 않기 위해 유치하기 짝이 없는 게임에 몰두했다. 예컨대 필름 라이브러리에서 일정 기일까지 특정 필름을 꼭 반납해달라고 정중하게 요청하면, 그는 일부러라도 그 필름을 기한을 넘겨서까지 갖고 있었고, 보는 일도 거의 없었다. 그는 또 음식을 주문했다가 돌려보내고 다시 주문했다가 돌려

116

부 중독자

보내기를 아주 좋아했다. 대부분의 중독자들이 자연스러운 놀이를 전혀 즐기지 못하는 것은 사사건건 모든 행동에서 이기고 지는 데 너무나 심한 집착을 보이기 때문일 것이다.

그렇기 때문에 중독자들은 대부분 다른 사람과 함께 일하거나 권한을 나누어 갖는 데 서툴다. 심각한 중독자들은 모두 자기 사업을 했다. 처음에는 동업자와 사업을 시작했던 사람들도 여유가 생기자마자 상대의 지분을 몽땅 사들였다. 모든 중독자들은 책임을 공유하기를 꺼렸고, 하나같이 자기 사업을 단독 소유하고 싶어했다(적어도 지배주주로서 압도적인 지분을 보유하려 했다). 중독자는 단순히 젖꼭지를 차지할 뿐 아니라 누구와도 나누지 않기를 바라는 듯하다. 중독자는 젖을 짜서 판매하는 것은 좋아해도, 그 원천인 젖꼭지만은 완전히 독점하기를 원한다.

그렇다고 심각한 중독자가 독립적이라는 의미는 아니다. 입만 열면 철저한 개인주의rugged individualism(욕구 충족의 모든 책임은 개인에게 전가되어야 한다는 입장—옮긴이)를 전파하면서도, 정작 중독자들은 충직하고 총명한 매니저에게 전적으로 의존했다. 다니엘 루드위그는 윌리엄 와그너William Wagner를 고용하기 전에는 이렇다 할 행보에 나서지 못했고, 하워드 휴스는 보좌관인 노아 디트리히Noah Dietrich와 로버트 마휴Robert Maheu가 없었더라면 아마 손대는 일마다 실패를 거듭했을 것이다. 헨리 포드는 유능한 직원들이 그의 지나친 행동과 경직된 성격을 보완해준 덕분에 성공하고도, "많은 개인주의자가 그렇듯이 다른 사람의 개인주의는 용납하지 않았다." 포드사Ford Company에서는 직원이 사회적인 인정이나 명성을 얻으면 바로 내쫓았기 때문에, 가장 유능한 직원부터 하나둘씩 떠나간 결과 그의 곁에는 악명 높고 능력도 변변치 않았던 해리 베넷Harry Bennett만 남게 되었다.

독재적인 에고는 인간의 상호 의존성을 경계하므로, 중독자의 부하 직원이나 협력자는 아무리 충성스럽고 유능하다고 해도 일하는 만큼 적절히 보상받기가 힘들다. 아예 보상을 못 받는 경우도 허다하고 말이다.

자신만의 세상과 외골수적인 집념

아마도 심각한 중독자의 가장 공통적인 특징은 돈을 벌겠다는 목표에 대한 편협하고 외골수적인 집념일 것이다. 부자를 꿈꾸는 보통 사람들은 대부분 돈으로 할 수 있는 다양한 일을 상상하고, 바로 그런 상상력 때문에 꿈을 이루는 데 실패한다. 부자가 되기에는 그들의 정신이 너무나 풍요로운 탓이다.

심각한 중독자는 돈으로 할 수 있는 일 따위는 생각하지 않는다. 그들에게 그런 상상은 부질없는 짓이며, 돈을 벌겠다는 목표에 방해가 될 뿐이다. 대부분의 중독자들이 사생활에서 거의 스캔들이 없고 대체로 '착실한 패밀리맨'인 이유가 바로 여기에 있다. 케네스 래멋이 관찰한 결과, 중독자들의 가장 강력한 욕망은 '금전욕'이다. 유럽의 백만장자들을 연구한 고로니 리스Goronwy Rees는 단 하나의 목표에 온 에너지를 쏟아붓는 능력이 돈벌이 외의 모든 일에 철저히 무관심하고 매사에 가차 없이 냉정한 태도와 더불어 부자가 되는 데 중요하다고 강조한다. 다양한 관심사와 재능을 지닌 사람에게는 타이드워터 오일 Tidewater Oil의 지배권을 장악하는 데 장장 20년을 매달린 폴 게티 같은 집요함을 기대하기가 힘든 것이다.

존 D. 록펠러는 인생에서 오직 한 가지 관심사를 지닌 완벽한 사례를 보여준다. "그의 철저히 좁은 세계는 가장 힘든 협상도 가능하게 몰아가는 값진 자산이었다. 그는 스스로 경영 활동의 완벽한 도구가 되었고, 자신에게는 오로지 거래를 성사시키는 데에서 비롯되는 즐거움만을 허락했다." 한 지인은 록펠러가 약간이나마 흥분하는 모습을 본 것은 석유를 시가보다 싸게 구매했다는 보고를 받았을 때가 유일하다고 회상했다. 록펠러는 진정한 친구가 한 명도 없었으며, 주일학교 학생들에게도 "좋은 동료 관계에 얽매여서는 안 된다"고 가르쳤다. 그는 책이나 사상에도 아무 관심이 없었고, 가장 위대한 예술품도 순전히 금전적인 관점에서 판단했다. 아름다운 여름 별장을 구입했을 때는 그곳을 호텔 겸용으로 만들겠다는 구상으로 손님들에게 자신과 함께 묵는 특권에 대한 대가를 청구하여 그들을 당황시켰다(폴 게티도 세금 목적으로 서튼플레이스Sutton Place의 대저택에서 똑같은 시도를 했다). 이 '놀라운 집념'은 자연히 록펠러를 '따분하고 예측 가능한' 인물로 만들었다.

헨리 포드도 상당히 유사한 방식으로 자신을 기계화했다. 젊었을 때 하루에 15시간씩 일한 그를 가리켜 어느 전기 작가는 '목적을 위해 오로지 한 방향으로만 돌아가도록 만들어진 인간 발전기'라고 묘사했다. 포드가 노동 절약 방법을 찾는 데 몰두한 것도, 직원들에게 더 많은 여유시간을 주기 위해서가 아니라 일하는 데 더 많은 에너지를 집중시키기 위해서였다. 그가 조립라인을 도입한 것은 직원들이 연장이나 자재를 찾아 기계들 주위를 어슬렁거리며 잡담을 나누는 모습을 보고 비용이 낭비되고 있는 것을 염려했기 때문이다. 이런 '낭비 행위'는 직원들이 힘겨운 노동을 그나마 견딜 수 있게 하는 유일한 위안거리였지만, 포드는 그 탁월한 선견지명과 다양한 사회적 관심사에도 불구하고 이런 직원들의 고충을 이해하지 못했다. 자기 스스로를 기계로 만들어버린 포드는 수백만 명의 직원을 기계로 만드는 데 역시 아무런 문제의식을 느끼지 못했다.

"그의 생각은 놀랄 만큼 단순했다. 그는 주립 정신병원의 환자들만큼이나 거의 완벽하게 한 가지 생각에 집중할 수 있었다." 포드는 인간이 가능한 한 기계와 같아져야 한다고 생각했고, 인체를 고장 난 보일러 고치듯 수리할 수 있어야 한다고 주장하기도 했다. 록펠러처럼 포드도 우정에 대해 회의적이었고, 직장에서 좋은 대인관계를 유지하거나 심지어 부서 간에 협조적이고 신사적인 관계를 유지하기 위해 애쓸 필요도 없다고 생각했다. '동료들과 관계가 좋아봤자 일의 능률만 떨어진다'고 보았기 때문이다.

포드에게는 모든 것이 수단이었다. 일례로 그는 춤에서 '어떤 쓸모'도 발견하지 못하여 춤을 순전히 '체력 낭비'이자 '아무 목적 없이 음악에 맞춰 흐느적거리는 것'으로 보았다. 그는 춤이 장래의 아내에게 구애하는 과정에 유용하다는 것을 깨닫고 나서야 비로소 춤에 흥미를 가졌다. 포드는 언젠가 "지구상에서 가장 불행한 남자는 할 일이 없는 남자"라고 주장하기도 했다. 다른 사람은 몰라도 중독자들이라면 분명히 공감할 만한 말이었다.

외골수적인 집념의 가장 극단적인 사례는 아마 하워드 휴스일 것이다. 그가 직원들에게 자신이 제시한 주제에 대해서만 논의하라고 지시한 것은 독재적인 에고가 어떻게 부정적인 피드백을 거부하는지를 잘 보여주는 사례이다. 그 이유에 대해 휴스는 "나는 한 번에 하나 이상의 주제에는 집중할 수가 없다"라고 했는데 이 말은 상당히 흥미롭게 들린다. 정도의 차이는 있겠지만, 이것이야말로 모든 심각한 중독자들의 특징이기 때문이다.

이런 외골수적인 집념은 종종 부자들이 쾌락이나 오락에는 거의 흥미를 못 느끼고 고로니 리스의 말처럼 "집중적이고 지속적이고 어려운 일을 처리하는 데 특출한" 점에서도 드러난다. 중독자들이 흔히 부자의 오락거리라 여겨지는 일에 실제로 탐닉하는 것은 단지 세상의 기대에 부응하기 위해서일 때가 많고, 어쩌다 그들이 정말로 어떤 오락거리에 빠지게 되면 그 오락거리는 금방 이익을 창출하는 사업 아이템으로 바뀌고 만다. 그의 즐거움은 오로지 다른 수단을 통해 사업을 이어가는 것뿐이기 때문이다.

맥스 건서Max Gunther는 또 중독자들의 공통점으로 일에 대한 '숭배'를 지적한다. 물론 많은 중독자들이 "일에 대한 강박이 결혼생활을 파탄 내고 자녀와의 관계를 망쳤으며 사생활의 다른 요인에까지 악영향을 미쳤으리라는 것을 솔직하게 인정한다". 그렇지만 중독자들은 그런 생활 방식을 바꿀 의향이 손톱만큼도 없다. 다니엘 루드위그는 사업 외에는 어디에도 관심이 없음을 인정했고, "친구도 거의 없고 취미도 아예 없다 보니 나이가 들수록 점점 더 일에 집중하는 듯 보였으며", "만약 그가 어떤 경치에 감탄한다면, 그것은 어디까지나 부동산 개발업자의 관점에서 좋다는 뜻이었다".

폴 게티는 거의 날마다 새벽 3~4시까지 일했고, 먹거나 쉬지 않고 여덟 시간을 꼬박 일하는 경우가 다반사였으며, 직원들에게도 똑같이 그렇게 할 것을 강요했다. 정육업으로 갑부가 된 필립 아머Philip Armour 는 매일 새벽 4시면 공장에 출근하고는 했다. 리어제트기Learjet(미국의 자가용 소형 제트기—옮긴이)의 제조업자인 윌리엄 리어William Lear는 1년 에 365일을 일했다. 복합기업인 링-템코-보트LTV사를 합병시킨 제임 스 링은 매주 90시간씩 일했다. 리튼 인더스트리의 찰스 손턴은 "나는 쓸데없는 여가를 견딜 수 없다"라고 털어놓았다. 규칙적으로 주 6일씩 일하던 H. L. 헌트는 '가장 기억에 남는' 크리스마스로 온종일 일하며 보낸 날을 꼽았다. 맥도날드 햄버거로 명성을 얻은 레이 크록Ray Kroc 은 "일 자체를 위한 일을 즐기는 듯 보였다".

그렇지만 일에 대한 그들의 헌신이 아무리 상징적이고 고상하며 보 상을 기대하지 않는 것처럼 보여도 사실상 한 가지 목표를 지향하고 있음이 분명하다. H. L. 헌트는 자신의 인생을 다음과 같은 한마디로 정확히 요약했다. "내가 하는 모든 일은 영리를 얻기 위한 목적이다."

독일 군수산업을 주름잡던 알프레드 크루프Alfred Krupp는 일에 지나 치게 몰두한 나머지 자신의 제철공장 한가운데에 자택을 지었다. 언제 든지 공장을 감시하기 편하다는 이유에서였다. 그는 자기 귀에는 철 강을 생산하는 소리보다 더 감미로운 음악은 없다면서 음악회나 그 밖의 문화생활을 즐기기를 거부했다. 그의 아내는 이 악몽 같은 환경 에 갇힌 수감자나 다름없었다. 집 안의 올 고운 리넨이 공장의 잔모 래에 부식되고 섬세한 유리잔이 증기해머의 쉴 새 없는 진동으로 인해

부 중독자

산산조각 나는 환경에서 그녀가 막대한 자산가의 안주인으로서 어떤 기쁨을 누렸을지 궁금해지기도 한다.

판사인 토머스 멜런Thomas Mellon은 총각 시절 아내를 향한 형식적이고 애정 없는 구혼이 성공적으로 끝난 뒤에, 만일 아내가 청혼을 거절했다면 그녀에게 낭비한 시간이 유일하게 아까웠을 것이라고 말했다. 포드와 록펠러처럼, 그도 아들들에게 남녀를 불문하고 우정을 맺지 말라고 조언했고, 적어도 앤드루만큼은 이 조언을 새겨듣고 실천에 옮겼다. 앤드루 멜런은 "어떤 여자보다도 수백만 달러를 다루는 일에 더 큰 애정과 정열을 느꼈던" 것이다. 이것은 그의 아내 노라Nora에게는 절망스러운 일이었다. 그녀는 건강하고 삶을 사랑하는 여자였지만, 앤드루가 "값을 매길 수 없는 잠과 건강, 행복을 기꺼이 희생해가며 자신의 서재에 틀어박힌 채 사랑해마지 않는 수백만 달러를 애지중지 돌보고 키워가는 동안" 수많은 밤을 홀로 지새우거나 아이들과 지내야 했다. "앤드루의 수백만 달러는 차라리 신에게 살아 있음을 감사하는 데 바쳤으면 훨씬 가치 있었을 시간을 그와 가족들에게서 빼앗아갔다." 알프레드 크루프의 아내보다 기백이 넘치던 노라는 결국 이혼을 택했다.

〈시카고 트리뷴Chicago Tribune〉의 한 기자는 야심가들을 위한 조언을 구하기 위해 많은 대부호들과 인터뷰를 진행한 적이 있었는데, 전화를 걸 때마다 부자들이 모두 자기 사무실에서 자리를 지키며 열심히 일하고 있다는 사실에 크게 놀라워했다. 기자는 비록 어떤 부자도 그렇게 말하지는 않았지만 부자가 되는 진짜 비결은 '강박적으로 일하는 것'이라고 결론 내렸다.

사소한 일에 대한 집착

강박적이라는 데는 물론 여러 가지 의미가 있지만, 그중 하나는 지극히 세세한 것에 집착한다는 것이다. 고로니 리스는 이들 부 중독자들이 바람직한 경영의 모든 원칙을 위반한다는 사실을 알고 놀라움을 표했다.

중독자들은 사업 전반의 기업 전략 같은 큰 문제에만 신경 쓰기보다, "종종 따분하고 잡다하지만 그 자신에게는 무한히 매력적인 세부 사항에 열을 올리는" 경향이 있다. 고로니 리스의 분석처럼 중독자들이 기업 경영자다운 대범함과 초연함을 발휘하지 못하는 것은 아마 자신의 소중한 돈이 걸려 있기 때문이겠지만, 이유가 무엇이든 간에 그들은 대개 "포괄적인 원칙과 정책에는 큰 관심이 없다. 그들의 미시적이고 좁아터진 시야는 가히 놀라울 정도이다." 그들은 "마지막 동전 한 닢까지 빠짐없이 세는 수전노의 능력을 지녔다."

특히 록펠러는 구두쇠로 가장 악명 높았던 인물 중 하나였다. 그는 스탠더드오일트러스트Standard Oil Trust를 조직한 후에도 여전히 자신의 왕국 구석구석을 둘러보며 장부를 점검하고, 현장 관리자에게 제안을 하는 데 많은 시간을 보냈다. 그런 제안 중 하나는 석유통을 납땜으로 밀봉할 때 납 40방울 대신 39방울씩만 사용하라는 것이었다. 그뿐 아니라 록펠러가 재고조사 보고서를 훑어보다가 발견한 석유통 마개 부족분 약 750개에 대해 현장 책임자에게 보낸 유명한 메모도 있다. 석유통 마개 750개는 전부 합쳐봐야 1달러의 가치도 안 되었으므로, 록펠러는 자신의 시간과 노동에 매우 낮은 가치를 부여했던 것이 틀림없다. "그는 세부사항에 집착했고 (…) 심지어 회사의 큰 문제보다 더 집착했다."

다니엘 루드위그는 언젠가 모터보트를 빌려 타고 20센트짜리 끈과 5센트짜리 볼트를 이용하여 파나마 라스미나스 만Las Minas Bay 해도상의 모든 수심을 직접 확인하기도 했다. 그는 권한을 다른 사람에게 위임하기를 극도로 꺼렸고, 자신의 거대하고 복잡한 왕국의 모든 의사결정에 일일이 개입하려 했다. '수백만 달러의 위험을 감수하면서도 돈 한 푼에 벌벌 떨던 짠돌이'였던 그는 심지어 자기 선박의 속 빈 돛대 안에 석유를 저장하는 방법을 궁리하기도 했다.

폴 게티 역시 서튼플레이스 대저택의 비용을 '이 잡듯이 검토해야' 한다고 생각했을 만큼 세부사항에 집착하는 인물이었다. 그런가 하면 정육업으로 백만장자가 된 G. F. 스위프트G. F. Swift는 하수구에 기름을 버린 흔적이 없는지 공장 곳곳을 샅샅이 뒤지고 다니곤 했다. 석유 거물인 굴벤키안Gulbenkian은 아들을 상대로 1,000만 달러짜리 소송을 벌여 변호사 비용으로만 무려 8만 달러를 썼는데, 소송을 제기한 이유는 아들이 점심 값 4.5달러를 회사에 청구했기 때문이었다. 레이 크록은 맥도날드 각 매장의 주차장을 일일이 찾아다니며 쓰레기를 확인했다. 헨리 포드는 공장의 가장 사소한 재재정 문제 하나하나에도 본인이 직접 관여했다.

여기에서 끝이 아니다. 하워드 휴스는 영화에서 여배우가 닭다리를 물어뜯는 장면을 찍기 위해 소품 담당자가 치킨 한 마리를 통째로 샀다는 데 격분해 호되게 야단쳤다. 그는 종이 모서리가 삐져나오지 않도록 서류 더미를 가지런히 쌓는 데 몇 시간씩을 보내곤 했다. 또 비행기 포켓 안에 1만7,000달러짜리 스포츠 재킷이 들어 있다는 이유로 노후화되어 날 수도 없는 비행기를 유지하는 데 연간 3만 달러를 썼다. 그 밖에도 계단에서 깨진 유리를 어떻게 쓸어내야 할지, 여배우가 어떤 종류의 브래지어를 착용해야 할지(여배우의 유두 위치에 대한 길고 장황한 메모까지 포함하여), 기사가 신인 여배우를 태우고 운전할 때 과속방지턱을 어떤 속도로 넘어야 할지(그는 차가 너무 심하게 덜컹거리면 여배우의 가슴이 처질까 봐 걱정하곤 했다) 등에 대해 시시콜콜 지시를 내렸다. 어느 타이피스트는 자정부터 아침 7시까지 휴스와 함께 일하며 똑같은 편지를 200번이나 타이핑한 적도 있었다.

당연히 하워드 휴스는 이 같은 잡일에 에너지를 소진한 나머지, 정작 중요한 문제에는 신경 쓰지 못했다. 1950년대에 모든 항공사가 제트기로 전환하던 때에도 휴스는 각종 비행기의 세부 디자인을 오랫동안 검토하느라 자신이 대주주로 있던 트랜스월드항공Trans World Airlines을 거의 망하게 만들었다. 휴스는 우유부단함이 엄습해올 때마다 크리넥스 상자를 쌓았다가 허물고 다시 쌓으며 여러 날을 보냈다. 휴스항공사Hughes Aircraft의 위기를 타개하기 위해 머리를 쥐어뜯던 경영진이 그에게 중대한 결단을 촉구했을 때도, 휴스는 그들에게 공장의 자동판매기 수익금을 조사하라는 엉뚱한 지시를 내렸다.

과도하게 중앙집권적인 인물, 즉 에고 중심의 목표지향적인 인물이 그토록 하찮은 일에 신경 쓴다는 게 우스꽝스러워 보일 수도 있다. 그토록 일에 집중하고 몰입하는 사람이라면 거시적인 추세나 전반적인 흐름도 꿰뚫고 있지 않을까? 불행히도 그렇지 않다.

독재주의는 조직이나 사회를 더 효율적으로 만들기 위해서가 아니라 독재자에게 더 많은 것을 통제한다는 느낌을 주기 위해 존재한다. 중독자들이 세부사항에 매달리는 이유는 그렇게 함으로써 스스로 사태를 완벽하게 통제하고 있다는 환상을 충족하기 때문이다. 지극히 자질구레한 사항을 다루는 과정에서 에고는 상대적으로 거대하다는 느낌을 받게 된다. 소소한 문제들을 나누어 정복할 수 있다는 자신감을 얻는 것이다.

그러나 이런 식으로는 어떤 가치 있는 일도 이룰 수 없다. 이것은 단지 에고로 하여금 현실을 일정 부분 통제하고 있고 인생에서 복잡한 문제를 일부나마 처리할 만큼 진정되어 있다고 안심시키기 위한 일종의 신경안정제에 불과하다. 우리는 중독자들의 에고가 실세계나 그들의 몸처럼 유동적이고 복잡한 문제를 다루기에는 너무나 단순하다는 사실을 기억해야 한다. 끊임없이 두려움에 시달리는 그들은 복잡한 문제를 외면한 채 오로지 단순한 측면—돈—에만 집중하여 그에 대한 통제력을 얻는 데 모든 에너지를 쏟아붓고 나서야 비로소 안정을 되찾을 수 있다.

세부사항, 특히 단순하고 기계적이며 인공적이고 정량화 가능한 사항은 통제가 가능하기 때문에 그들에게 크나큰 위안을 준다. 크리넥스 박스를 쌓거나 숫자를 더하는 것 정도는 누구나 할 수 있는 일이다. 생명체처럼 복잡한 사안에 대처하는 것은 차원이 다른 문제이다. 전기 작가 랠프 휴인스Ralph Hewins가 폴 게티에 대해 한 말은 어떤 중독자에게 적용해도 무방할 것이다. "그가 실패하는 것은 형체가 없고 헤아릴 수 없는 미스터리를 다룰 때였다."

신중한 도박꾼

심각한 중독자는 극도로 신중한 사람들이다. 그들은 앞일을 내다보고, 자금을 비축하며 금전 손실을 막을 대책을 세운다. 그들은 사업에 영향을 미치는 모든 요인을 통제하고 싶어 하므로, 동업자의 지분뿐 아니라 공급업체와 유통업체까지 전부 매수하여 남들의 변덕이나 운에 휘둘리지 않으려 한다. 토머스 멜런은 "인간은 결코 많은 위험을 무릅쓰지 말아야 한다"라고 조언했다.

그렇지만 심각한 중독자들 대다수는 사업을 키우는 과정에서 위험을 감수했다. 존 D. 록펠러는 혼란스럽고 불확실한 석유 생산업계에서 몸서리치며 물러났지만, 스탠더드오일을 갓 설립한 초창기에는 (언제나 가장 막강한 경쟁자들과 함께 시작하여 가격을 인하하는 방식을 취했으므로) 정직한 경쟁업자 한 명하고만 맞붙었더라도 곧바로 망했을 터였다. 그는 일단 정유업계의 95퍼센트를 통제하게 되자 다시는 모험에 나설 필요가 없었고, 결코 그러지도 않았다.

이런 순간은 모든 중독자의 인생에서 찾아볼 수 있다. 중독자가 구두쇠의 조심성과 도박꾼의 무모함을 겸비한다는 고로니 리스의 분석은 전적으로 옳다. 심각한 중독자들은 위험성이 너무 클 경우에는 도박을 한사코 꺼리지만, 인생의 어느 시점에는 위험을 무릅쓰고 도박에 나선다. 그러다 도박판을 전부 매수할 만한 여력이 생기면 그 즉시 도박을 관두고 자신만의 규칙에 따라 절대 실패할 리 없는 도박판을 운영하기 시작한다. 그런 모험을 두 번 하는 중독자는 거의 찾아보기 힘들다. 또 그럴 필요도 없는 것이, 일단 부유해지면 도박에 너무나 큰 대가가 따르기 때문이다.

예를 들어 존 D. 맥아더의 경력 초기는 온통 실패로 점철되었다. 대공황 때 그는 보험사를 인수했는데, 그 회사의 실적이 너무 바닥이라 아무도 주식을 사려 하지 않았다. 그 덕분에 맥아더는 단숨에 그 회사의 단독 소유주가 되어버렸다(포드와 루드위그도 비슷하게 행운의 탈을 쓴 불행을 겪었다). 전후 호황기에 사업이 번창하자, 맥아더는 헐값에 나온 땅을 닥치는 대로 사들였다. 예를 들어 1950년대에는 주택담보대출의 부실화를 틈타 팜비치Palm Beach 부동산 6,000에이커(734만 평)를 손에 넣으면서, 플로리다 주의 최대 토지 소유주가 되었다. 억만장자가 된 뒤 그는 은행이 도산하면서 3,000만 달러를 단번에 잃었지만 "내가 1년에 벌어들이는 돈은 그보다 훨씬 많다"며 대수롭지 않게 여겼다. 종합적으로 맥아더는 아마 성공보다 실패를 더 많이 했겠지만, 성공의 규모가 워낙 막대해서 그 이후의 실패는 무시할 만했다.

다니엘 루드위그의 초창기 사업 역시 실패로 얼룩졌다. 그는 근 20년 동안 채권자들을 피해 다녀야 했다. 그의 사업실적은 워낙 형편없어서 한때는 창턱을 책상으로 써야 할 지경이었다. 그 후 그의 성공은 제2차 세계대전을 둘러싼 사업 환경의 호전과 밀접한 관계가 있었다. 그렇지만 일단 부자가 되고 나자, 루드위그의 모든 행동은 실제로는 도박이나 다름없을지라도 수완 좋은 결정으로 여겨졌다. 물론 그에게는 1년에 열두 번 대형 사고를 쳐도 맥아더처럼 대수롭지 않게 여길 만한 자금 여유도 있었다. 1970년대에 경영 잡지 두 군데서 표면적으로는 멍청해 보이는 루드위그의 투기사업을 분석했다. 양쪽 기사 모두 그것이 전망 좋은 사업이 아니라면 루드위그가 그런 사업에 투자했을

리 없다고 결론 내렸다. 루드위그의 안목이 과연 옳은지 그른지는 몇 년 더 지나봐야 결판이 날 것이다. 요컨대 부자이기 때문에 그토록 장기적인 사업을 시도해볼 여력도 있는 것이다.

부자의 또 다른 이점은 예측이 자기실현적 예언이 된다는 것이다. 억만장자가 투자를 하면, 다른 사람들도 덩달아 투자하기 시작한다. 또 야심찬 젊은이들은 투자자가 줄 서는 기업에 매력을 느끼고 거기에서 일하고 싶어한다. 반대로 중독자들이 사업에서 투자를 철수하면, 다른 사람들도 따라서 철수하기 때문에 그 사업은 망하기 십상이다. 그렇기 때문에 중독자는 흔히 업계의 동향을 기민하게 파악하고 있다고 여겨진다. 일례로, 헤티 그린Hetty Green은 1907년에 특정 은행에 있는 남자 직원들이 "너무 잘생겼다"고 판단했다. 그녀는 돈을 인출하고 친구들에게도 그렇게 하라고 조언했다. 다음 날 예금 인출이 쇄도하며 일대 소동이 벌어진 이 은행은 결국 파산하였고, 이미 월스트리트의 눈치 빠른 예언자로 유명세를 떨치던 그린의 명성을 한층 더해주었다. 만약 루드위그의 결정이 옳은 것으로 판명된다면, 그것은 그의 판단보다는 부자로서의 명성과 더 관계가 있을 것이다.

사람들은 영웅 만들기를 좋아하지만, 50퍼센트 이상 옳게 판단하는 중독자가 하나라도 있었다면 중독자 수는 크게 줄었을 것이다. 대부분의 중독자는 다른 중독자들이 무시한 기회를 붙잡음으로써 부자가 되었기 때문이다. 록펠러는 헌트와 게티를 부자로 만든 석유 산업을 바보와 실패자를 위한 산업이라고 일축했다. J. P. 모건은 제너럴모터스General Motors가 형편없는 투자처라고 장담했다. 1914년에 헨리 포드가 회사의 이윤 일부를 종업원들에게 나누어주겠다고 선언했을 때 미국의 거의 모든 중독자가 그에게 미쳤다고 손가락질했다. 포드는 자사의 차를 판매하기 위해 대중 시장을 형성하려는 시도가 성공을 거두면서 새로운 경영의 현자로 떠올랐지만, 그 후에는 차 모델에 대한 대중의 다양한 수요를 읽어내지 못해 자동차업계에서 주도권을 상실하고 말았다.

H. L. 헌트는 경력 초기에 토지와 목화에 투자했다가 끔찍한 실패를 맛보았고, 석유 사업에서도 오랫동안 고전을 면치 못했다. 플로리다주 토지에 투자한 돈도 고스란히 날린 그는 초창기 시절 대부분을 심각한 빚더미 위에서 보냈다. 심지어 포커 게임을 해서 딴 돈으로 파산을 막은 일도 있었다.

하워드 휴스는 휴스공구회사를 시세보다 3억 달러나 낮은 금액에 매각했다. 휴스항공사는 1950년대 초, 그의 '악명 높은 우유부단함' 때문에 원활히 돌아가지 못했다. 이 때문에 미국 공군성Air Force 장관은 휴스가 미국 국방을 위협에 빠트린다고 맹비난하기도 했다. 1961년에 휴스는 트랜스월드항공에 대한 지배권을 상실했고, 부실 경영으로 고소당했다. 트랜스월드항공의 주가는 당시 주당 13달러였는데, 5년 후 법원이 그에게 지분 매각 판결을 내렸을 때에는 주가가 사상 최고가인 주당 86달러까지 치솟아 있었다. 그사이에 휴스를 대신해 새로운 경영진이 기업을 운영한 결과였다. 오랫동안 질질 끌던 소송에서 패소한 결과로 휴스는 무려 10억 달러를 챙길 수 있었고, 이것은 실패를 통해 단번에 번 돈 치고는 가장 많은 액수였다. 이것이 당시 '금융의 귀재'로 추앙받던 인간의 실체였다. 그런데도 그는 트랜스월드항공을 잃지 않으려고 맹렬히 싸웠고, 결과적으로 재산의 절반가량을 형성한 이 거래를 피하기 위해 수백만 달러를 퍼부었다.

휴스가 보유한 회사 중에 잘 돌아가던 곳은 하나같이 그가 손대지 않은 사업들이었다. 그는 미국 영화사 RKO 때문에 2,000만 달러를 날렸고 다른 주주들로부터 소송을 당했지만, 그가 막상 주식 손절매와 매각을 결심했을 때 TV방송국에서 옛날 영화를 사들이기 시작하면서 영화사의 주가가 폭등하여 큰 이익을 얻었다. 그는 또 단 한 대의 비행기도 파견하지 않고 전시 계약만으로 6,000만 달러를 벌었다.

케네스 래멋은 휴스가 어떻게 억만장자가 되었는지를 연구한 끝에 그런 상황에서는 "지도자의 이성적인 통제가 없어도, 심지어 일반적인 기업 경영 원칙을 위배하고 상식적인 조언조차 무시하는 지독한 실책과 기행에도 불구하고, 돈이 저절로 자체 증식하는 경향이 있다"라고 결론지었다.

사람들은 누군가가 부자가 된 것을 행운 탓으로 돌리기를 꺼린다. 석유 시추 현장에서 일하는 사람에게 무슨 일이 벌어지고 있냐고 물었더니 그는 이렇게 대답했다. "어떤 멍청한 인간들이 북쪽 측면에서 석유를 찾고 있소." 현장에서 활동이 증가했을 때, 같은 질문을 던지자 이번에는 약간 바뀐 대답이 돌아왔다. "어떤 똑똑한 인간들이 북쪽 측면에서 석유를 찾아냈소." 사람들은 인간이 환경을 지배하고 있다는 느낌을 좋아하고, 그러자면 승승장구하는 도박꾼들에게 신통력이 있다고 결론 내려야 하는 억지 논리도 감수한다.

경제적 요인은 언제나 많은 재산을 창출해내고, 보통은 원래 돈이 많았던 계층의 재산을 불린다. 상승 장세가 나타날 때마다 새로운 억만장자들이 잇달아 등장하는 것을 보라. 예를 들어, 돈을 벌려면 일단

신도시가 건설되거나 석유, 금, 은, 다이아몬드, 우라늄 등이 발굴되는 땅을 갖고 있어야 하고, 이런 땅을 소유하는 데는 어떤 특별한 선견지명도 불필요하다. 경기가 호황일 때는 사람들의 보유 자산 가치가 증가하여, 가장 많은 자산을 가진 자들이 가장 많은 수익을 얻는다. 가장 빈곤하고 아무것도 가진 것이 없던 사람들은 수확도 없다. 부자들은 기회를 활용할 자본이 있지만, 가난한 사람들은 밑천이 없다. 가난한 사람들은 100만 달러짜리 아이디어가 있거나 가격이 쌀 때 무언가를 사둘 훌륭한 아이디어가 있더라도, 그 계획을 실행에 옮길 수단이 없는 것이다.

더구나 경제 침체기가 오고 자산 가치가 떨어지면, 가난한 자들은 손해를 감수하고라도 가진 것을 팔아야 하지만, 부자들은 그럴 필요가 없다. 그들은 비록 명목상의 재산이 크게 줄어들더라도 가격이 다시 오를 때까지 힘든 시간을 버텨낼 여력이 있다. 돈을 버는 것이 결국 싸게 사서 비싸게 파는 일이라고 한다면, 부자들은 명백히 유리하다. 비싸게 팔 수 있는 시점이 왔을 때, 그들은 무언가 내다 팔 것이 있겠지만, 가난한 자들은 그렇지 않다. 그리고 싸게 살 시점이 왔을 때도 부자들은 싸게 살 돈이 있겠지만, 가난한 자들은 그렇지 않다. '부자들이 점점 더 많은 돈을 벌 수 있다'는 것은 단지 씁쓸한 경구가 아니라 엄연한 경제 법칙이다.

마지막으로, 우리는 심각한 중독자들이 위험을 감수한다는 이유로 그들을 존경하기도 하지만, 오늘날과 같은 사회에서는 우리가 무릅쓸 수 있는 모든 위험 중에 가장 하찮은 것이 바로 돈이라는 사실을 쉽게 잊는 경향이 있다. 돈을 잃더라도 실질적으로 잃는 것은 아무것도 없고, 어느 정도까지는 사람들도 이 점을 알고 있다("그래봐야 고작 돈일 뿐이잖아"). 인생에는 많은 위험이 도사리고 있고, 성공적으로 사는 방법도 헤아릴 수 없이 많다. 심각한 중독자를 예찬하거나 본받는 것은 스스로를 바보로 만드는 일이다. 자신의 인생에서 감수해야 할 더 의미 있는 도전을 무시하는 짓이기 때문이다.

스스로 부를 늘리는 방법

> 재물에 관한 한 인간의 욕심은 끝이 없다. 재산이 가장 많은 사람이 지금도 돈을 벌기 위해 우리보다 두 배는 더 열심히 노력한다.
>
> **솔론**Solon

특정 시점에 모든 돈에는 그것을 소유한 주인이 있다. 따라서 심각한 중독자가 부를 늘리기 위해서는 다른 누군가의 돈을 빼앗아야 한다. 이런 방법에는 몇 가지가 있다. **가난한 자들의 돈을 빼앗을 수도 있고, 부자들의 돈을 빼앗을 수도 있으며, 정부의 돈을 빼앗을 수도 있다. 말하자면 누구한테서나 돈을 빼앗을 수 있다.**

가난한 자들은 가진 것이 워낙 적어서 그들로부터 원하는 만큼 돈을 빼앗기란 쉽지 않다. 조금씩 많은 사람들에게서 빼앗아야 하는 번거로움이 따르기 때문이다. 부자들로부터 돈을 빼앗으면 일일이 여러 사람을 상대할 필요가 없어 편하기도 하지만, 부자들은 워낙 돈에 대한 집착이 강하다 보니 돈을 빼앗기가 더 어려울 수도 있다. 그에 비하면 가난한 자들은 무력하므로, 부자들은 각종 강압을 동원하면 쉽사리 돈을 빼앗을 수 있다. 그들이 제공한 노동에 못 미치는 대가를 지급하거나, 그들의 땅이나 자원을 아무 보상 없이 사용하거나, 독점을 통해 그들에게 제값보다 비싼 가격에 재화나 서비스를 판매하거나, 안전과 오염 등과 관계된 경비를 줄여 그들을 희생시킴으로써 비용을 절감하는 등 여러 방법이 있다.

반면에 부자들은 권력욕이 강하고 경계가 심하다. 그들에게서 돈을 빼앗는 최선의 방책은 그들의 중독을 이용하는 것이다. 즉, 탐욕을 자극해 그들을 속이는 것이다. 그러므로 부자들을 희생시켜 부를 얻기 위해서는 가난한 자들을 희생시켜 부를 얻을 때보다 더 치밀하고 많은 계략이 필요하다.

무엇보다 가장 쉽게 부자가 되는 방법, 그래서 중독자들 가운데 가장 혜택받은 중독자가 되는 방법은 정부로부터 돈을 빼앗는 것이다. 정부는 막대한 액수를 관장하고, 이 돈은 맡은 책임에 비해 다소 급여가 적은 공무원들이 관리한다. 정해진 시일까지 책정된 예산을 투입하고 시급히 정책을 수행해야 하는 필요성과 더불어 복잡한 관료제의 특성상, 정부의 돈은 대체로 먼저 먹는 사람이 임자가 되는 경향이 있다. 담당자에게 적절한 뇌물을 써서 법규를 조금 변경하게 하면, 가만히 앉아서 수백만 달러를 손에 넣을 수도 있다.

정부의 돈 빼앗기

정부로부터 돈을 빼앗는 일반적인 방법 중 하나는 국방 계약을 체결하는 것이다. 케네스 래멋이 지적하듯이, 전시가 되면 정부는 그 어느 때보다 촉박하고 허술한 심의하에 거액의 국방비를 지출하기 때문에 방산업계의 이윤을 결코 면밀히 검토할 여력이 없다.

제2차 세계대전에서 국방 계약에 대한 회계 감사는 거의 실시되지 않았고, 베트남전쟁 때는 재정 감독이 더 적어 방산업계의 이윤이 연간 45억 달러에 달했다. 가장 형식적인 감사에서도 지저분한 관행이 줄줄이 꼬리가 잡혔음에도, 국민들은 시종일관 무관심했다. 방위산업의 특성상 노동이 차지하는 비중이 상대적으로 적기 때문에, 국방비는 항상 부자들에게 혜택이 쏠리는 경향이 있다. 그리고 그런 국가 지출은 중독자들에게 특수한 기회를 제공한다. 첫째, 국가 안보의 명목하에 비밀주의를 표방하다 보니 공개 감사에서 정도가 심각한 비리도 감출 수 있다. 둘째, 거래되는 액수가 워낙 커서 엄청난 가욋돈을 따로 챙길 수 있다. 셋째, 방위산업의 규모와 범위, 그리고 전시의 혼란 때문에 막대한 양의 재화와 돈이 증발하는 일이 비일비재하다. 넷째로, 군수품은 일반 대중에게 판매되거나 어떤 생산적인 방식으로 사용되는 게 아니라 결국에는 파괴되거나 노후화되기 때문에 다양한 방식의 '빼돌리기'에 안성맞춤이다.

그렇지만 정부에게서 돈을 빼앗는 가장 좋은 방법은 **정부에 납부할 돈을 내지 않는 것**이다. 고금을 막론하고 대다수의 중독자들은 응당 내야 할 세금의 대부분을 회피하는 데 성공해왔다. 〈포춘Fortune〉지 기사에서 루이스 베맨Lewis Beman은 "그들이 억만장자가 된 이유 중 하나는 세금 징수관으로부터 재산을 잘 단속했기 때문이다"라고 딱 잘라 말했다. 오늘날 소득세 신고서가 그렇게 복잡해진 것은 중독자들이 이런저런 수법으로 일종의 보조금을 악용해온 조세법상의 허점들

부 중독자

이 일일이 열거되어 있는 탓이다. 미국에서 가장 큰 세제상의 변화는 1962년의 감세 조치로, 저널리스트인 피터 콜리에Peter Collier와 데이비드 호로비츠David Horowitz는 이를 가리켜 "빈곤층에서 부유층으로의 대대적인 소득 재분배"라고 표현했다. 부분적으로 데이비드 록펠러David Rockefeller가 기획에 가담한 세금감면 혜택은 절반가량이 소득 상위 20퍼센트인 국민에게 돌아갔다.

존 D. 록펠러 1세는 스탠더드오일이 지구상의 가장 오지에 있는 신규 시장에까지 진출할 수 있게 도와준 최대 조력자 중 하나로 미국 국무부를 꼽았다. 록펠러의 임원들은 상원의원을 비롯한 정부 관료들에게 오늘날에는 불가능한 방식으로 공공연하게 뇌물을 상납했고, 심지어 그 내역을 기록해두기까지 했다. 그들은 정부가 자기들의 호주머니에 돈을 찔러주고 그런 일이 부당하다고 항의하는 세력을 처리해주기 위해 존재한다고 믿었다. 철저한 개인주의자를 표방했던 하워드 휴스도 국고에서 세금을 빼돌림으로써―말년에는 10년간 매일같이 150만 달러 이상씩 빼돌린 셈이었다―상당한 재산을 모았고, 정부 지도자들이 자신의 변덕에 따라 움직여주기를 기대했다. 존슨Johnson 대통령이 휴스에게 LBJ도서관에 2만5,000달러를 기부해줄 것을 요청했을 때, 휴스는 사양하며 이렇게 말했다. "빌어먹을, 나는 2만5,000달러로 그 개자식을 통제할 수 없어." 그는 네바다 주의 주지사와 입법부를 개인적인 하인 취급했고, 네바다 주 유권자들이 그가 선택한 후보에 투표하지 않자 크게 분개하여 바하마의 수도 나소Nassau로 옮겨 가면서, 보좌관인 로버트 마휴에게 '그쪽 정부를 잘 구워삶아서' 정부가 모든 면에서 꼼짝도 못하게 만들라고 지시했다.

H. L. 헌트는 스스로 '코널리 원유법Connally Hot Oil Act의 아버지'라고 자처했다. 원유 가격을 높게 유지하기 위해 산유량을 제한하는 이 법은 연방정부가 '헌트의 대규모 부 축적을 한층 용이하게 뒷받침해준' 여러 가지 방법 중 하나였다. 또 그토록 많은 중독자들이 석유업계에 몸담았다는 사실은 정부가 줄 수 있는 최대 혜택인 원유 감모공제depletion allowance(리스크가 큰 광물자원의 탐사 투자를 촉진할 목적으로 자원 고갈 및 감모분을 보충하기 위해 비용이나 매출의 일정 비율을 과세대상에서 공제하는 제도—옮긴이)에서 상당 부분 기인한다.

가난한 자들의 돈 빼앗기

어떤 식으로든 가난한 자들을 등쳐 먹지 않고 큰 부를 축적한 사례는 결코 없었다. 부자가 되는 비결은 각종 비용을 절감하는 것이고, 그런 비용 중 일부는 불리한 처지에 있는 사람들의 몸과 영혼을 희생시킨 대가이다. 예를 들어, 록펠러가 투자한 통합석탄회사Consolidation Coal Company와 뉴잉글랜드원자력New England Nuclear에 대해 알아보자.

통합석탄회사는 탄광에서 안전수칙을 무시하고 광부들 사이에 진폐증 환자가 많기로 악명이 높았다. 또 뉴잉글랜드원자력New England Nuclear은 원자력위원회Atomic Energy Commission로부터 '잠재적으로 참변을 초래할 수준의 방사능을 보스턴의 대기와 하수구에 방출하고 있다'는 이유로 수차례 경고를 받았으며, 심지어 한 종업원이 플루토늄에 노출되어 급사한 사건으로 세간의 이목을 집중시킨 바 있다. 다니엘 루드위그의 (라이베리아와 파나마 국기를 달고 항해하던) 대형 선박의 노동조건은 (다소 감정적으로) '아프리카 노예무역선보다 인도적으로 나을 게 없는' 수준으로 묘사되었다.

콜로라도 석유철강회사Colorado Fuel and Iron Company의 러들로Ludlow 광산(존 D. 록펠러 2세가 처음 단독으로 추진한 사업)에서 광부들은 1913년에 시간당 17센트도 안 되는 임금을 받았고, 그마저도 현찰이 아니라 터무니없는 가격에 물건을 파는 회사 소유 상점에서나 쓸 수 있는 교환권으로 지급되었다. 광부들은 회사에 속한 방 두 개짜리 판잣집에서 턱없이 비싼 집세를 내고 살았고, 강제로 퇴거당할 때조차 고작 사흘 전에 통보받는 게 전부였다. 교회와 학교도 회사에서 하나하나 통제하고 감시했으며, 법 집행 당국과 공무원들도 회사에 고용된 것이나 다름없었다. 당연히 최소한의 안전수칙도 준수되지 않았고, 걸핏하면 돌연사와 부상사고가 잇따랐다.

오늘날 미국 국내 기업에서는 이런 열악한 노동 환경을 거의 찾아볼 수 없지만, 제3세계에서는 결코 드물지 않다. 노조를 인정하는 공장에서도 직원들은 여전히 치명적인 유독물질과 방사능에 노출되어 사망하거나 부상을 입고, 공업지대 근처에 사는 가난한 사람들은 비용을 아끼려는 기업들 때문에 대기와 수질 오염에 무방비로 노출되어 있다. 부자가 되는 최대 비결 중 하나는 언제나 공짜로 무언가—공기, 물, 땅, 자원, 폐기물 처리 등—를 얻어내는 것이고, 가난한 자들은 기업들이 이윤을 뽑아내기에 가장 만만한 대상이다.

독일 출신 미국 모피상인 존 야코프 애스터John Jacob Astor가 사망했을 때, 〈뉴욕 헤럴드New York Herald〉는 뉴욕 시민들이 특유의 지성과 진취성으로 그의 자산 가치를 불려주었으므로 유산의 절반을 물려받을 권리가 있다고 주장했다. 그렇지만 이런 상호 의존성이야말로 독재적인 에고가 가장 인정하기를 두려워하는 것이다. 중독자들은 '철저한 개인주의자'라서, 설령 우리가 무언가를 준다 해도 자신들이 영리하게 우리를 속여 그것을 가로챘다고 생각할 것이다. '자수성가'는 인간의 몸에 대한 의존성을 부인하려는 에고의 욕구를 정확히 포착하는 용어이다.

부자들의 돈 빼앗기

단기간에 큰돈을 버는 최선책 중 하나는 다른 중독자의 돈을 빼앗는 것이다. 록펠러는 이런 방법, 즉 다른 부자들에게 도둑질을 제안하고 가장 큰 몫을 차지하는 방식으로 상당한 재산을 모았다. 다른 중독자들의 탐욕을 이용하여 그들이 자신의 더 큰 탐욕에 무릎 꿇게 만든 것이다.

지난 30~40년 동안, 주식시장 조작자와 복합기업 설립자들은 이런 식으로 자신들의 새로운 금융제국을 건설했다. 이런 방법은 국가 차원에서 자발적으로 운영하는 거대한 선전기구, 즉 우리 모두가 염원하는 부 축적에 초점을 맞춘 주식시장 같은 기구 덕분에 실현 가능해졌다. 이런 기구의 영향으로 사람들은 누군가가 짠 하고 나타나서 우리 모두를 벼락부자로 만들어주기를 기다리는 호구가 되어가는 경향이 있다. 그리고 자연은 진공 상태를 싫어하기 때문에, 누군가가 반드시 나타나게 되어 있다.

사람들은 남들에게 돈을 벌 수 있다고 믿게 만들 때 돈을 번다. 이것이 다단계 회사나 행운의 편지의 원칙이다. 내가 너의 돈을 가져가는 대가로 너에게 또 다른 사람들의 돈을 빼앗는 방법을 가르쳐주겠다는 식이다. 그러면 나는 부자가 되고, 너 역시 부자가 될 수 있으며, 네가 설득하는 모든 사람들은 아마도 이런 신념체계가 주변부에 다다를수록 무일푼이 되어갈 것이다. 이것이 바로 주식을 팔았던, 더 정확히는 부자가 되는 꿈을 팔았던 버나드 콘펠드의 방식이다.

부 중독에서 중요한 것은 우리가 중도를 택할 수 없다는 점이다. 중독에 있어 미온적이거나 남을 믿는 사람은 언제나 심각한 중독자에게 사기를 당하게 마련이다. 그들은 물불을 가리지 않기 때문이다.

남의 불행에 돈을 걸다

"1932년과 1933년의 바겐세일 기간에는 사람들로 심하게 붐비지 않았다." 대공황에 대한 폴 게티의 이 같은 회고는 부자와 빈자가 경제적 재난을 경험하는 방식이 어떻게 다른지를 극명히 드러낸다.

케네스 래멋은 이른바 '부의 파국 이론Catastrophe Theory of Wealth'을 제시한다. '자연재해나 인재가 기존의 안정적인 체제를 동요시킬' 때마다 부 중독자들은 점점 더 부유해진다는 이론이다. 래멋은 1930~1933년의 절망적인 시기에 연소득이 5,000달러 이상인 납세자 수가 81만 명에서 33만 명으로 급감한 반면, 연 소득이 100만 달러가 넘는 부자들 수는 1년 사이에 두 배 이상 증가하였다고 지적한다. 심각한 중독자의 상당수는 제2차 세계대전의 호황으로 자산 가치가 급격히 불어나는 동안 그저 '바겐세일 기간'에 여유롭게 쇼핑이나 즐기면서 힘 하나 안 들이고 정상의 자리에 올랐다. 래멋의 말대로, 재난이야말로 '가장 큰 재산의 산파'였고, 이런 재산은 보통 동료 시민들에 맞서 '재난의 편에 돈을 걸었던' 사람들에게 돌아갔다.

4장 심각한 중독자와 그 자녀들

그러기 위해서는 상당한 비정함이 요구된다. 홍수의 위협이 닥칠 때 대다수 사람들은 제방으로 몰려가 모래주머니를 쌓겠지만, 중독자라면 배를 사들여 '재난의 편에 돈을 걸' 것이다. 런던 대공습London Blitz 때 한 백만장자 개발업자는 이렇게 말했다고 전해진다. "어젯밤 폭탄 소리를 들었어? 오늘 아침에 틀림없이 계약이 몇 건 체결될 거야!" 군수품 왕국을 건설한 아른트 크루프Arndt Krupp는 전염병을 피해 고향을 떠나는 주민들에게서 에센Essen 지방의 땅을 헐값에 사들였고, 크루프 가문은 400년이 지난 지금도 그 땅을 소유하고 있다.

만약 이런 행위가 피도 눈물도 없어 보인다면, 중독자라는 집단 자체가 감정적 측면에서 다른 사람들과 동떨어져 있다는 사실을 상기해야 한다. 그들의 에고는 항상 '긴급 사태' 모드로 작동하기 때문에, 공동체에 재앙이 닥쳐도 정서적인 충격이 크지 않다. 그들의 에고는 오로지 부를 통해서만 존재할 수 있다고 생각하기 때문에 많은 사람들이 동요하는 대참사 속에서도 냉정하고 외골수적이며 사무적으로 반응할 수 있다.

중독자들에게 가장 많은 수익을 안겨주는 참사는 언제나 전쟁과 불황이었다. 존 야코프 애스터는 1837년의 공황 때 맨해튼의 저당권을 사들여 백만장자가 되었다. 로스차일드 가문은 나폴레옹전쟁 때 성장의 기반을 마련했다. 코모도어 밴더빌트는 미국 남북전쟁 동안 폐기되기 직전의 선박을 정부에 임대하여 부자가 되었다. 제1차 세계대전 때 듀폰Dupont의 연 매출은 전쟁 전의 최고 실적보다 무려 26배나 성장했다. 이것은 비단 군수품 제조업체에만 해당되는 일이 아니다. 제1차 세계대전 동안 백만장자의 수는 네 배로 증가한 반면, 수백만장자의 수는 여섯 배 이상 증가했다. 폴 게티는 부를 축적하는 과정에서 양차 세계대전과 대공황에 크게 빚지고 있음을 분명히 인식하고 있었다. 휴스, 헌트, 루드위그 모두 제2차 세계대전을 계기로 막대한 재산을 모았다.

19세기 미국 대부호들이 큰 재산을 축적할 수 있었던 것은 대부분 남북전쟁 때 북군에게 결함 있는 제품을 판매하고 많은 수익을 남겼기 때문이다. 주로 허름한 옷과 담요, 종이 부츠, 병든 소고기와 돼지고기, 불발되거나 병사의 손에서 폭발해버리는 총 같은 물건이었다. 밴더빌트, J. P. 모건의 부친, 피스크Fisk, 아머, 듀폰 가문, 록펠러, 토머스 멜런과 그 밖의 많은 부자들이 미국 남북전쟁으로 갑부 반열에 올랐다. 그들의 재산이 전부 엉터리 상품을 팔아 번 것은 아닐지라도, 병사와 장사꾼 사이의 엄격한 분업에 기반을 둔 것은 분명했다. 거의 모든 중독자들이 군 복무를 피하는 데 성공했기 때문이다. 대니얼 드류 Daniel Drew는 1812년전쟁에 짧게 참전함으로써 '미국의 초창기 대자본가들 가운데 유일한' 군 복무자가 되었다.

래멋에 따르면, 이런 분업은 오늘날에도 엄격히 유지된다. 미국 남북전쟁 때 토머스 멜런의 아들들이 입대하겠다는 뜻을 밝히자, 멜런은 자식들에게 '세상물정 모르는 철부지들'만이 군대에 가는 법이라며, "쓰잘머리 없는 목숨 따위는 바깥세상에도 널려 있다"고 조언했다. 자식들은 아버지의 말을 들었고, 가문 전체가 이 전쟁을 통해 막대한 이익을 챙겼다. 록펠러 역시 자기가 군대에 가면 사업체가 제대로 돌아가지 않을 것이라고 여겼다. 래멋은 "미국의 대부호들은 위험과 혼란의 시기에 기반을 다지고, 미국 젊은이들의 피를 자양분 삼아 성장했다"라고 결론짓는다. 록펠러의 누이인 루시Lucy가 그에 대해 했던 말을 모든 중독자에게 적용할 수 있을 것이다. "하늘에서 어떤 기회가 비가 되어 내려올 때마다 어느새 존의 그릇이 그 자리에서 빗물을 모으는 광경을 보게 될 것이다."

상황은 오늘날에도 크게 달라지지 않았다. 1978년에 인플레이션 과 실업 때문에 수백만 명의 미국인이 극도의 가난에 내몰리고, 중산 층도 경제적으로 심각하게 쪼들리기 시작해 마침내 납세자 반란(조세 저항)이 일어났을 때에도, 대기업들의 이윤은 기록적으로 증가했다. 그 리고 1970~1975년에 미국인 대다수가 경제적으로 힘든 시기를 겪고 있을 때에도, 연 소득 100만 달러 이상인 사람들의 수는 두 배로 증가 했다.

황금의 나라, 엘도라도에서 살아가기

<blockquote>
부는 노예 신분의 증명서이다.

세네카Seneca
</blockquote>

사람들은 '돈을 벌기'를 꿈꾼다. 하지만 막상 그 꿈에 '도달하면' 무 엇을 할까? 대부분의 중독자들은 이미 자신의 꿈이 이루어졌음을 깨닫 지 못한 듯이 행동한다. "졸지에 부자가 된 사람들은 (…) 종종 여유시 간이 적다고 불평하지만, 대부분의 벼락부자들은 부정하게 모은 돈을 써버리기보다 끊임없이 자산을 축적하려는 욕구가 훨씬 커진 것으로

보인다." 최근에 어느 백만장자는 "갑자기 얻은 부에 대처하는 법에 관한 통신 강좌를 열어야 한다"라고 주장했다. 또 다른 백만장자는 "인간에게는 두 개의 목숨이 필요하다. 하나는 정상까지 올라가기 위한 것이고, 또 하나는 그것을 즐기기 위한 것이다"라고 불평하기도 했다.

그렇다고 중독자들이 모든 필요를 충족할만한 충분한 돈을 갖고 있음을 자각하지 못한다는 뜻은 아니다. 그들은 단지 **언제 멈추고 어떻게 멈추어야 할지를** 모를 뿐이다. 예를 들어, 사이러스 이튼Cyrus Eaton은 "막대한 재산이 제공해줄 수 있는 개인적인 만족에는 상당히 제한적인 한계가 있다"고 말한다. 백만장자인 윌리엄 라일리William Riley는 "일정 수준을 넘으면 수입이 아무리 늘어도 생활수준이 더 높아지지 않는다"고 말했다. 헨리 포드는 "나는 내가 가진 것을 결코 다 쓰지 못할 것이다. (…) 돈은 내게 아무 소용이 없다. 나는 나 자신을 위해서도 돈을 쓸 수가 없다"고 말했다. 존 W. 멕케이John W. MacKay와 H. L. 헌트 역시도 재산이 20만 달러인 사람이나 수백만 달러를 가진 자신들이나 개인적으로 느끼는 여유는 비슷할 것이라고 말했다.

많은 부자들은 충분한 재산의 기준이 '100만 달러'라고 말한다. 조셉 허시혼이 말했듯이, "일단 100만 달러를 넘어서면, 돈은 더 이상 중요하지 않다. 어째서 그러한가? 누구라도 하루에 세 벌 이상 셔츠를 입거나 네 끼 이상 식사를 할 수 없기 때문이다".

그런데도 중독자들은 계속해서 더 많은 돈을 벌고, 다양한 방식으로 그런 행위를 정당화한다. 예를 들어, 허시혼은 '단지 자신의 판단력을 시험하기 위해' 계속 돈을 번다고 말하고, 제임스 링에게 있어 돈 버는 일은 '단지 성공을 기록하는 방법일 뿐'이다. 그렇지만 이것은 반쪽

짜리 진실이다. 판단력은 주사위 놀이를 하거나 산을 오르거나 도시에서 차를 몰면서도 얼마든지 시험할 수 있다. 이런 중독자들은 돈이 순전히 상징에 불과하다는 것을 잘 알면서도 자신들이 그 상징에 심각하게 중독되어 있다는 사실은 슬그머니 외면한다. 그들은 대부분 돈으로 살 수 있는 것에는 별로 관심이 없다. 그보다는 돈을 버는 자신의 능력을 과시하는 것에 더 관심이 있기 때문에, 그 능력은 말하자면 금전적인 정력인 셈이다. 헨리 포드는 종종 돈에 무관심한 억만장자로 회자되지만, 그가 농장을 운영할 때는 자신이 사온 금액보다 값을 더 받고 가축을 파는 데 실패한 적이 없었고, 트랙터 개발에 대한 그의 인도주의적인 흥미는 그가 말 없는 마차, 즉 자동차에 대한 더 큰 시장을 발견하자마자 곧바로 종적을 감추었다. 사람들은 종종 돈을 쓰는 데 대한 무관심과 돈 자체에 대한 무관심을 혼동한다.

돈 버는 일을 멈추려고 노력한 중독자들도 몇몇 있기는 했다. 그 예로, 앤드루 카네기는 33세 때 쓴 글에서 한 해에 결코 5만 달러 이상 벌지 않겠다고 스스로 다짐했다. 5만 달러는 그 글을 쓸 당시 그의 한 해 수입이었다. 그는 35세에 은퇴하면서 자신의 잉여 재산을 가난한 자들을 돕는 데 쓰겠다고 맹세했지만, 막상 전 재산을 팔아 5억 달러를 마련하고 "부자로 죽는 것은 수치스러운 일"이라며 사회에 환원하기 시작한 것은 30년이나 지난 뒤의 일이었다. 폴 게티는 20대에 자신에게는 100만 달러만 있으면 충분하다고 생각하고, 1년 동안 돈 버는 일을 중단해보기로 결심했다. 그렇지만 돈에 대한 욕구가 너무 강한 나머지, 충분하다고 생각했던 액수의 1,000배가 넘는 재산을 떠안고 죽었다.

이런 중독적인 습관을 벗어난 보기 드문 인물로 제라드 랑베르 Gerard Lambert(구강청결제 리스페린의 창시자—편집자)를 들 수 있다. 그는 50년 전에 입 냄새를 발견하고, 수백만 명에게 자신의 체취에 대한 노이로제를 유발함으로써 부자가 되었다. 비교적 젊은 나이에 큰 성공을 거두었던 그는 돈 버는 일이 지루해지자 더 재미있는 소일거리를 찾기 위해 온 국민의 입에 개운치 않은 뒷맛을 남긴 채 은퇴해버렸다.

어떤 중독자들은 건강이 악화되거나 경제 상황이 어려워지면서 중독 수준을 완화해가는 법을 배웠다. 〈월스트리트저널Wall Street Journal〉은 1960년대에 취재했던 신진 기업가 집단을 18년 뒤에 후속 취재한 기사에서 여러 기업가가 1960년대 말의 불경기 때 파산했고, 적어도 한 명은 파산한 뒤 도리어 인생이 나아졌음을 발견했다. "재산이 5,000만 달러일 때, 나는 1억 달러를 원했어요. 그런데 재산이 몇 백만 달러로 확 줄어들고 나니, 돈이란 게 고작 종잇조각에 불과할 뿐 아무것도 아니라는 사실을 깨달았죠. (…) 나는 대형 요트와 수백만 달러짜리 저택을 팔아치웠습니다. 지금은 범선 두 대가 남아 있을 뿐이고 25만 달러짜리 집에 살고 있지만, 이 상태로 만족합니다."

그렇지만 대부분의 중독자들은 여전히 닥치는 대로 돈을 벌고 꾸준히 돈을 비축한다. 세계적으로 유명한 미국 자선가들의 기부액이 그들의 엄청난 재산에 비하면 새 발의 피라는 점을 감안할 때, 심각한 중독자들이 그 같은 '푼돈'을 들여 사람들의 호의를 얻기를 주저한다는 사실이 오히려 놀라울 정도이다. 그런데도 중증 중독자 가운데는 유명한 자선가들이 제법 있었어도, 심각한 중독자 중에는 단 두 명만이 많든 적든 자선활동에 참여한 적이 있었을 뿐이다. H. L. 헌트는 어떤 자선행사든 퉁명스럽게 거절했기 때문에 댈러스 컨트리클럽Dallas Country Club에서 제명당했고, 기부가 지나치게 형식적이라는 이유로 그가 추구하던 정치적 영향력마저 상실했다. 심지어 그는 고향에서 교회를 부흥시키는 데 기부해달라는 요청에 단돈 5달러를 보내기도 했다. 그의 아들인 벙커 헌트 역시 억만장자였지만 아버지처럼 자선활동에 전혀 관심이 없었기 때문에 세간의 비난을 면치 못했다. 게티와 휴스는 기부를 안 하는 것으로 악명이 자자했고, 루드위그와 맥아더도 자선활동으로 명성을 드높이지는 못했다. 헨리 포드는 재산이 자신의 10분의 1에도 못 미치던 동업자 쿠젠스Couzens보다도 기부액이 적었다.

이것은 미국 중독자들만의 기이한 특징이 아니다. 고로니 리스는 놀랍게도 재산이 엄청나게 많은 유럽인 중에 자선가가 극히 드물고, 아무리 많이 기부하는 사람이라도 교회가 한때 지극히 가난한 신도를 포함해 모든 기독교인에게 기대했던 십일조 헌금에도 (아마) 못 미칠 비과세 소득의 범위 안에서 기부한다고 지적한다. 록펠러가의 기부액은 비록 절대적인 금액은 컸어도 그 가문의 재산에 흔적조차 남기지 않았으며, 개인적인 희생도 전혀 요구하지 않았다. 오히려 넬슨 록펠러 Nelson Rockefeller(록펠러 2세의 차남으로 뉴욕 주지사와 부통령을 역임—옮긴이)를 기리기 위한 알바니 몰Albany Mall은 세금으로 건설되어 납세자들에게 존 D. 록펠러 1세와 2세의 기부액 총액에 달하는 막중한 조세 부담을 떠안겼다.

그러나 이처럼 남들에게 인색한 심각한 중독자들이 자기 자신에게는 조금이라도 후할 것이라고 넘겨짚어서는 안 된다. 전기 작가 스탠리 브라운은 H. L. 헌트에 대해 "그는 돈을 쓰는 것도, 나눠주는 것도 모두 즐기지 않았다"라고 말한다. 헌트는 손님들에게 점심으로 동네 슈퍼마켓에서 파는 샌드위치를 대접하고 냅킨으로 타이프라이터 용지를 내놓는 구두쇠였지만, 그에 못지않게 스스로에게도 인색했다. 그는 허름한 옷과 갈라진 신발, 클립식 넥타이를 착용했고, 머리는 항상 직접 다듬었으며, 점심 도시락을 가지고 다녔다. 또 폴 게티는 집에 유료 전화를 두었고 그의 장남에게 결혼선물을 보내라고 '독촉을 받는' 상황에서도, 택시비로 몇 실링을 쓰느니 다른 사람의 차를 얻어 타겠다며 한 시간을 기다리기도 했다.

존 맥아더는 '다림질이 필요 없는 헐렁하고 축 늘어진 바지'를 즐겨 입었기 때문에 "억만장자라기보다는 사회보장 연금이 넉넉하지 않은 은퇴한 우체국 직원처럼 보였다. (…) 만약 맥아더가 한 달에 172달러만 스스로를 위해 투자한다고 해도 놀랄 사람이 많았을 것이다". 그는 담배꽁초도 아껴 피웠고, 한번은 간부회의를 소집하여 전날 회사 야유회에서 먹다 남은 구운 콩에 '특별 시럽'을 뿌려 먹으라고 내놓기도 했다. 하워드 휴스는 생애 말년의 10년 동안 파자마와 팬티, 행사용 정장 한 벌과 실내 슬리퍼 외에는 다른 의복이 없었고, 보좌관들이 연회를 여는 동안에도 자신은 캠벨 수프를 먹었다. 7,500만 달러를 남긴 철도왕 콜리스 헌팅턴Collis Huntington은 결혼하기 전까지는 자신을 위해 1년에 200달러도 쓰지 않았다.

웨이터라면 누구나 부자 손님이 가장 팁을 짜게 준다는 사실을 잘 알고 있다. 정신분석학자 에드먼드 버글러Edmund Bergler는 공개석상에서 돈을 잘 쓰는 사람들 중에도 집에서는 '인정머리 없는 수전노'인 경우가 많다고 지적한다. 존 야코프 애스터는 "걷기에도 너무 연로해서

4장 심각한 중독자와 그 자녀들

담요에 싸여 옮겨져 가며 사회 활동을 유지하던" 때에도 무일푼인 한 여자에게서 집세를 받아내라고 임대 대리인을 어찌나 들볶았던지, 궁지에 몰린 대리인이 애스터의 아들에게 돈을 빌려서 갖다 바쳐야 했다. 코모도어 밴더빌트는 작고 초라한 집에서 아내와 열두 명의 자녀와 함께 살았고, "마치 고아원 감독관처럼 가족의 식비를 감시했다". 그는 19세기 당시 1억 달러가 넘는 재산을 보유하고 있었음에도, 임종하는 순간까지 지독하게 인색했다. 그의 아들인 윌리엄 헨리 밴더빌트 William Henry Vanderbilt는 당시에 세계에서 가장 부유한 사람으로 알려져 있었지만, 끊임없이 점심 식사 청구서를 놓고 실랑이를 벌였다("나는 지난 화요일에 커피를 주문하지 않았단 말일세").

존 D. 록펠러는 토지 관리인에게 크리스마스 보너스로 5달러를 주고 나서, 그가 휴일을 가족과 보내느라 일을 안 했다는 이유로 5달러를 감봉 조치했다. 또 한 번은 가족과 함께 레스토랑에서 치킨 요리를 먹었는데, 계산할 때 식사 비용이 너무 많이 나왔다는 생각이 들자, 다 먹은 접시를 도로 가져오라고 해서 닭 뼈 개수를 일일이 세보기도 했다.

한 은행 직원은 최근 며칠마다 수십만 달러씩 예치하는 한 부유한 여자가 자기 수표를 묶어온 종이 클립을 돌려달라고 요청했다는 이야기를 들려준 적이 있다. 이 이야기는 유명한 수전노인 러셀 세이지 Russell Sage를 연상시킨다. 그는 연간 500만 달러의 수입을 벌어들이던 때에도 사과 하나 값을 놓고 흥정했고, 그의 옷은 전부 폭탄세일 때 구매한 것들이었다. 크레스지Kresge라는 수전노도 빠뜨릴 수 없다. 그는 신발과 옷이 너무 빨리 해질까 봐 구두 안에 종이로 안감을 대고 옷을 다리지 않은 채 입었다. 또 존 D. 록펠러 2세는 10억 달러를 상속

부 중독자

받고도 팁을 주는 것조차 거절했다. 헤티 그린은 한 병에 10센트짜리 약이 너무 비싸다고 따지다가 약사가 그 약병 값만 해도 5센트라고 반박하자 당장 집으로 달려가 빈 약병을 들고 왔다. 또 그린은 아들이 무릎을 다쳤을 때 무료로 치료를 받게 하려고 아들에게 낡은 옷을 입혀 자선병동에 몰래 들여보내기도 했다(이 시도는 결국 실패했는데, 그린은 돈을 주고 일반 병원에 보내기를 거부했고 그로 인해 아들은 다리 한쪽을 잃었다).

놀라운 것은 이런 부자들의 한결같은 인색함을 언론에서는 매 세대마다 새삼스럽게 강조한다는 사실이다. 일례로 〈타임Time〉지는 1977년 기사에서 신흥 부자들이 죽어라 일하고 소박하게 살며, 이전 세대의 부자들처럼 요트 경주나 경마를 즐기거나 사교계 명사나 미술품 수집가가 되는 데 관심이 없다고 호들갑을 떨었다. 그렇지만 자세히 살펴보면 〈타임〉지는 20세기 부자들을 19세기 부자들이 아니라 그들의 아내나 자녀, 손주들과 비교하고 있었다.

반지 악령

J.R.R. 톨킨J.R.R. Tolkien의 판타지 소설 《반지의 제왕The Lord of the Rings》에는 절대 반지를 지닌 위대한 왕 아홉 명이 나온다. 이들은 오랜 세월에 걸쳐 자신들이 보유한 반지의 힘에 서서히 잡아먹혀 마침내 물질적인 실체를 완전히 상실하고 다른 존재의 육체를 빌어 길을 떠나게 된다. 그들이 바로 반지 악령Ringwraith이다.

자신의 삶을 돈에 바친 사람들에게도 이와 유사한 일이 종종 벌어지는 듯하다. 그들은 돈에 몸도 정신도 송두리째 잡아먹힌 것처럼 보인다. 내적으로는 즉흥적이고 풍부한 기쁨과 충동을 잃어버리고, 외적으로는 점점 시들어가며 핼쑥하게 야위고 금방이라도 바스라질 듯 보인다.

물론 이런 변화 중에 얼마만큼이 노화 때문인지는 구분하기 힘들다. 하지만 사람이 나이를 먹는다고 해서 전부 하워드 휴스처럼 피폐해지거나 록펠러나 멜런, 게티처럼 바싹 마르지 않는 것만은 분명하다. 예컨대 파블로 피카소Pablo Picasso는 죽기 직전까지도 눈에서 불꽃이 이글거렸다고 한다. 심각한 중독자들의 쇠약함은 워낙 유별나서 보는 사람마다 한마디씩 안 하고 넘어가기 힘들 정도이다.

예를 들어, 존 D. 록펠러는 거의 날 때부터 입을 굳게 다물고 미심쩍은 표정이었지만, 재산을 모은 50대 중반까지만 해도 상당히 다부져 보이는 외모였다. 그런데 그 후로 갑자기 허리가 굽고, 머리카락이 전부 빠졌으며(신경질환인 탈모증의 결과였다), 만성피로, 불면증, 소화불량을 호소하기 시작했다. 세상 사람들이 익히 알고 있는 그의 모습—머리숱이 적고 미라처럼 경직된 표정—은 그가 부자가 된 뒤에 굳어진 인상이다. "그의 하루하루가 수입과 지출, 투자와 자선, 기업 전략과 법적 공방의 끝없는 조정에 소모되면서, 그가 돈을 지배하는 것인지 돈이 그를 지배하는 것인지가 모호해졌다".

앤드루 멜런은 아마 심각한 중독자 중에서도 가장 부유하고 가장 권력이 막강했을 텐데도 '직장에서 잘릴까 봐 전전긍긍하는, 지치고 또 지쳐서 녹초가 된 회계 담당자'처럼 보였다. 오죽하면 '희미한 사람 a wisp'이나 '그림자 사나이shadow of a man'라고 불릴 정도였다. 폴 게티는 67세 때 이미 '육체적으로 더없이 쇠잔한 인상'을 풍겼고, 이런 인상은 '비정상적일 정도로 파리한 안색 때문에 한층 강화'되었다.

가장 극적인 사례는 하워드 휴스였다. (1905년생인) 그는 1961년에 이미 기괴할 정도로 깡마르고 후줄근한 몰골이었고, 몇 년이 지나자 '마귀할멈의 남동생'처럼 보인다는 말을 들었다. 말년에는 체중이 90파운드(약 40킬로그램)밖에 나가지 않았다. "그의 몸은 영양 부족과 탈수 상태로 극도로 위축되어, 다하우Dachau나 부헨발트Buchenwald 강제수용소의 희생자들처럼 앙상한 뼈만 남은 비참한 모습이었다." 그는 심한 욕창이 생겨 몇 년이 지나도록 완치되지 못했는데, 한군데는 증상이 너무 심해 어깨뼈가 살을 뚫고 불거져 나올 정도였다. 손톱은 1인치(2.54센티미터)나 자라 안으로 말려 있었다. 그는 빈혈과 관절염, 변비도 달고 살았다(한번은 변기에 72시간 동안 계속해서 앉아 있었고, 관장약 없이는 무려 28일 동안이나 배변 활동이 없었던 적도 있었다). 그는 자신이 만든 감옥에 갇혀 영양실조와 완전한 방치 상태에서 죽었다. 그가 많은 보수를 지급하고 엄격히 통제하던 개인 간병인이 열다섯 명이나 되었지만, 그의 시신을 살펴본 의사는 그가 차라리 길거리 부랑자였다면 더 나은 보살핌을 받았을 것이라고 말했다.

즐거움과 우정

이처럼 엄청난 부자들의 생명력이 점차 메말라버리는 이유는 인생에서 점점 더 즐거움을 느끼지 못하기 때문이다. 맥스 건서는 "큰 부자가 될 가능성이 가장 높은 유형은 부를 즐길 가능성이 가장 낮은 유형의 사람"이라고 말한다. 손다이크도 "막대한 부를 얻는 사람들은 기질적으로 부를 즐길 가능성이 가장 낮아 보인다"라고 거의 비슷한 말을 했다. 리스는 전형적인 백만장자들이 "쾌락을 느끼는 데 소질이나 적성이 거의 없다"라고 지적한다. 백만장자의 사생활은 "지극히 무미건조하고 불안정하며 심지어 우울하다".

부자들의 요트는 거의 늘 텅 비어 있다(오나시스Onassis는 요트 '크리스티나Christina'를 1년에 고작 한 번 정도 사용했다). 부자들이 소유한 화려한 그림들은 인적 없는 대저택에 걸려 보는 사람이 거의 없다(게티는 자신의 보물을 거의 감상하지 않는 수집가였다). 부자들은 종종 성대한 파티를 열지만, 정작 본인은 모습을 나타내지 않는다. 하워드 휴스는 가장 값비싼 리조트에 살았지만 단 한 번도 리조트에서 제공하는 유흥거리를 즐기지 않았다. 중독자들은 금은보화를 찾느라 너무 바빠서 결코 무지개를 보지 못한다.

최근 한 백만장자는 사람들이 각자의 문제를 해결하기 위해 성공과 재물을 바라지만 사실 그런 것은 '진짜 문제를 더욱 뚜렷이 부각시킬 뿐'이라며, "말하자면, 성공한 부자들은 왜 관계를 유지하지 못하는가?"라고 씁쓸하게 말했다. H. L. 헌트는 '자신의 유일한 친구'의 이름조차 기억하지 못했다. 심각한 중독자들에게 진정한 우정이란 결코 누릴 여유가 없는 사치와도 같다. 폴 게티의 세 번째 부인은 그를 "내가 아는 한 세상에서 가장 외로운 사람"이라고 부르며, "그는 다른 사람을 만나고 싶어도 그럴 수가 없다"라고 말했다(게티가 그녀와의 첫 번째 데이트 때 비싼 저녁을 사주고 수표로 그녀를 간신히 곁에 붙잡아두었던 이야기를 듣고 나면, 그의 애로사항도 어느 정도 이해는 간다).

맥스 건서는 전반적으로 중독자들을 예찬하지만, "자수성가한 부자들은 인간적인 온기가 이상하리만치 부족하여, 남녀노소를 가리지 않고 타인과 친밀한 관계를 맺기 어렵고 유지하지도 못한다"고 지적한다. 하워드 휴스는 절망적으로 외로운 나머지, 로버트 마휴에게 전화를 걸어 몇 시간씩 회사 일을 이야기하곤 했다. 그렇지만 그는 일방적인 의사 전달을 고집했기 때문에, 아무도 그에게 전화를 걸 수 없었고 같이 있다 해도 그가 먼저 대화를 시작하지 않는 한 말도 붙여서는 안되었다. 이러한 휴스의 사례는 우리가 생각하는 것만큼 그렇게 특이한 일이 아니다. 피해망상과 우울증에 시달리는 부유한 은둔자는 우리 주위에서도 쉽게 찾아볼 수 있다.

부자들은 다른 중독자들을 주위로 끌어들이지만, 남들의 관심사가 그들 자신이 아니라 그들이 가진 돈이라는 것을 뼈저리게 실감한다. 이것은 적어도 부분적으로는 사실일 것이다. 중독자들은 막대한 재산 때문에 타인의 진정한 감정을 접하는 경우가 매우 드물어서, 남의 감정을 통제하고 강제하려는 욕구가 극도로 심해진다. 하지만 아이러니한 것은 그럴수록 자신이 얻은 것을 점점 더 신뢰하지 못하게 된다는 점이다. 돈은 물론 신뢰할 수 있지만 그것이 욕구를 충족시켜주지는 못한다.

돈이 많아질수록 신뢰는 줄어든다. 신뢰가 줄어들수록 돈은 더 많아진다. 이런 일이 무한히 반복되는 것이다. 그들은 자식조차 신뢰하지 못하는데, 만약 자식들이 부모를 빼닮아 오로지 돈만 믿는다면 부모들이 어서 죽기만을 초조하게 기다리고 있을 것이기 때문이다.

부와 함께 저주가 상속되리라

많은 부 중독자들이 사생활에서 그토록 불안해하며 스스로를 몰아붙이는 이유는 뭘까? 그들은 "자녀에게 안정된 미래를 보장하기 위해서"라고 주장한다. 중독자들은 그들이 저지르는 환경 파괴와 억압마저도 인간이자 부모로서 자녀를 부양하려는 노력이라며 정당화한다. 결국 미국의 건강, 행복, 안녕은 그런 중독자의 자녀들 때문에 위협받고 있는 셈이다. 우리의 값비싼 투자가 어떻게 되어가고 있는지를 한번 살펴보자.

부 중독자의 자녀들을 연구하는 사회과학자와 정신과 의사들은 그들이 전반적으로 불행하고 자기 본위이며 현실감각이 떨어지고 남들과 깊고 지속적인 관계를 맺지 못한다는 공통점을 발견했다. 예를 들어, 마이클 스톤Michael Stone과 클라리스 케스텐바움Clarice Kestenbaum은 부잣집 자녀들의 가장 일반적인 증상이 '만성적인 우울', '공허감', '만연하고 오래 지속되는 슬픔, 권태감, 미래에 대한 좌절감' 등이라고 지적한다. 로이 그린커 주니어Roy Grinker, Jr.는 부잣집 자녀들이 '공허해하고, 지루해하고, 만성적으로 우울한' 성향을 공통적으로 지니며 종종 '정서적인 좀비' 상태가 된다고 표현한다.

로버트 콜스Robert Coles는 부잣집 자녀들이 마치 우주의 중심인 듯 대우받으며 성장하기 때문에 결국에는 진짜 그렇게 믿게 되는 경향이 있다고 분석한다. 예컨대, 미국 부자의 자녀들이 그린 자화상에서는 아이의 모습이 화폭 전체를 가득 채우는 반면, 호피족(주로 애리조나 주에 거주하는 북미 원주민 부족—옮긴이) 아이들의 자화상에서는 아이의 모습이 광대한 풍경 중 하나의 점으로만 표현된다. 부 중독자의 자녀들은 콜스가 '특권의식entitlement'이라고 부르는, 세계와 풍족한 부가 당연히 자신에게 속한다는 믿음을 갖고 자라난다. 그들은 자신이 원하는 것이라면 그게 무엇이든 다른 사람에게도 즐거울 것이라고 믿는다. 그린커에 따르면, 그들은 남을 배려하는 능력이 부족하고 자아도취가 심하여 주위 사람들을 질리게 만든다. 하워드 휴스가 그랬던 것처럼, 그들도 자신이 통제할 수 없는 거대 집단을 싫어한다. 남들에게 거칠게 취급받거나 무시당할까 봐 두려운 것이다.

중독자들은 세금과 사회보장제도가 근면한 사람들의 재산을 빼앗아 나태한 사람들에게 안겨준다고 불평하곤 한다. 물론 세금도 가끔은 이런 일을 하지만, (부자들을 위한 복지제도라고 불리는) 유산 상속은 예외 없이 이런 기능을 한다. 앤드루 카네기는 "아들에게 전지전능한 돈을 남기자마자 저주도 함께 상속되리라"고 말했다. 많은 아이들이 이런 저주에 특권의식으로 대응하는 반면, 일부 아이들은 물려받은 돈 때문에 죄책감과 부담감을 느끼고, 스스로 더 많은 돈을 벌어 자신이 하찮은 존재라는 느낌을 지우고자 노력한다. 다시 말해, 알코올 중독자 어머니에게서 태어난 아이가 젖을 먹으면서도 술 마시는 법을 배우듯이, 그들은 날 때부터 부에 중독된 상태로 태어난다. 게티, 휴스, 멜런, 록펠러 형제 등 막대한 재산의 상속자들 대부분이 더 많은 돈을 버느라 늘 분주했던 것처럼 말이다.

콜스는 많은 부잣집 자녀들이 스스로 완벽해져야 한다는 강박에 사로잡혀 있고 실패를 두려워한다는 것을 발견했다. 그들은 자신이 물려받은 수많은 특혜에 걸맞은 업적을 이루어야 한다는 요구와 개인적인 약점을 떠안은 채 인생의 투쟁을 시작한다는 부담을 느낀다. 중독자의 자녀가 설령 무언가를 이루더라도 그것은 공허한 승리처럼 보이기 십상인데, '평범한 사람에게는 무모한 도박처럼 보이는 일도 록펠러가 자신의 이름, 인맥, 자본의 힘을 동원하면 손쉽게 이루어지는 당연한 일이 되어버리기' 때문이다. 큰 부자들에 관한 어떤 연구에서는 그들의 손자들이 자기 분야에서 '진짜 가치 있거나 평균적인 수준을 뛰어넘는 성과'를 거둔 사례가 거의 없다는 사실을 발견했고, 이는 윌리엄 밴더빌트의 말을 다시금 상기시킨다. "내 인생은 (…) 내가 아주 어릴 때부터 예상할 수 있던 길을 따라 펼쳐져왔다. 그 결과 내게는 아무런 희망이 없었고, 추구하거나 얻기 위해 노력해야 할 뚜렷한 목표도 없었다. 물려받은 부는 행복해지는 데 분명한 장애물이 된다."

결국 중독자의 자녀들은 응석받이이든 책임감이 강하든 간에 동일한 장애물과 맞서 싸우게 된다. 물려받은 엄청난 돈더미에 비하면 자기 자신은 작고 보잘것없는 존재라는 자괴감이다. 응석받이로 자라난 자녀들은 스스로를 과대평가함으로써 이런 장애물에 대응한다. 그들은 돈을 자신의 일부로 보고, 자신을 실제보다 더 부풀려 생각하며 나머지 세계가 기꺼이 자신의 뜻에 따를 것이라고 믿는다. 반면에 책임감 강한 자녀들은 자신을 그저 돈의 일부로 여기고, 인생에서 자신의 역할은 가문의 재산을 섬기고 키우는 것이라고 생각한다. 그런데 이들은 맡은 역할을 수행하면서 응석받이 자녀 못지않게 오만하게 행동한다. 오히려 겸손한 척하고 책임감 있게 '재산 관리인' 역할을 하는 자녀들이 응석받이 자녀보다도 우리 사회에 더 많은 해악을 미친다.

물론 세 번째 대안도 있다. 만약 돈 때문에 자신이 누구인지를 발견하지 못한다면, 돈을 없애버리면 된다. 하지만 이것은 말하기는 쉬워도 실천에 옮기기는 어렵다. 록펠러 가문의 4세대 중 일부는 물려받은 돈을 없애고 속죄하고자 노력했으나, 그러기 위해 뼈아픈 박탈감에 시달리며 오랜 고투를 벌여야 했다. 데이비드 록펠러의 딸인 페기 록펠러 Peggy Rockefeller는 이렇게 말한다. "참으로 이상하게도, 우리는 골고루 나눠 갖기에는 모든 것이 충분하지 않다고 느꼈다. 음식도 충분하지 않았고, 사랑도 충분하지 않았다".

로이 그린커는 그가 관찰한 '응석받이 부잣집 자녀들'이 다른 사람들과 마찬가지로 공감과 정신적 분석을 받을 자격이 있다고 주장한다. 이것은 분명히 맞는 말이지만, 호도할 여지가 있다. 모든 종류의 중독자들은 우리의 공감을 얻을 만하다. 그들은 스스로 결핍되었다는 믿음에 따라 일종의 버팀목에 의존해 살아가는 인간들이기 때문이다. 그렇지만 한 사람의 내면적 역량을 발견하기 위한 첫 단계는 이런 버팀목을 과감하게 치워버리는 것에서부터 시작해야 한다. 인간에게 성장을 지원하는 공감은 중요하지만, 중독을 지지하고 강화하는 공감은 파괴적이고 상처만 남길 뿐이다. 물려받은 돈 때문에 상처를 입은 중독자 자녀들에게 공감대를 확대하는 최선의 시점은 그들이 재산을 버리거나 상실하는 때 온다.

부모의 애정 결핍과 경쟁심

중독자 자녀들의 모든 문제가 오로지 돈 때문만은 아니다. 일부 문제는 대다수의 중독자들이 워낙 차갑고 공허한 태도로 살아가기 때문에, 가정 내에서도 이런 분위기가 지배적이라는 점에서 기인한다. 앤드루 멜런의 아버지는 가문의 재산을 일구는 토대를 쌓아 올렸지만, 지독히 냉정한 사람이라 '거의 인간 같지 않을' 정도였다.

H. L. 헌트는 돈을 제외하고 "어떤 대상이나 사람에게도 아무런 열정을 느끼지 못했다". 그는 아내가 세 명이었고, 각 아내와의 사이에 여러 명의 자식을 두었지만, 세 가정 모두 공평하게 무시했던 듯하다. 헌트가 죽은 뒤 세 가정의 모든 자녀에게 수억 달러씩의 신탁기금이 지급되었음에도, 이들은 일제히 유산 소송에 돌입했다. 한 저자는 이 이상한 사태를 설명하기 위해 애쓰면서 "그들은 마치 분배받은 재산의 규모가 죽은 아버지의 애정의 척도라고 믿는 듯 보였다"라고 썼다. 분명히 그들은 달리 해볼 여지가 없었을 것이다. "헌트의 자식들은 결코 아버지의 애정을 확신할 수가 없었다. 그들이 매달릴 곳이라곤 헌트의 유언장뿐이었다".

중독자 자녀들에 관한 일반적인 고정관념 중 하나는 비록 부모가 그들을 거부하고 무시한다고 해도, 그들을 사랑해주는 하인들의 지극한 보살핌 속에서 자라나기 때문에 심각한 애정 결핍은 피할 수 있다는 것이다. 이런 낙관적이고 근거 없는 믿음은 부모인 중독자의 경쟁심을 간과하고 있다. 그린커는 아무리 아이에게 관심이 없는 부모라도 하인들이 아이와 필요 이상으로 친해진다 싶으면 종종 그들을 해고한다는 사실을 발견했다. 그리고 설령 중독자가 나름의 방식으로 자녀를 예뻐한다고 해도, H. L. 헌트나 토머스 멜런 같은 남자의 차가운 애정은 죽음의 키스까지는 아니더라도 얼음장 같은 키스였을 것이다. 예를 들어, 앤드루 멜런은 형이 죽으면서 아홉 살 때부터 아버지의 총애를 받게 되었고, 곧바로 아버지의 은행에서 훈련을 받기 시작했다. 한 사촌에 따르면, 이 일은 "앤드루 멜런의 유년기를 단축시켰다." 앤드루 멜런은 여러 모로 존 D. 록펠러 2세와 비슷하게도, 사춘기 때 감당할 수 없는 책임감에 무너지고 말았으며 결국 요양을 하기 위해 학교를 떠나야 했다.

헌트가 가장 아끼던 아들로 종종 그의 석유 탐사에 동행하던 해시Hassie는 아주 어릴 적부터 아버지의 기준에 맞춰 살아야 한다는 중압감에 시달렸다. 항상 발작적으로 기이한 행동을 보이던 그는 결국 스물여섯 살에 병원에 입원했고, 퇴원하고 난 뒤에는 세상과의 접촉을 거의 끊고 살았다. 헌트는 결국 전두엽 절제술(정신질환 치료를 위해 뇌의 일부를 절단하는 흔치 않은 수술—옮긴이)이 유일한 해결책이라고 확신하고, 해시의 주치의를 포함한 모든 이들의 만류에도 불구하고 아들의 뇌수술을 강행했다. 헌트는 언젠가 아들 해시의 병을 고칠 수 있다면 재산을 전부 포기할 수도 있다고 말했지만, 그의 딸 마거릿Margaret은 "해시를 망가뜨린 사람은 아버지였다"라고 단언했다.

헨리 포드는 어린 시절 절친한 친구의 이름을 딴 아들 에드셀Edsel을 사랑했지만, 헌트처럼 아들을 지배하려는 욕구를 절제하지 못한 탓에 아들의 성장에 심각한 지장을 초래했다. 중독자들 대부분이 그렇듯, 포드도 에드셀이 '자신의 복제본'이 되기를 원했다. 에드셀은 유능한 경영자로 성장했지만, 포드는 아들이 충분히 '강인하지' 못하다고 생각했다. 그는 종종 지시를 내렸다가 철회했고, 심지어 악명 높은 해리 베넷에게 아들을 쫓아다니며 사사건건 염탐하라고 시켰다. 모든 것이 명분상으로는 '아들의 유약한 성격을 단련시키기 위한' 일이었다. 에드셀은 결국 궤양이 심해져서, 49세의 이른 나이에 암으로 세상을 떠났다. "그가 일과 생활에서 느낀 끊임없는 좌절감이 그의 건강을 악화시켰다는 것은 의심의 여지가 없었다".

대부분의 심각한 중독자들은 다른 생명체가 스스로 자라는 꼴을 두고 보지 못하는 듯하다. 그들은 워낙 에고가 강해서, 자신이 속한 이 세상이 살아 있는 구조체라는 것을 거의 인식하지 못한다. 그들은 매사를 의도적이고 의식적으로 조정해야만 직성이 풀린다. 그들은 리더십이나 소유권을 결코 남들과 공유할 수 없기 때문에, 자식들에게조차 안락한 자리를 곱게 내주지 못한다. 포드는 에드셀이 자신처럼 '철저한 개인주의자'가 되어 남한테 '휘둘리지' 않기를 바라면서도 아버지가 기대하는 모든 일을 수행해주기를 요구했다. H. L. 헌트는 종종 해시의 유전 발굴 능력을 자랑하곤 했지만, 정작 해시가 혼자 힘으로 대형 유전을 찾아내자 못마땅하게 여겼다. 어찌 보면 자식에게 거액을 남기려는 것에서도 이런 양면성을 찾아볼 수 있는데, 돈은 자식을 부유한 만큼이나 심약하게 만드는 선물이기 때문이다.

두려움과 통제

두려움은 모든 감정 중에서 가장 무자비하다. 우리는 보통 공격성과 성욕이 가장 자제하기 힘든 욕구라고들 이야기하지만, 두려움에 비하면 이 두 가지는 길들여진 가축과도 같다. 순수한 성욕은 쉽게 질리고, 순수한 분노는 금방 해소된다. 우리는 오로지 두려움에 휩싸일 때만이 뒤틀리고 난폭하며, 통제하기 힘들어진다. 두려움은 그 대상과 직면하기를 꺼리는 감정이므로, 그와 관련된 상상을 이리저리 부풀리기에 적합하고, 그로부터 도망치기란 불가능하다. 만성적이고 쉽게 떨쳐지지 않는 모든 감정, 기분, 느낌, 충동은 언제나 두려움과 뒤섞여 있다. 두려움은 현실과 맞서기를 피하기 때문에 내면적 공허감, 결핍, 불안, 나아가 모든 중독의 근원이 된다.

케네스 래멋은 애스터, 굴드Gould, 세이지, 모건, 피스크, 록펠러, 밴더빌트 같은 강도 귀족이 '정서적 불구자로서, 거울을 들여다보며 수염이 나는지 살피는 사춘기 소년한테나 어울릴 법한 공포감에 지배당하는 성인'이라고 말한다. 그렇지만 래멋은 과거로 충분히 거슬러 올라가지 않았다. 대부분의 중독자들은 사춘기 이전에 비정상적으로 활동적인 어린 소년, 즉 끊임없이 장난감 총을 들고 뛰어다니며 공훈을 세우기를 꿈꾸는 아이 단계에 머물러 있는 듯 보인다. 하워드 휴스는 여자가 나오지 않는 첩보 영화와 모험 영화를 즐겨 보았고, 영사기사에게 마치 열 살짜리 소년처럼 이렇게 지시하곤 했다. "질질 짜는 장면은 휙휙 넘겨버려!"

심각한 중독자들은 대부분 파시스트 정권을 호의적으로 지지한다는 공통점이 있었다. 일부는 공산주의에 대한 병적인 두려움 탓도 있겠지만, 대부분은 '약한 것'에 대한 무조건적인 두려움 때문이었다. 온화했던 앤드루 멜런조차도 터무니없는 허풍쟁이 무솔리니Mussolini를 열렬하게 찬미하곤 했다.

인간은 다루기가 어렵기 때문에, 인간관계에 서툰 사람은 종종 관심이 무생물 쪽으로 후퇴한다. 하워드 휴스는 인간보다 과학과 기계가 더 흥미롭다고 말했고, 헨리 포드는 기계를 통제하는 방식 그대로 종업원을 통제하기 위해 조립 라인을 개발했으며 "기질적으로 (…) 권한을 내주거나 위임하지 못했다".

록펠러는 '술주정뱅이가 술을 갈망하듯이' 질서를 갈망했고, 인생의 많은 시간을 비교적 자유로운 시장의 '무질서'를 척결하는 데 바쳤다고 전해진다. 심지어 은퇴하고 나서도 수시로 정원사들에게 나무를 재배치하도록 지시하며, '실내 장식가가 의자를 옮기듯이' 나무를 옮겨 심게 했다. 많은 중독자들은 이처럼 자연의 자연스러움에 대해서조차 반감을 느꼈다. 윌리엄 랜돌프 허스트 역시 상습적으로 나무를 옮겨 심도록 했다.

이렇듯 극단적으로 통제를 원하는 성향은 심각한 내적 취약성을 드러내고, 돈을 소유함으로써 한층 더 악화된다. 위험과 변화를 차단하기 위해 돈을 쓸수록 적응 능력은 점점 줄어들고 퇴화하기 때문이다. 이것이 대부분의 중독자가 돈 버는 것을 그만두지 못하는 한 가지 이유이다.

그들은 이런 자신들의 결핍을 감지하고, 결핍을 채우기 위해 더 많은 돈을 벌고자 애쓴다. 어느 중독자는 만약 계속 활동적으로 움직이지 않으면 '정체되어 노망날' 위험이 있다는 말로 이런 불안감을 표출했다. 스스로를 지탱하기 위해 외부의 무언가에 더 많이 의지할수록, 점점 더 약해지는 느낌이 들고 외부로부터 더 많은 것을 필요로 하게 된다. 중독자들이 그토록 성적인 문제를 빈번하게 겪는 이유도 바로 여기에 있다. 그들의 성적 능력은 금전적인 자신감과 거의 직결된다.

부 중독자

유명한 윤락업소 운영자에 따르면, 주식시장의 침체가 심해지면 발기부전이 급속도로 확산되는 경향이 있다고 한다. "주가가 올라가면 정력도 올라가고, 주가가 떨어지면 정력도 떨어진다"는 것이다.

하워드 휴스는 세상이 너무 복잡해서 감당하기 힘들 때면, 스스로 모든 규칙을 정할 수 있는 자신만의 좁은 세계를 구축했다. 우리 사회에서 자신의 침실에 틀어박혀 완전한 자기 방치 속에 알몸으로 웅크리고 있는 은둔자를 정신이상자라고 부르는데, 아마 실제로 정신병원에 있는 환자들 중에도 (적어도 입원 초기에) 휴스만큼 미쳐 있는 환자는 4분의 1도 안 될 것이다. 정신병원의 환자들은 대부분 누군가에게 성가시다는 이유로 정신병원으로 보내진다. 휴스는 주변의 모든 사람에게 (사실상 나라 전체에) 극도로 성가신 존재였지만, 그런 성가심의 대가를 치를 능력이 있었고, 또 실제로 그렇게 했다. 그는 엄청나게 많은 직원들이 환자에게서 통제를 받는, 자신만의 1인 정신병원을 만들었던 셈이다.

휴스는 외부의 자극을 통제하는 데 유난히 집착했다. 아무도 휴스가 먼저 요청하지 않았는데 전화를 하거나 말을 걸 수 없었고 쳐다보거나 만질 수도 없었다. 그는 어떤 식으로든 누군가에게 침입당하는 것을 끔찍이 두려워했다. 이런 심리가 표출된 한 가지 증상은 세균 공포증이었다. 보좌관과 타이피스트들은 반드시 흰 가운을 입어야 했고, 그는 끊임없이 오염을 제거하는 일종의 의식을 치렀다(에고는 모든 생명체가 서로 연결되어 있다는 생각을 혐오하고, 자신이 그런 관계망에 속해 있다는 사실을 거부하므로, 모든 살아서 움직이는 것들을 이질적이고 서서히 진행되는 외계 생물체의 침입으로 간주한다. 그래서 휴스와 게티는 '다른 사람들'의 세균에 대해 극도의 두려움을 느꼈다). 그렇지만 펠란Phelan이 지적하듯이, 정작 휴스의 목숨을 앗아간 것은 체내에서 생성된 독이었다. 에고의 의식적인 통제에 한계가 있음을 극명하게 보여주는 사례가 아닐 수 없다.

휴스는 그 어떤 상호 의존성도 인정하기를 거부했다. 우물을 파고 지하수면에서 물을 끌어오는 사람이 '실제 살아 있는 이웃'이라는 사실이 그를 괴롭혔다. 많은 미국인처럼, 휴스도 모든 사람이 제각각의 우리에 들어가 있을 때 자유가 존재한다고 믿었다. 휴스는 다른 사람과 대등하게 정면 대응하는 능력을 상실하면서, 남들과 얽힌 상태에 대한 두려움이 극도로 심해졌다. 그는 권력과 돈을 이용해 남들에게 책임을 떠넘기며 "어떻게든 남들과의 대면을 피했다".

철저한 은둔자인 휴스에게도 잠시 억지로 세상에 모습을 드러내야 하는 사건이 있었다. 작가 어빙Irving이 그의 자서전을 날조하는 사기극을 벌였던 것이다. 그런데 펠란은 이 소동이 유발한 위험과 자극 때문에 휴스의 영혼과 건강이 오히려 개선되었다고 말한다. 그는 햇빛 속으로 떠밀려 나왔고, 낯선 이들의 시선을 받았으며, 뉴스의 보도거리가 되었고, 자신의 '차단막' 없이 공공장소를 돌아다녀야 했다. 그가 평생 가장 두려워하던 바로 그 일이 현실이 된 셈이었다. 그렇지만 자신의 환경에 대한 통제력을 상실하면서 그는 오히려 생명력을 되찾는 듯 보였다. 그가 세상 속으로 한발 더 들어갈 것을 고려하기 시작하자, 그의 보좌관 몇몇은 자신들의 존재 이유가 사라지지 않을까 하는 불안에 빠졌다. 휴스는 결국 평상시의 생활 패턴으로 되돌아갔고, 그 상태에서 생을 마감하고 말았다.

통제의 욕구는 휴스의 경우 극단적이기는 했지만, 중독자들 대부분에게 확연히 나타나는 공통점이다. 리스는 자신이 연구한 여섯 명의 중독자들이 인터뷰에 거의 유사한 방식으로 대응했다고 말한다. 휴스가 그랬듯이, 그들도 다른 누군가가 주도하는 상황에 있는 것을 불편해했다. 그들은 리스의 인터뷰 요청에 '의심과 반감을 품고 조건부로' 응하면서, 인터뷰가 성사되지 못할 온갖 이유를 댔다. 그런 다음 한참 시간을 끌다가 어느 날 불쑥 만날 수 있다는 전갈을 보내왔다.

막상 인터뷰가 시작되면, 그들은 자신의 복잡한 사업에 대한 사소한 정보 하나하나가 정확하게 전달되었는지를 '보기 딱할 만큼 세심하게 신경 썼다'. 그러다가 이해하기 어려운 주제가 나오면 '곤혹스러울 만큼 지나치게 열정적인 협조자'로 돌변하여, 인터뷰 진행자에게 과도한 정보를 쏟아내며 자신들의 시간을 '아낌없이 낭비했다'.

이들은 스스로를 매우 진지하게 여기고 자신이 관여하는 모든 일의 세부사항까지 완벽히 통제하기를 원했다. 이것은 우리 문화에서, 특히 남자들에게서 찾아보기 힘든 특징은 아니지만, 삶을 그 자체로 대면하는 데 대한 극심한 두려움과 경험에 대한 취약성을 드러낸다.

부모의 꿈을 실현하는 대리인

포드사의 새뮤얼 마르키스Samuel Marquis는 복잡한 차 부품들을 능숙하게 조립하는 헨리 포드가 어째서인지 자신의 인격에서 균형의 중요성은 전혀 이해하지 못한다며 "헨리 포드만 제대로 조립된다면!"이라고 탄식했다. 도대체 중독자들을 그토록 편향되게 몰아가는 요인은 무엇일까?

균형 잡힌 성격은 균형 잡힌 환경에서 형성되고, 아이는 다양한 경험과 역할 모델을 접하면서 자연스럽게 전인성을 지향하게 된다. 하지만 아이가 정서적으로 어느 한쪽 부모에게만 의지하게 되면, 균형적이고 자연스러운 성향은 억눌리기 쉽다. 친구와 친지가 많은 아이는 자연스럽게 갖가지 성격과 배경의 사람들과 어울리면서 다양한 본보기 속에서 적합한 요소들을 발견할 수 있다. 그러나 어떤 이유에서든 자신의 행복을 한 사람의 애정에 의존해야 하는 아이는 지나치게 한쪽으로 치우친 상태로 성장한다. 유일한 사랑을 잃을지 모른다는 두려움 때문에 에고가 극단적인 조치로 그럴 위험성에 대처해 나가는 것이다.

따라서 그토록 많은 중독자가 그들에게 많은 것을 요구하는 엄격하고 야심찬 부모를 인생의 중심에 둔 외로운 아이들이었다는 사실은 그리 놀랍지 않다. 폴 게티의 어머니는 남편의 일을 배후에서 조종하는 강한 여자였으며, 그러한 영향력은 아들 폴에게도 마찬가지였다. 그녀는 특히 절약의 문제에 관한 한 '자신의 의지를 반드시 관철'시키고는 했다. 그녀는 남편 회사의 통제권을 놓고 아들과 오랫동안 격렬한 법정 싸움을 벌인 끝에 결국 승리했다. 게티는 만일 어머니가 자신의 앞길을 막지만 않았다면 10년은 더 일찍 억만장자가 되었을 것이라고 주장하면서도, 어머니에게서 인정을 받으려는 노력을 중단하지 않았다. 그는 지긋지긋한 법정 공방 중에도 자기보다 "더 좋은 어머니를 둔 사람은 없다"라고 단언했다. 또 나중에 인생에서 중요했던 순간을 회고하면서 "나는 어머니에게 부끄럽지 않은 사람이 되기 위해 최선을 다하기로 마음먹었다"라고 고백하기도 했다.

부 중독자

헨리 포드의 어머니 역시 아들의 인생에서 큰 비중을 차지했다. 그녀는 포드에게 읽기를 가르쳤고, 놀 권리는 노력을 통해 획득해야 한다고 주입시켰다. 다시 말해 욕망보다 의무가 우선한다는 것이다. 그녀는 아들이 이런 가치관에서 어긋날 때마다 가차 없이 망신을 주었다. 엄격하고 근면한 여성이었던 그녀는 쉬지 않고 바쁘게 일하면 스스로 얼마나 피곤한지도 알아차릴 새가 없다고 믿었다. 문제의 해결을 미루는 모든 경우가 그렇듯이 이런 믿음도 결국 그녀의 발목을 잡아, 그녀는 헨리 포드가 열세 살 때 죽고 말았다. 포드는 어머니가 죽은 후에 집이 "마치 중심부 스프링이 빠진 시계 같았다"라고 표현했다. 나중에 그는 어머니에 대한 추억을 기리기 위해 이 집을 복원하고, 어머니의 옷가지, 그릇, 기타 개인적인 소지품으로 가득 채워 넣었다.

포드는 노동윤리를 철저히 따랐던 어머니를 본받아 어떤 종류의 놀이나 무위도 아무짝에 쓸모없다고 생각했지만, 그럼에도 노동력 절감 기술을 개발하는 데 평생을 바쳤다. 그는 언젠가 이렇게 회상했다. "나는 어머니가 바라던 대로 내 인생을 살고자 노력해왔다. (…) 나는 내가 할 수 있는 한 어머니가 기대했던 대로 살았다고 믿는다." 한 삼촌은 그에게 "어머니를 꼭 빼닮았다"고 말하기도 했다.

존 D. 록펠러 역시 혼자서 자식을 기르고 근검절약을 가르쳤던 어머니를 숭배했다. H. L. 헌트는 전적으로 어머니에게서 광범위한 교육을 받았다. 코르넬리우스 밴더빌트Cornelius Vanderbilt가 처음 돈을 벌고 부에 집착하며 인색해진 것도 어머니의 영향이었다. 앤드루 카네기의 어머니도 남편을 여읜 뒤 혼자 자식을 키웠고, 죽을 때까지 아들과 함께 살았으며, 아들에게 자기가 죽기 전에는 결혼하지 않겠다는 약속을 받아냈다. 하워드 휴스의 어머니는 그를 키우는 일에 자신의 모든 시간을 바쳤다. 그녀는 자나 깨나 아들의 건강, 형제자매가 없는 외로움, '과민함'을 걱정했다. 그녀는 강박적인 걱정 때문에 살아서는 물론이고 죽은 후로도 계속해서 아들의 인생에 '압도적인 영향력'을 미쳤다.

그 밖에도 이런 사례는 얼마든지 찾아볼 수 있다. 놀라울 정도로 많은 중독자들이 엄격한 어머니의 야심을 실현하는 대리인이었기 때문이다. 이런 어머니들은 대개 힘겹고 실망스러운 인생과 맞서 싸우는 여성들이었고, 힘과 능력이 있다 해도 아들 말고는 적절한 분출구가 없었다. 그 결과 아들들은 어머니를 기쁘게 하고 만족시키려는 헛된 노력에 평생을 바치게 되었다.

그러나 대리자의 승리는 결코 진정한 만족을 주지 못한다(여성들이 자기주장을 드높이며 자신의 길을 찾아 나가면서, 이런 특수한 형태의 노이로제는 점차 감소하고 있다). 남들의 눈에 이런 중독자들이 냉정하고 이상하게 비춰지는 것도 당연하다. 대부분의 중독자들은 어머니의 꿈을 이루려는 평생에 걸친 투쟁에 도움이 되는 한에서만 남들에게 관심이 있기 때문이다.

모든 정서적 달걀을 한 바구니에 몰아 담으면 강력한 목표의식과 집중력이 생긴다. 또 도달할 수 없는 목표를 추구하면 의지와 통제 욕구가 과도하게 확대된다. 그래서 다른 사람을 조종하고 통제하려는 사람들은 자기 자신까지도 조종하려 든다. "내가 관찰한 성공 사냥꾼들의 정신력은 탈옥을 꿈꾸는 죄수의 정신력과 같았다." 에드먼드 버글러의 말이다.

부 중독자

에고 마피아와 중독 경제

The Ego Mafia and the Addictive Economy

돈은 이기주의를 부추기며 꼼짝없이 그 남용으로 이어진다.

아인슈타인Einstein

　중독자의 에고도 압제를 중단할 수 있다. 에고 역시도 성장이 가능하고, 훈련을 통해 더 민주적으로 바뀔 수 있기 때문이다. 최근 수십 년간 우리 사회에는 느낌과 즉흥성, 신체, 명상과 기타 영성 훈련, 의식 변성 상태, 초자연적인 능력 등을 강조하는 추세가 이어지고 있다. 이것은 모두 에고를 아래로부터 민주화하여 기반요소에 더 적절히 반응하게 만들려는 노력이다.

　그러나 불행히도 미국인은 워낙 개인주의 성향이 강한 나머지, 이것이 비단 개인 차원의 문제가 아님을 깨닫지 못하고 에고를 민주화하려는 노력을 무산시킨다. 에고를 민주화하려는 욕망은 어느새 에고 자체에 흡수되어 새로운 형태의 압제로 변질된다. 자연스런 '충만감'은 의식적인 정화 작용으로 바뀐다. 자발성은 쾌락주의, 즉 에고가 잠시도 통제를 늦추지 않으면서 기반요소에 선심 쓰듯 나눠주는 쾌락적인 선물로 바뀐다. 정신성은 오만함으로 바뀌고, 명상은 실세계와의 단절 상태로 바뀐다. 그리고 변성 상태의 탐사는 끊임없이 취해 있는 상태의 중독적인 탐닉으로 바뀐다. 상호 의존성을 인식하는 것이 민주화를 이루는 노력의 근간인데, 에고는 상호 의존성에 대한 인식이 없다 보니 그런 모든 노력을 비웃을 뿐 아니라 알아보기 힘들 만큼 왜곡시킨다.

독재적인 에고는 결코 외따로 움직이지 않는다. 에고는 끊임없이 서로를 지지하고 보호해줄 다른 에고 독재자와 손잡고, 일종의 에고 마피아를 형성한다. 에고 마피아의 목표는 에고 독재가 번영하는 세상, 그래서 에고들이 기반요소에 의존적으로 기생하지 않는다고 확신할 수 있는 세상을 만드는 것이다. 에고는 자생하는 척하기를 좋아하므로, 그들에게 에고를 더 많이 상기시키고 기반요소를 덜 의식하게 하는 세상을 건설하고자 노력한다.

이를테면 에고 마피아는 직사각형 건물을 건설하기를 좋아한다. 그런 건물은 자연 환경의 굴곡 있고 불규칙한 형태를 직선과 직각으로 대체해버린다. 직사각형 주택 안에서 살다 보면, 자신의 존재 전체가 에고와 동일하다고 믿기가 훨씬 쉬워질 것이다. 에고가 직선을 좋아하는 이유는 단순하기 때문이다. 에고가 양자택일의 정의를 좋아하는 이유도 단순한 이진법이기 때문이다. 에고는 역설이나 초월적인 단일체의 개념을 아주 싫어한다. 에고는 또한 미묘한 차이를 두려워한다. 에고는 명확한 경계를 좋아하고, 서로 개별적이고 자율적이라는 환상을 좋아한다. 에고는 '철저한 개인주의자'이다.

자동차는 에고 마피아의 특징이 극명히 드러나는 제품이다. 우리를 자연으로부터 차단시키는, 이진법에 기초한 기계장치인 것이다. 통상적으로 여행은 모든 생명체의 상호 의존성에 대한 인식을 확장해주지만, 오늘날에는 이동하는 내내 우리가 완전히 자율적이라는 환상(석유가 희소해지면서 급속히 와해되고 있는 환상)을 심어주는 자동차로 여행할 수도 있다. 자동차를 타면 최소한의 시각 외에는 모든 감각적인 자극이 차단된다(익숙한 길을 자전거로 달리거나 걸어본 사람이라면 자동차로 여행할 때 주변 환경을 얼마나 많이 놓치고 지나치게 되는지 잘 알 것이다). 오픈카를 타고 가더라도 우리의 움직임이 일으키는 바람(과 어쩌면 우리가 켜놓은 라디오에서 나오는 소리)만을 경험할 뿐이다. 감각적인 자극이라 봐야 전부 스스로 만들어낸 자극뿐인 것이다.

관료제 역시 에고 마피아의 특징을 명확히 보여주는 기제로, 사회적 차원으로 투영된 에고의 거울상이라 할 수 있다. 주민들이 평생 동안 어떤 지도자나 계층구조 없이도 함께 잘 살아가며 비공식적인 합의를 통해 의사를 결정하는 작은 마을이 있다고 생각해보자. 그런 다음 군대가 이 마을을 점령하여 공식적인 지도자와 위계질서를 구축하고, 모든 의사소통을 '정식 채널'로만 진행하며 서면('의식'의 사회적 등가물)으로 남길 것을 요구한다고 가정해보자. 두 경우를 비교해보면, 에고와 기반요소의 관계에 대해 확실한 개념이 잡힐 것이다. 관료제는 사람들에게 오로지 에고만이 중요하고 기반요소는 당면한 사안과 전적으로 무관하다는 생각을 심어준다.

권한, 등급, 위계질서, 계층 등은 에고 마피아의 전형적인 산물이다. 에고 마피아는 세계를 '더 높거나 낮다'는 관점에서 정의하고, '더 낮은' 쪽보다는 '더 높은' 쪽에 큰 가치를 둔다. 그래서 우리는 머리가 나머지 몸 전체보다 '더 중요하다'고 느끼게 된다. 또 이런 느낌은 우리로 하여금 점점 땅과 거리를 두게 만든다. 땅을 지저분하고 열등한 존재로 여기게 되는 것이다. 사실 대지는 우리를 부양할 뿐 아니라 지상의 그 어떤 것보다 풍요롭고 조밀하며 다양한 에너지와 냄새, 생명으로 가득 차 있는데도 말이다.

에고 마피아는 에고가 스스로 강하고 편안하다고 느낄 만한 세계를 건설하려 애쓴다. 그 세계는 몸은 없고 오로지 에고로만 가득한 세계이다. 동물도, 식물도, 박테리아도, 곤충도 없고, '꽃이 피지도 벌레가 울지도 않으며 어떤 혼란도 일어나지' 않는다. 아무런 느낌도, 기분도, 색채도, 관계도, 모호함도, 변화도 없다. 무엇보다 아무런 신비로움이 없다. 에고 마피아는 단순하고 기계적으로 돌아가는 세계, 에고가 조금도 방해받지 않으며 기실 위협도 아닌 것들의 위협을 조용히 처리할 수 있는 세계, 인위적으로 의제를 만들고 거기에 매달릴 수 있는 세계를 추구한다.

우리는 지금 이런 이상적인 목표를 달성하려는 에고 마피아가 만들어낸 사회에 살고 있다. 이런 사회에서 에고의 기반요소는 그다지 행복을 느낄 수 없다. 기반요소는 에고의 목표에 점점 다가가는 세상에 대한 무시무시한 판타지를 만들어낸다. 그렇지만 막판에 가서는 대개 에고에 굴복하고 마는데, 기반요소에는 구조와 방향성이 필요하고, 에고가 그들에게 두려움을 심어주기 때문이다. 에고들이 (크고 작은 조직의 거의 모든 업무 미팅을 포함하는) 에고 마피아 회의에서 주로 하는 일 중 하나는 서로의 공포 분위기를 조성하기 위한 전술을 보강하는 것이다. 에고 마피아 회의는 군사정권 지도자에게 사례를 들어 가르치는 워크숍과도 같다. 예컨대 '반대 의견을 진압하고 대중의 봉기를 미연에 방지하는 법'을 가르치는 식이다.

지금 읽고 있는 이 페이지의 형태, 일정한 글자 크기와 일정한 줄 간격도 모두 에고가 편안하게 느끼고 기반요소가 무슨 외계도시에 온 것처럼 느끼도록 만들어진 것이다. "여러분! 이것은 직사각형으로 기반요소를 차단하여 사실상 모든 소음을 제거한 에고와 에고 간의 직접적인 의사소통입니다. 잘들 읽고 있나요?" 우리가 그토록 자주 책을 읽다가 잠이 드는 것은, 특히 책의 메시지가 매체에 의해 순화되어버린 경우 그다지 놀라운 일이 아니다(직선은 두 점 사이를 잇는 가장 짧은 거리이지만 '가장 흥미로운 거리'인 경우는 드물다). "이봐요, 만약 에고가 우리를 못 들어가게 막고 비밀 정상회담을 연다면, 우리가 힘을 합쳐 에고를 끝장내버리는 것이 어떻겠소?"

물론 이것은 순전히 농담이다. 그 에고는 어쨌거나 우리의 에고이니까 말이다. 어떤 에고도 우리 없이는 아무 일도 할 수 없다. 그들은 단지 감당하기 힘들게 변해버린 하인일 뿐이다. 소위 '국민의 종복' 말이다. 우리가 에고로 점철된 세계에 관한 끔찍한 판타지를 만들면, 에고는 우리가 그것을 글로 써서 출판하도록 충실하게 지원함으로써 우리가 성공을 거두고 더 이상 두려워하지 않게 만든다. 나의 에고도 지금 내가 이 책을 쓰도록 돕고 있는 것처럼 말이다. 사실 에고가 먼저 우리에게 사기를 치기는 해도, 거기에 속아 넘어가는 것은 결국 우리 자신이다.

물론 에고에 속지 않을 수도 있다. 에고를 보다 유연하게 만들어 본연의 국방장관 역할로 돌아가도록 훈련시키면 된다. 하지만 이런 과제는 우리의 세계를 지배하고 에고들을 서로 강화시키는 에고 마피아로 인해 한층 더 어려워진다. '인간의 의식을 변화'시킴으로써 세계의 문제를 해결하자고 외치는 종교 지도자들을 보면, 각각의 인간 유기체가 스스로를 민주화하기 위해 고군분투하는 단순한 세계에 대한 순진한 비전을 공유하는 듯 보인다. 그렇지만 에고는 혼자가 아니며, 세계는 단순하지 않다. 에고의 권력은 에고 마피아에 의해 나날이 강대해지고, 세계는 에고 마피아가 직접 고안한 몸뚱이 없는 과대망상과 공존하는 데 익숙해져가고 있다. 반면에 전인성, 균형, 모험, 열정, 관여, 참여, 놀이를 추구하는 전체 유기체의 수요와는 점점 더 양립 불가능해지고 말이다.

물론 종국에 가서 에고 마피아는 무너지고 말 것이다. 에고 마피아가 총력을 기울이는 대상은 기껏해야 망상이기 때문이다. 우리의 기반요소 역시 (비록 인정하기는 싫더라도) 에고 마피아의 망상에 일조하고 있지만, 어느 순간 압제가 극에 달하면 기반요소도 반란을 일으킬 테고, 그것은 개개인을 광기로 내몰기보다 에고를 집단적인 자멸로 몰아가는 방식이 될 것이다. 에고 마피아가 기반요소에게 점점 더 숨 막히는 환경을 조성할수록, 기반요소는 점점 더 위협을 느끼고 보복하려 할 것이다. 어차피 에고 마피아는 기생적이다. 에고는 자체적인 생명력이 없고 기반요소로부터 모든 동기와 에너지, 작은 지혜를 얻어내므로, 궁극적으로는 기반요소의 요구에 따를 수밖에 없다.

에고 마피아가 자멸에 이르는 한 가지 확실한 시나리오는 핵 참사이다. 그 같은 파국에 이르는 과정의 각 단계는 에고의 관점에서 볼 때

부 중독자

완벽히 합리적이다. 위협에는 위협으로 맞서고, 경쟁 우위에는 경쟁 우위로 맞서며, 과잉 살상력에는 과잉 살상력으로 맞서는 것이다. 에고의 이성적인 사고방식은 핵무기를 만들고 무기 배치 시스템을 고안하는 데에도 이용된다(심지어 미국의 '이중 안전장치fail-safe' 시스템도 에고의 이원적이고 위기감에 사로잡힌 사고방식에 기반을 둔다. 미사일 격납고마다 양쪽이 함께 관여해야 핵무기를 발사할 수 있는 두 명의 무장병이 서로에게서 즉각적인 발사를 정당화할 만한 광기의 조짐을 살피며 앉아 있는 형국이나). 하지만 에고가 만든 이 모든 '합리성'은 너무도 거대하고 불안한 일촉즉발의 상황을 조성하여, 매 10년이 지날 때마다 참사의 발생 가능성이 기하급수적으로 높아지고 있다. 에고 마피아는 기반요소의 존재를 부인하면서도, 에고 마피아를 자폭시켜 점점 숨통을 죄어오는 구속으로부터 해방을 도모하는 기반요소의 욕망에 충실히 부응하고 있는 셈이다.

지금껏 나는 독재적인 에고를 일종의 악당으로 그려왔다. 사탄부터 사루만Saruman에 이르기까지 다양한 허구의 악당들을 살펴보면, 그들이야말로 가장 독재적인 인간 에고의 초상에 다름 아님을 발견하게 된다. 그들은 계획적이고, 신중하고, 피해망상적이고, 과도하게 통제하고 또 통제당하며, 오만하고, 결코 만족하지 못하는 것이 특징이다. 그렇지만 이런 특징이 에고가 모든 동기와 에너지를 기반요소로부터 얻는다는 사실과 어떻게 양립할 수 있을까?

국민은 그들 수준에 맞는 정부를 갖는다는 말이 있는데, 이 말은 개개의 인간 유기체에도 유효하다. 에고는 기반요소에 타도당할지 모른다는 두려움에 시달리지만, 정작 기반요소는 에고의 보호나 가식 없이 무방비 상태로 세상과 대면하기를 두려워한다. 우리는 장애물에 걸려 비틀거리거나 웃음거리가 되거나 상처를 받거나 타인의 혐오와 조소의 대상이 되지 않도록 에고가 우리를 지켜주기를 바란다. 한마디로 인간이 배우고 발전하는 과정의 모든 경험을 에고가 막아주기를 바라는 것이다. 우리는 에고가 이 모든 가능성을 사전에 파악하여, 안전한 보호 속에서 세상을 거닐 수 있기를 바란다.

그러나 바로 이런 욕망이 결과적으로 독재자의 탄생을 부추긴다. 학습과 성장은 때때로 고통과 상처를 야기하는 위험을 감수하지 않고는 불가능하다. 단순히 매뉴얼을 읽고 모든 만일의 사태를 예상하여 대처하는 것만으로는 춤추거나 말 타는 법을 배울 수 없다. 우스꽝스런 몸짓을 반복하거나 말에서 수차례 떨어져봐야 진짜 기술을 터득할 수 있기 때문이다. 에고에 지배당하는 인간 유기체는 대체로 실수를 피하려는 집착이 강하다. 그들은 에고가 미리 앞서 계획하고, 계산하고, 예측한 다음에야 실행에 나서기를 원한다. 하지만 소아과 의사들이 하는 말처럼, 걸음마 단계의 유아가 몸에 상처가 하나도 없다면 틀림없이 과잉보호를 받고 있는 것이다. 우리는 작은 실수를 저지르며 하나둘씩 배움으로써 큰 실수를 피하는 법을 터득한다. 위험을 감수하는 유기체는 독재적인 에고가 필요 없다. 행동에 앞서 중앙처리장치를 통해 작은 정보 하나하나까지 수집하지 않고도 얼마든지 자체적으로 배울 수 있기 때문이다.

모든 '개인'은 사실 더 큰 두 가지 시스템을 구성하는 결절점nodal point에 불과하다. 그 시스템이란, 하나는 에고 마피아이고 또 하나는 모든 생물체들로 구성된 전체구조로서, 더 나은 용어가 없으니 여기에서는 '생명망fabric of life'이라고 부르기로 한다. 생명망은 각 부분들을 섬세하게 조율해가며 끊임없이 진화하고 균형을 유지하는 단일체로, 자연 상태에 가까워질수록 이런 단일체에 참여한다는 의식이 확대된다. 반면 도시에서 살다 보면 유기적인 단일체보다는 기계적인 에고 마피아에 소속되어 있다는 인식이 더욱 커져서, 자신이 비록 외롭지만 당당한 원자라는 생각을 훨씬 무비판적으로 받아들이게 된다.

에고 마피아는 상당 부분 우리가 생명망에 속해 있다는 사실을 부정하기 위해 존재한다. 에고 마피아는 경계와 구획 나누기를 좋아하므로 분류, 범주화, 분석 등 가능한 모든 방법을 동원하여 이 생명체의 유기적인 단일체를 (적어도 우리 머릿속에서는) 해체하고자 애쓴다. 그리고 그 과정에서 우리가 잠재우고 싶어하는 두려움을 조장한다. 두려움에는 근본적인 문제가 있다. 다른 격렬한 감정은 적절한 조치를 취하면 제풀에 지쳐 사라진다. 하지만 두려움은 우리가 어떤 조치를 취하더라도 되려 커져만 간다. 감추든 달래든 억누르든 간에 우리의 관심을 먹이 삼아 계속 자라나는 것이다. 두려움을 없애는 유일한 방법은 두려움의 근원과 대면하는 것이지만, 두려움이라는 감정 자체에 그 대상을 피하려는 경향이 강하게 깔려 있기 때문에 쉽지 않다.

두려움은 우리가 생명망에 속해 있음을 인지하지 못하는 데서 비롯된다. 따라서 두려움이야말로 에고 마피아를 탄생시키는 주범이다('두려움'의 반대는 '사랑'으로, 사랑은 생명망에 속해 있음을 인식하고 표현하려는 감정이다). 에고 마피아는 우리가 혼자이고 고립되어 있으며, 무능할 뿐 아니라 에고 외에는 달리 기댈 곳이 없다고 설득함으로써 이런 두려움을 한층 부추긴다. 에고만이 세상으로부터 우리를 지켜주고 우리의 결점을 숨겨주며, 우리의 공허함을 채워줄 것들을 얻게 해준다는 것이다.

많은 사람들의 주장에 따르면, 우리의 경제체제는 사람들에게 그들이 매우 불충분한 상태이며, 그들 내부에 구멍이 있어서 어떤 상품들로 그 부족함을 채워야 한다고 설득하는 데 기반을 둔다. 내가 앞서 지적했듯이, 이것이 바로 중독이다. **우리의 내면에 모종의 결핍이 있어 '외부'의 무언가를 추가하지 않고는 불완전하다고 느끼는 상태** 말이다. 그러나 이제 우리는 그런 공허하거나 불완전하다는 느낌이 어디에서 비롯되는지 알게 되었다. 모든 중독의 근원은 무언가가 빠져 있다는 에고의 느낌이고, 그 빠져 있는 요소는 바로 에고가 경청하기를 거부하는 자신의 기반요소 중 일부이다. 두려움은 우리가 모든 생명체들과 서로 연계되어 있으며, 우리 자신의 생명력에 의지할 수 있다는 사실을 감추고 있다. 개인주의에 세뇌당한 평범한 미국인에게는 이런 주장이 헛소리처럼 들리겠지만, 세계의 많은 사람들에게는 이 말이 아무런 의심거리가 안 된다.

다시 말해서, 우리가 자신의 내적인 결핍을 채울 무언가를 찾아 자꾸만 외부를 기웃거리는 것은 에고가 자기 기반요소의 풍부한 재능을 깨닫지 못하기 때문이다. 그리고 에고가 자기 기반요소를 부족하다고 느끼는 이유는 근본적인 의미에서 모든 기반요소가 하나라는 사실, 즉 모든 유기체에는 그들이 의지할 수 있는 공통의 창조적 자원이 있다는 사실을 받아들이지 않기 때문이다. 이것은 서구인의 사고방식으로는 다루기 까다로운 문제이다. 바꿔 말하자면, 우리의 **결핍이란 엄밀히 말해 부족함이 아니라 불균형**이라는 것이다. 예를 들어 에고에 통제당하는 사람이 기쁨이 부족하다고 느낀다면, 실제로는 기쁨이 그의 존재에 부재하는 것이 아니라 단지 과도한 자기 통제에 압도되어 한쪽

구석으로 밀려나 있는 것뿐이다. 반대로 재미를 추구하는 사람이 스스로 자기 통제가 부족하다고 느낀다면, 내면에 통제가 결여된 것이 아니라 단지 온갖 충동을 만족시키려는 그의 욕망에 짓눌린 상태일 뿐이다.

우리가 스스로에 대해 꼭 필요한 자질들이 빠져 있다고 확신하게 되면, 자신의 억압된 부분이 숨을 쉬고 제자리를 되찾을 수 있도록 내면의 구조를 재배치해야 하는 모든 수고를 면제받게 된다. 우리는 중독의 대상을 받아들임으로써 그런 억눌린 자질들을 그 상태 그대로 방치한다. 예를 들어, 술은 일시적으로 거짓된 자신감을 불어넣을지 몰라도, 계속해서 진정한 자기 존중감을 위축시킨다. 돈 역시도 우리 내면의 안정감을 서서히 질식시킨다. 중독자의 에고는 헨리 포드와 비슷한 면이 있는데, 그는 가장 유능한 경영진과 엔지니어들을 전부 내쫓고 나서는 자기가 모든 일을 다 해야 한다고 불평하곤 했다.

자신의 문제를 불균형으로 인식하기를 꺼리는 성향은 우리가 질병을 대하는 태도에도 영향을 미친다. 우리는 병에 걸리면, 그것이 잘못 배치된 내면의 구조적 문제라고 생각하지 않고, '본래 우리 몸에 없던' 무언가('세균')가 우리 몸에 침투했다고 생각한다(우리 몸속에는 언제나 수십억 마리의 세균이 살고 있는데도 말이다). 에고는 사방에 적들로 둘러싸인 '국가'라는 배를 이끄는 고독한 선장을 자처하려는 성향이 있다. 따라서 유기체의 어떤 오작동도 에고 자신의 권위주의적이고 과도하게 중앙집권화된 통치의 결과로 보지 않고 '외부 선동자'들의 탓으로 몰아가려 한다. 이런 시도는 본질적으로 군사적인 치유의 개념을 만들어내어, 경계를 늦추지 않는 수호자로서 에고의 역할을 고정시킨다. 우리

5장 에고 마피아와 중독 경제

사회의 치유자는 이런 외부 선동자들을 추적하여 잡아 죽임으로써 질병을 치유하는 경찰의 역할을 맡는다.

그 결과 대두된 것이 질환의 세균병원설이다. 유기체가 정상 상태를 벗어나거나 균형이 깨진 것으로 보지 않고, 위험한 외부 생물체가 침투했다고 간주함으로써 치유자의 군사적 간섭을 정당화하는 것이다. 약물, 수술, 방사선 치료, '마법의 특효약' 등의 형태로 이른바 중화기가 도입되고 심장병, 암, 당뇨병, 정신질환을 비롯한 현대인의 주요 질병처럼 세균이나 바이러스와는 무관한 환자에 대해서도 어김없이 질병에 대한 공격모델이 채택된다. 그래서 선천적 장애와도 '싸우고' 암과도 '전쟁을 벌이며' 심장병도 '퇴치' 대상으로 여긴다.

에고 마피아가 세균병원설을 선호하는 것은 엄격한 구분과 토지 경계선에 집착하는 성향과도 일맥상통한다. 자연에는 경계선이 가변적이고 불분명하거나 아예 존재하지 않는다. 명확한 구분선은 순전히 에고 마피아가 만들어낸 것이다(이것은 손목이고 저것은 팔이라거나, 이것은 언덕이고 저것은 산이라거나, 이것은 생물학이고 저것은 화학이라거나, 이 산소는 네 것이고 저 산소는 내 것이라거나, 이 세균은 네 것이고 저 세균은 내 것이라는 식이다). 이는 우리 삶의 매 순간마다 무수히 많은 유기물과 무기물, 정보와 생명체가 우리 몸 안팎을 넘나들고, 날마다 수백만 개의 세포가 죽거나 생성되며, 우리 신체에서 평생에 걸쳐 유지되는 것은 오로지 대략적인 체형뿐이라는 (그리고 그마저도 급격히 변할 수 있다는) 사실을 무시하는 것이다. 한 인간의 '성격'은 다른 사람에게 대응하는 과정에서 발달하는 정형화된 양식이고, 가장 확고하고 쉽게 변하지 않는다는 '태도'조차도 과거에 누군가의 행동에 반응할 때 에고가 지시한 방침에 따른 결과가 굳어진 것이다.

우리 사회 역시 개별성의 환상을 고수한다. 우리는 우리 사회·정치 시스템 내부의 불균형을 직시하는 대신, 외부 공산주의의 위협과 맞서 싸우느라 수십 년을 허비했다. 에고 마피아는 끊임없이 우리의 인생을 외부의 탓으로 돌릴 수 있을 만한 불행과 좌절로 채워넣는다. 일례로, 미국에서 발병하는 암은 대부분 우리가 생산한 공산품과 그 부산물인 오염, 방사능, 식품 첨가물, 약물, 농약 등에서 유발된다. 다시 말해, 암은 우리 사회가 부 중독자들을 부자로 만드는 데 전력을 다한 결과 생겨난 부산물이다. 그런데도 무수히 많은 연구자들이 암과 연관시킬 만한 바이러스를 찾는 의학 연구에 평생을 바친다.

에고 마피아는 독재적인 에고가 생명망을 결락시키는 것을 돕기 위해 존재한다. 이런 기능을 수행하는 과정에 돈은 대단히 유용하다. 돈은 모든 생명체의 복잡성과 다양성을 단일한 정량적 기준으로 환원시키기 때문이다. 돈지상주의는 에고 마피아의 모국어이다.

돈지상주의는 우리가 생명망과 연계되어 있다는 인식을 가로막기 때문에 우리 내면에 불완전하다는 느낌을 조장하여 중독 사회로 가는 토대를 마련한다. 그런 사회에서는 중독자도 자신이 정상적이라고 느낄 수 있다. 중독자는 '**어쨌거나 누구나 돈을 원한다**'라고 주장한다(돈을 마다하는 사람은 명백한 정신이상자라서 얘기할 가치도 없다는 식이다). "돈이 없다면 어떻게 사람들에게 동기를 부여하겠는가?" 만약 여기에서 말하는 '사람들'이 '모든 사람'을 의미한다면('누구나 돈을 원한다'고 했으므로), 위의 질문은 이렇게 바꿔 말할 수 있다. "돈이 없다면 어떻게 우리가 원하는 일을 해낼 수 있겠는가?"

그러나 이렇게 바꿔 말하는 순간, 모든 논리가 일거에 무너진다. 우리 주변에는 아무 대가를 받지 않고도 자신이 원하는 일을 해 나가는 사람들이 얼마든지 있다. 많은 사람들이 집을 단장하고, 끊임없이 무언가를 만들고, 공동체를 위해 자원봉사를 한다. 스콧 번스Scott Burns는 만약 미국인이 무보수로 하는 모든 일에 시간당 최저임금을 지급한다면, 그 총액이 미국에서 지급되는 모든 임금의 총합을 초과할 것이라고 지적한다. 미국인들이 대가 없이 하는 일은 대가를 받고 하는 일보다 더 다양할 뿐 아니라, 모든 점을 감안할 때 성과도 더 좋고 유익하며, 파괴적인 영향도 적다.

우리는 자기가 하고 싶어하는 일을 하면서 꼭 돈을 요구하지는 않는다. 그냥 그 일을 할 뿐이다. 오로지 우리가 원치 않는 일을 해야 할 때만 반드시 대가를 요구하게 된다. 급료를 받지 않는다면, 누가 우리 생활을 어지럽히는 쓸모없는 잡동사니를 생산하려 들겠는가? 일단 돈이 생겨나자, 비로소 돈도 일을 하는 여러 동기 중 하나가 되어 다른 동기 요인과 경합을 벌이게 되었다. 이때부터 우리는 돈을 벌 수 있는 활동을 위해 우리가 원하는 모든 일을 뒤로 미루게 되었다. 예컨대 환경을 파괴하는 대가로 돈을 받기 때문에 우리의 환경을 풍요롭고 아름답게 가꾸고 보호하는 데 시간과 노력을 들이지 않게 된 것이다.

동기 요인으로서 돈의 진짜 문제점은 모든 활동을 왜곡시키는 경향이 있어, 우리에게 필요한 재화와 서비스를 제공한다는 본연의 기능에서 멀어지게 만든다는 것이다. 제2차 세계대전 이래로 미국은 한 국가를 '문명국'이나 '선진국'이라고 정의하는 여러 기준에서 유럽 사회에 뒤쳐지게 되었다. 예를 들어 유아 사망률(1975년에 미국은 20위였다) 등의 몇 가지 범주에서 미국은 사실상 개발도상국 수준에 머물고 있다. 같은 시기에 다른 한편에서는 새로운 중증 중독자들이 연이어 등장하기 시작했다. 최근에는 애완동물 사료, 화장품, 카메라, 아침 식사용 식품, 개인용 비행기나 배, 기타 다양한 사치품목 등의 사업이나 주가 조작, 또는 복합기업 설립을 통해 큰돈을 번 사람들이 속속 생겨났다. 단언컨대 이런 사업들 가운데 미국인에게 필수적인 재화와 서비스를 제공하는 것은 하나도 없다. 그런데도 그들의 막대한 재산이 형성되는 동안 식품, 의복, 주택, 교육, 난방, 의료서비스 등의 비용은 인구 상당수가 지불할 수 있는 범위 이상으로 껑충 뛰어올랐다. 하나만 예로 들자면, 1976년에 연간 2,000달러 미만의 돈으로 생활하며 수입의 절반 이상을 겨울 연료비에 쓰는 노인은 100만 가구가 넘었다.

돈이 동기 요인으로 이용될 때마다, 돈이 동기를 부여하는 활동은 사람들이 돈을 가장 쉽게 쓰도록 유도하는 방식으로 재정의된다. 식품이 생산 및 유통되는 목적은 더 이상 대중들에게 최적의 영양분을 공급하기 위해서가 아니라 최소 비용으로 최대 매출을 올리기 위해서다. 소비자에게 영양분을 공급하던 본래의 기능이 워낙 심하게 왜곡된 탓에 오늘날 소비자들은 사실상 식품에 독살당하고 있는 지경이다.

똑같이 어처구니없는 일을 에너지 분야에서도 찾아볼 수 있다. 1977년과 1978년 겨울에는 공공 사업체들이 난방을 중단하는 바람에 적어도 200명의 노인들이 사망했다는 주장이 제기되었다. 우리가 전력 부족 때문에 하루빨리 원자로를 수용하라는 압력을 받는 동안, 공장과 기업들은 여전히 할인된 요금에 전기를 공급받으며 막대한 전력을 물 쓰듯 쓰고 있었다. 돈이 동기 요인이 되면서, 도시의 고층건물에 밤

새도록 환하게 불을 밝히도록 놔두는 편이 현재 실업 상태나 가난한 사람들에게 불을 끄고 다니는 일을 맡기고 급료를 지급하는 쪽보다 더 '싸게 먹혔던' 것이다. 만약 기업과 공장에도 개인이 부담하는 전기료를 부과하면, 곧바로 절전 방침이 시행될 것이고, 그러면 원자력발전소도 필요 없게 될 것이다. 1978년에 이런 개혁을 꾀했던 하원 법안은 기업들의 맹렬한 로비에 부딪혀 상원에서 기각되었다.

우리는 모든 활동 분야에서 돈의 이런 왜곡현상을 목격하고 있다. 계획적 진부화와 제품 품질의 저하, 예술가적 재능을 대신하는 쇼맨십·예술가연·'학파' 형성, 약물을 복용해가며 부상을 안고 무리하게 경기하는 운동선수, 소위 '연구'를 통해 명성과 보수를 높이려고 강의를 기피하는 대학교수 등등.

우리는 의료계에서 돈의 왜곡현상이 나타나는 전형적인 사례를 확인할 수 있다. 의사의 역할은 본래 생명을 구하는 것이지만, 연구 결과, '인구 중에 의사들 수가 적을수록 사망률도 낮은 것으로' 밝혀졌다. 실제로 캐나다, 미국, 영국, 이스라엘에서 의사들이 파업을 하는 동안, 인구 사망률은 오히려 떨어지기도 했다. 한 시사평론가는 로스엔젤레스의 의사 파업에 대해 논평하면서, 외과수술이 크게 감소한 덕분에 사망률이 크게 낮아졌다고 주장했다. 미 의회 분과위원회는 1974년에만 240만 건의 불필요한 수술이 40억 달러를 들여 집도되었고, 그 결과 1만1,900명이 사망했다고 추산했다. 일례로, 암 수술은 '생명을 눈에 띄게 연장시키지 못한다'. 미국에서 유방암 치료에 보편화된 근치유방절제술(유방 전체와 주변 근육을 제거하는 수술—옮긴이)은 '영국에서 일반적인 치료법인 유방종양절제술(유방의 양성종양을 제거하는 수술—옮긴이)보다 완치율이 높지 않다'. 그럼에도 불구하고 왜 근치유방절제술을 시행하는 것일까? 이러한 질문에 한 외과의는 이렇게 대답했다. "근치유방절제술 수술비는 750달러이고, 유방종양절제술 수술비는 250달러입니다. 의사들이 어느 쪽을 권하겠습니까?" 아마도 이 대답이 사회적으로 유익한 일을 수행하도록 동기를 부여하는 과정에 작용하는 돈의 역기능에 대해 모든 것을 설명해줄 것이다.

미국인들은 사람들의 눈앞에 돈을 매달아놓으면 더욱 열심히, 효율적으로 일하리라고 믿는다. 물론 일부 사람들이 금전적인 보상을 얻기 위해 더 열심히 일하는 것은 사실이다. 문제는 그들이 과업을 수행하기 위해 일하지 않는다는 것이다. 그들은 오로지 돈을 벌기 위해서 일하기 때문에, 더 많은 돈을 벌 수 있는 방식으로 작업성과를 왜곡시키려 한다.

앞서 말한 외과의가 돈을 벌 욕심에 근치유방절제술을 더 많이 시행하다 보면 점차 그 수술기술이 향상될 수도 있다. 극도로 근시안적이고 편협한 관점에서는, 이것을 '효율성'이라고 보기도 할 것이다. 하지만 치료의 궁극적인 목표가 환자의 건강이라면, 돈 중심 접근법은 '비효율적'일 뿐 아니라 완전한 실패이다. 더욱이 이것은 예외적이거나 보기 드문 사례도 아니다. 의사들이 직접 추산하기로, 미국인의 모든 질병 중 50~85퍼센트는 의원병(醫原病)이다. 말 그대로 의사의 치료에서 비롯되는, 특히 처방약으로 인해 얻는 질병이란 것이다.

우리는 마치 이런 사례가 자신과는 무관하다는 듯이 '사람들의 동기 요인'에 대해 이야기한다. 그러면서 어떤 얼간이가 달러화 기호가 표시된 말풍선 아래에서 행복한 얼굴로 쓰레기를 삽으로 파내는 모습을 상상한다. 그러나 그 얼간이는 다름 아닌 우리 자신이다. 우리는 돈을 이용하여 자신에게 이래라저래라 끝없이 지시한다. 마치 오른손이 왼손을 조종하려 애쓰는 듯한 이런 접근방식은 에고 마피아의 지배력을 보여주는 명백한 징후이다. 이것은 인간이 백혈병에 걸리지 않고 어느 정도까지 방사능을 '감내'할 수 있는지, 혹은 위암에 걸리지 않고 어느 정도까지 식품 첨가물을 섭취할 수 있는지를 연구하는 과제에 세금을 지원하는 것과 같은 사고방식이다. 또 자기 몸을 최대한 많은 노동을 뽑아내기 위해 착취해야 할 노예로 여기는 일부 사람들의 사고방식이기도 하다.

만약 일 자체에 우리가 돈을 받지 않고도 수행할 만한 개인적·사회적 가치가 없다면, 돈은 우리에게 그 일을 효과적으로 수행하도록 설득하지 못한다. 돈은 그저 우리에게 어떤 일을 하든 수입을 극대화할 방법을 찾으라고 동기를 부여할 뿐이다. 다시 말해, 사람들에게 돈을 좇게 해서는 돈을 좇는 사람들만 양산해낼 뿐이다. 돈을 동기 요인으로 사용하여 생산되는 모든 것들은 시간이 지날수록 질적으로 떨어지게 마련이다. 주변을 둘러보면 어디에서나 이런 현상을 흔히 볼 수 있다. 지난 50년 동안 우리가 생산하는 모든 재화의 품질은 꾸준히 저하되었고, 서비스 분야에서도 사정은 다르지 않다. 그런데도 우리는 이런 현상을 기정사실로 받아들이고, 현대 생활과 '진보'의 당연한 일면으로 여긴다. 실제로도 그렇고 말이다.

굳이 탐욕이라는 동기 요인이 없더라도, 우리는 여전히 식품, 주택, 의복, 교통, 통신, 건강관리, 교육 등을 필요로 한다. 탐욕이 사라지면 사람들이 다들 대자로 뻗어 굶어 죽기라도 하리라고 생각하는 것일

부 중독자

까? 정말로 그렇다면, 우리는 인류 역사상 가장 구제불능으로 중독된 최초의 인류일 것이다.

실제로는 누구나 아무 보상 없이도 자주 하는 일들을 한두 가지씩 가지고 있다. 나 자신도 보상을 받고 하는 일과 보상 없이 하는 일 사이에 어떤 마음가짐의 차이도 느끼지 못한다. 물론 그것은 당장 먹고 살 걱정만 없다면, 보상이 없으면 하지 않을 일을 순전히 보상 때문에 하지는 않겠다는 내 철칙 때문이기도 하다. 지난 10년간 내가 보상을 받고 했던 일은 대부분 상대의 지불능력에 기반을 두었고, 내가 그런 일들을 하면서 내 열의의 차이를 느낀 적은 있었어도, 그것은 보상 액수와는 무관했고, 차라리 그 일에 대한 내 인식과 더 관계가 깊었다. 예를 들어, 나는 평소 받는 강의료보다 더 적게 주는 주요 대학 강의에는 매우 적은 에너지를 들이지만, 내가 원해서 더 작고 가난한 민간 단체를 찾아가 강의할 때는 그 강의료의 10분의 1, 심지어는 60분의 1을 받더라도 내가 가진 모든 것을 쏟아붓는다. 돈 때문에 하는 게 아닌 일은 상대적으로 진행 속도가 느리더라도, 보다 진실하고 확고한 목적의식하에서 수행된다.

부 중독을 권장하는 미국의 관행은 종종 대규모로 집중된 자본이 없이는 불가능할 많은 일들을 성취할 수 있다는 이유로 옹호된다. 그러나 앞서 말했듯이, 꼭 억만장자를 만들어내지 않고도 우리의 자원을 한데 모을 방법은 세금, 연기금, 주식, 채권 등 얼마든지 있다. 부 중독을 부추겨 이룰 수 있는 유일한 일은 가장 심각한 중독자의 손에 부를 집중시키는 것뿐이다. 물론 그렇게 되면 의사결정 속도는 확실히 빨라질 것이다. 무슨 일을 하든 장기적인 결과를 번거롭게 고민할 필요 없이 마음 내키는 대로 행동하면 그만이기 때문이다. 미국인은 항상 무책임한 자들이 남들에게 미칠 영향을 두루 고려하지 않고 원하는 대로 아무 사업에나 일단 뛰어들고 보는 것을 천부인권이라고 믿어왔다.

나는 사람들이 권력 면에서 어느 정도 대등하다면, 서로 정면 대결을 시켜 상황을 중재해가는 방식에 반대하지 않는다. 그러나 현 상태에서는, 중독자가 자신의 부 축적 방식이 남들에게 어떤 민폐를 끼치는지 전혀 고민하지 않고 일단 사업에 뛰어들고 나면, 애꿎은 나머지 국민들이 그 뒷감당을 하느라 막심한 피해를 입게 된다. 설령 정부가 중독자에게 '당신들의 탐욕이 국민에게 미치는 악영향을 고려하라'고 미온적으로 촉구하더라도, 중독자들은 대개 언젠가 그들처럼 될 날을 꿈꾸며 '과잉 규제'라는 그들의 불평을 앵무새처럼 따라 하는 잠재적 중독자들의 전폭적인 지지를 받는다.

중독자들은 그런 의사결정력을 안정적으로 행사하기에는 지나친 의욕 과잉으로 보인다. 그들의 욕구는 장기적인 결과나 부작용을 사려 깊게 고려하기에는 너무도 광적이다. 사람들이 납·석면·농약 중독 문제나, 공항 주변 지역 주민의 높은 사망률 문제나, 여전히 해결되지 않은 핵폐기물과 방치된 원자로 문제나, (전 세계 식물이 배출하는 산소의 절반을 공급하고, 세계 삼림지의 3분의 1을 차지하는) 아마존 정글의 급속하고 영구적인 훼손 문제나, 부동산 개발·파괴적인 농경기법·무모한 관개기법 등으로 인해 역시 빠른 속도로 진행되는 농지 축소 등을 문제 삼으면 중독자들은 그저 짜증만 낸다.

억만장자들이 생겨나면 또 다른 부작용을 초래한다. 부 중독자들은 선출직 공무원에게도 압도적인 영향력을 행사한다. 1978년 상원의원 선거에서는 가장 많은 선거자금을 쓴 후보가 당선된 주가 85퍼센트에 달했다. 중독자들은 의원들의 보수가 그들이 지는 책임에 비하면 매우 적은 편이라고 주장하기를 좋아한다. 그렇기 때문에 의원들은 은밀하거나 노골적인 뇌물에 쉽게 혹하게 마련이다. 중독자들이 의회에 미치는 통제력의 수준은 본래 누진적이던 소득세를 어떻게 바꿔놓았는가만 봐도 한눈에 알 수 있다.

중독자들은 또 외교 정책에도 막대한 영향을 미친다. 예를 들어, 콜리에와 호로비츠는 록펠러 가문이 제2차 세계대전 이래로 행사해온 막강한 영향력을 기록으로 남겼다. 넬슨 록펠러는 냉전을 강화하는 데 거듭 성공을 거두었고, 한번은 소련의 진지한 데탕트(냉전시대 동서 진영 간의 긴장 완화—옮긴이) 시도를 고의적으로 방해하기까지 했다. 데이비드 록펠러는 남아프리카공화국 정부가 흑인들을 탄압하고 대량 학살하여 그 지속가능성에 대한 의구심이 제기되는 상황에서도 그 정권을 공고화하는 데 일조했다. 베트남전쟁의 병력 증강은 록펠러가 형제들의 조언이 '하나씩 차례로 실행에 옮겨진' 결과였다.

돈을 동기 요인으로 사용하면, 사회의 모든 활동이 에고 마피아의 지배를 받기 때문에 생명체의 실질적인 욕구와는 점점 거리가 멀어지게 된다. 사회 전반에 걸쳐 특히 경제가 과도하게 중앙집중화되면서 균형을 잃고 만다. 탐욕은 몇 명의 신경증 환자뿐 아니라 인구 대다수를 움직이는 추동력으로 자리 잡게 되고, 이런 식으로 탐욕이 민주화되면 경제 전체가 더욱 혼란스럽고 위태로워진다. 다음 장에서는 이 문제에 관해 살펴보자.

6장

탐욕의 민주화

The Democratization of Greed

> 한 나라에 과도한 부나 극심한 가난이 없다면, 정의가 지배한다고 봐
> 야 할 것이다. **탈레스**Thales Of Miletus

　오늘날 대부분의 미국인들은 스스로가 경제적 생존을 위해 싸우고 있다고 생각한다. 이것이 부 중독 증상일까? 모든 미국인들은 잠재적인 부 중독자일까? 만약 그렇지 않다면, 왜 우리는 중독자를 지원하는 데 그토록 많은 국가적 에너지를 소비하는 것일까? 어떤 시대에든 가장 부유한 미국인은 숙련 노동자 10만 명의 연봉과 맞먹는 재산을 보유해왔다. 이런 극단적인 불평등을 어떻게 설명할 수 있을까? 하워드 휴스의 '몸값'이 생산성 있는 남녀 노동자 10만 명에 준한다는 것은 대체 무슨 의미일까?

　보통 이런 불평등은 순전히 권력에 기인한다. 생산수단을 통제하는 사람이 대체로 정부, 군대, 경찰, 법조계, 언론까지 모조리 통제하는 것이다. 그렇지만 역사적으로 가난하고 힘없는 다수가 돈 많고 힘 있는

소수를 압도했던 시대도 있었다. 이런 차이는 왜 생기는 것일까? 탐욕스러운 자들이 덜 탐욕스러운 자들에게 어떻게 자신의 의지를 강요할 수 있게 된 것일까?

우리는 미국에서 중간 정도의 빈곤층이 같은 계층으로 올라서려는 더 가난한 사람들에게 위협을 느끼고 그들을 짓밟으려 하는 모습을 종종 목격한다. 하지만 그런 계층이 정작 부자들의 동기와 행동에 의문을 제기하는 경우는 드물다. 왜 그런 것일까? 인구 대다수가 중독자의 권력과 지위를 유지시키기 위해 모종의 암묵적인 결탁이라도 맺은 것일까?

1974년 상원위원회는 **미국의 소득 상위 1퍼센트 부자들이 하위 50퍼센트 인구의 여덟 배에 달하는 재산을 보유한다고** 보고했다. 룬드버그 Lundberg에 따르면, 미국의 모든 투자자산의 3분의 2를 겨우 3퍼센트의 미국인이 소유한다고 한다. 더욱이 이런 빈부격차는 지난 20년 동안 점점 더 벌어지고 있는데, 많은 사람들이 지적하는 것처럼 그것은 가난한 자들이 더 많은 대가를 치르기 때문이다. 가난한 자들은 우선 경제적인 권력이 없기 때문에, 즉 판매자 시장에서 사서 구매자 시장에 파는 경제적 자원이 항상 부족하므로 어쩔 수 없이 더 많은 대가를 치르게 된다. 오직 부유한 자들만이 거래를 유리하게 이용할 위치에 있다. 가난한 자들이 더 많은 대가를 치르는 또 다른 이유는 무지몽매한 탓에 나쁜 투자로 유인당하기가 더 쉽기 때문이다. 예를 들면, 애국심의 호소에 넘어가 부자들이라면 거들떠보지도 않을 수익률의 시리즈 E 저축채권을 산 사람들은 대부분 빈곤층과 중산층이었다. 그리고 이자율이 물가상승률보다도 낮은 보통예금 계좌에 여윳돈을 예치하는 것 역시 가난한 사람들이다(예금자는 은행에 돈을 빌려줌으로써 오히려 돈을 잃고 있는 셈이고, 은행은 사실상 무이자 대출을 받아 그 돈을 다시 다른 가난한 사람들에게 18퍼센트의 이자를 받고 빌려주는 셈이다). 마지막으로 가난한 사람들이 더 많은 대가를 치르는 또 다른 이유는 정치적으로 조직화되지 않아서 차별적인 입법, 특히 세법으로부터 스스로를 지키지 못하기 때문이다.

개인에게 적용 가능한 세금우대 조치들은 극히 일부를 제외하고는 납세자의 4분의 1도 안 되는, 연간 2만 달러 이상의 소득자에게 해당된다. 1971~1976년 동안 의회는 86가지 세금우대 조치를 신설했는데, 이중 대부분은 단 한 명의 국민에게도 의사를 묻지 않았고, 나머지 조항도 주로 직접적인 금전 혜택을 얻을 사람들에게나 지지를 받았다. 이 기간 동안 연방정부의 세수입 중 1,610억 달러 이상이 '의회나 세법 제정위원회의 공식적인 투표 한 번 없이' 증발해버렸다. 1976년 회기의 세금감면액은 1,360억 달러였다. 이런 종류의 부자들을 위한 복지는 빈자들을 위한 복지보다 훨씬 더 많은 비용이 든다. 한 경제학자는 이런 각종 세법상의 허점만 막아도 세율을 45퍼센트는 낮출 수 있다고 주장한다.

케네스 래멋이 지적한 대로, 부자들의 엄청난 재산을 불려주는 것은 나머지 납세자들이다. "게티나 헌트의 막대한 재산은 감모공제 혜택 덕분에 형성될 수 있었고, 그 공제액은 기계공이나 고등학교 교사가 대신 납부하여 국고를 채웠다". 미국인은 국가 차원에서 신봉하는 개인주의 때문에 이런 사실을 공공연하게 인정하기를 꺼린다. 개인주의란 한 사람이 하는 일이 나머지 사람들에게 아무 영향도 미치지 못한다는 착각에 불과하다.

　더구나 부자들을 위한 조세 혜택은 지난 25년간 큰 폭으로 늘어났다. 소득누진세는 애초에 부자들에게 더 많은 세금을 부과하기 위해 만들어졌고, 초기 수십 년간은 어느 정도 취지에 부합했다. 1930년대에는 연방정부 소득세 수입의 3분의 2가 10만 달러 이상 소득자에게서 나왔지만, 어찌된 일인지 1960년대에는 소득세 수입의 절반 이상이 연간 1만 달러도 벌지 못하는 사람들에게서 나왔다. 부자들 외에는 거의 해당사항이 없는 자본이득세는 두 차례나 인하되었고, 1960년대 초에 소득세 최고세율은 91퍼센트에서 70퍼센트로 낮춰졌는데 이는 명백히 백만장자들에게나 득이 되는 조치였으며, 어차피 그들 중에는 세금을 제대로 납부하는 사람도 거의 없었다. 래멋은 대부분의 부 중독자들이 30~40퍼센트의 세금을 낼 뿐이고, 아예 1퍼센트도 내지 않는 사람도 상당수라고 주장한다. 게다가 미국 국세청 자료에 따르면, 전체 세수입 중 개인이 차지하는 비중은 점점 늘어나는 반면, 기업의 부담은 수십 년에 걸쳐 꾸준히 감소하고 있다고 한다. 이런 현상이 얼마나 극단적인지를 보여주는 한 예로, 1951년에 순이익이 약 450만 달러였던 한 석유회사는 자녀가 셋이고 소득이 5,600달러인 어느 부부보다도 더 세금을 적게 냈다. 그런데도 어째서 납세자의 분노는 항상 부자들이나 그들의 기업을 향하지 않고, 상당한 세수를 박탈당한 정부와 가난한 자들을 향하는 것일까?

　중독자들이 이런 분노를 모면할 수 있었던 한 가지 이유는 부에 대한 트리클 다운 이론이 먹혀들었기 때문이다. 돈과 자원을 중독자들에게 한데 몰아주면, 그들이 그것을 활용하여 모두에게 번영을 가져다줄 것이라는 주장을 많은 사람들이 곧이곧대로 받아들인 것이다. 기업들은 틈만 나면 얼마나 많은 일자리를 제공하는지를 자랑하지만, 실제로는 신규 일자리 수를 줄여 인건비를 삭감하고, 그럼으로써 낙수효과를 최소화하기 위해 끊임없이 노력한다. 기업의 생산 비용이 감소해도 제품 가격이 떨어지는 일은 좀처럼 드물지만, 비용의 증가분은 으레 즉각적으로 소비자에게 전가된다. 이것은 사실 새삼스러운 일도 아닌 것이, 기업은 언제나 영리를 추구할 목적으로 존재해왔고, 기업은 언제나 직원이나 소비자를 쥐어짜서 이익을 취하기 때문이다.

만약 돈이 순전히 교환의 매개체에 불과하다면, 본질적으로 아무것도 특정인에게 속해 있지 않으므로 물처럼 고르게 퍼져 나가려는 성향이 있을 테고, 한 사람이 혼자 생산하는 것과 다른 사람이 혼자 생산하는 것의 차이가 별반 크지 않을 것이다. 그러나 우리가 익히 봐왔듯이, 부 중독은 돈이 오로지 한 방향으로만 흐르게 하는 밸브와도 같아서 이미 돈을 가진 사람에게로 흐르게 하고, 돈이 순환되는 과정에서 '가진 자들'은 매 거래마다 돈을 조금씩 빼돌리게 된다. 만약 모든 경제적 거래가 완전히 공정하다면, 빈부격차는 미미하고 일시적일 것이 틀림없다. 대규모의 만성적인 빈부격차가 존재한다는 것은 교환 과정에서 사기 행위가 벌어진다는 의미이다. 불평등의 정도는 이런 사기의 규모를 가늠하는 척도가 된다.

이런 상황이 역설적인 것은 전체 경제체제가 신뢰, 즉 경제적 거래가 공정하게 이루어지리라는 기본 신념에 의존하기 때문이다. '가지지 못한 자들'이 공유한 이런 신념은 경제체제를 지탱시킬 뿐 아니라 '가진 자'들이 그들에게 사기를 칠 수 있게 하는 바탕이 된다. '가진 자'들은 돈이 착복되는 경제체제를 덮어놓고 신뢰하는 '가지지 못한 자들'이 충분히 많아져야만 원하는 만큼 돈을 빼돌릴 수 있다. 우리가 최근에 경험하고 있는 만성적인 인플레이션은 이런 착취적인 시스템을 지탱하려는 의지가 무너지기 시작한다는 전조로 볼 수 있다. 여기에 대해서는 이 장의 뒷부분에서 다시 이야기하겠다.

나는 부 중독이 돈을 부자들에게 흘러가도록 열어놓고 가난한 자들에게는 흘러가지 못하게 닫아놓은 밸브를 구축한다고 주장했다. 분명히 이 밸브는 완벽하게 작동하지 않는다. 만일 그랬다면 가난한 자들은 결국 모든 것을 잃은 빈털터리가 되고, 돈은 순환을 멈춤으로써 경제체제 전체가 붕괴되었을 것이며 돈도 무가치한 휴지조각으로 변해버렸을 것이다. 때로는 거의 이런 상황이 벌어질 뻔도 하지만, 보통은 밸브에서 현상을 그럭저럭 유지해갈 만큼의 돈이 새어 나온다. 실제로 이런 착취가 경제체제 전체를 파괴하는 지경에 이르지 않으려면 반드시 어느 정도의 유출이 일어나게끔 밸브를 설계해야 한다. 완벽한 밸브는 황금알을 낳는 거위를 죽이는 꼴이기 때문이다.

그렇다면 우리의 돈 밸브에는 얼마나 많은 구멍을 어디에 뚫어야 하는 것일까? 모든 '가진 자'들은 가급적이면 다른 부자들의 뒷마당에 그 구멍이 뚫리기를 바란다. 밸브에 뚫린 구멍은 시스템을 한결 공정하게 돌아가게 만들지만, 누구든지 그 공정함이 자기 집에서 가능한 멀리 떨어진 곳에서 실현되기를 바란다. 그러므로 구멍을 뚫는 것은 항상 정치적 영역에서 결정된다. 대부분의 정치 싸움은 (1) 구멍을 뚫을지 여부를 결정하고 (2) 구멍을 어디에 뚫을지를 정하고 (3) 그 구멍을 아무도 눈치 채지 못하게 조용히 다시 메울 방법을 찾는 과정으로 돌아간다.

구멍 뚫기는 대개 장기간 유례없이 극단적인 착취가 진행되고 나서 단시일 내에 동시다발적으로 이루어진다. 윌슨Wilson 정권 때 소득세를 도입한 것이나 루스벨트의 뉴딜 정책New Deal이 이런 사례에 속한다. 제2차 세계대전 이후로 존슨Johnson 정권 때 돈 밸브에 아주 작은 구멍 몇 개가 뚫리기는 했어도, 결코 치명적인 구멍이 뚫린 적은 없었다. 근본적으로 밸브 자체에는 손을 대지 않다 보니, 돈을 가난한 자들에게 흘려보내려는 정책은 모조리 실패하고 말았다. 실제로 돈을 흘려보내려는 시도가 몇 차례 있기는 했지만, 당초의 목표에 도달한 적은 단한 번도 없었다.

워싱턴 정가에서 자주 회자되는 말 중에 '돈을 뿌려서는 문제를 해결할 수 없다'는 말이 있다. 만약 그 '문제'에 불평등을 감소시키려는 시도도 포함된다면, 이 말은 충분히 일리가 있다. 내가 흔히 쓰는 표현으로 '가금류 원리Poultry Principle' 때문이다. 집에서 기르는 닭이나 오리, 거위에게 먹이를 줘본 사람이라면 아마 알겠지만, 탐욕스러운 놈을 지나쳐서 식탐이 적은 놈에게 조금이라도 먹이를 주는 것은 거의 불가능에 가깝다. 먹이를 뿌리는 곳마다 욕심 많은 놈들이 턱하니 버티고 서 있기 때문이다. 다시 말해, 문제를 해결하고자 단순히 '돈을 뿌려서는' 어디선가 난데없이 나타나 게걸스럽게 먹어 치우는 부 중독자들의 배만 불릴 뿐이다. 그 대표적인 사례가 뉴딜 농업정책이다. 이 정책은 표면상으로는 가난한 농부들이 공급업체, 유통업체, 은행에서의 경제적 압박을 견뎌내도록 지원한다는 취지였으나, 실제로는 소농을 짓밟고 부유한 기업들을 더욱 배불리는 기업식 영농만 부추기고 말았다. '빈곤층 지원금'의 문제는 언제나 그런 기회를 붙잡기에 더 적합하고 규모가 큰 중산층들이 중간에서 돈을 가로채기 십상이라는 것이다. 또 다른 예로 메디케어Medicare(미국 65세 이상 노인을 위한 의료보험제도—옮긴이)와 메디케이드Medicaid(저소득층 및 장애인을 위한 의료보험제도—옮긴이) 역시 빈곤층에 의료서비스를 확대하는 효과는 미미했던 반면, 의사들을 부자로 만드는 데는 대단히 효과적이었다. 제도를 도입한 첫해에 의사들의 진료비는 일반 물가에 비해 2.5배나 껑충 올랐지만, 빈곤층 이하 미국인의 3분의 1은 아무런 혜택도 받지 못했다.

돈 밸브에 구멍을 뚫으려는 민간의 시도 역시 더 나을 바가 없었다. 자선의료 단체들은 해당 분야에서 전문가적 명성을 드높이려는 의사들과 연구자들에게 보조금을 주고, 모든 자선단체는 중산층의 기금 모금자나 홍보 담당자에게 보조금을 지급한다. 심지어 가난하고 배고픈 자들을 돕겠다며 조직된 자선단체들마저도 진짜 필요한 이들에게 대부분의 모금액을 전달하는 경우가 드물다. 이로 인해 실제 전달액은 모금액의 5퍼센트에도 미치지 못한다. 사실 그것은 새삼 놀라운 일도 아니다. 탐욕과 권력욕으로 이익을 얻을 수 있는 한, 이 세상에서 기아와 가난은 크게 줄어들지 않을 것이다.

예를 들어, 1945년 이래로 해외원조 정책이 시행되면서 개발도상국에 수천억 달러가 전달되었다. 이 정책은 본래 개발도상국의 경제적 독립을 지원하기 위해 마련되었으나 오히려 정반대의 결과를 초래했다. 그로 인해 이 나라들은 구제불능의 빚더미에 올라앉게 되었고, 치명적으로 국제 경제와 연동되었으며, 건전한 성장으로 향하던 그들의 자체적인 기존 노선에서 이탈시켰다. 미국의 원조정책은 해당 국가들의 진정한 사회·경제적 문제를 해결하기는커녕 대부분 미국 제조업체와 기술자를 위한 보조금으로 변질되었고, 이들은 개발 지역에 부적합한 기술과 장비를 대량 투입하여, 값싸고 조직화되지 않은 노동력과 새로운 시장을 찾던 다국적 기업들이 착취하기에 알맞은 여건을 조성했다. 레이먼 마르갈레프Ramón Margalef가 말한 대로, 착취는 시스템의 성숙도를 감소시킨다. 더 성숙한 시스템이 미성숙한 시스템에서 본래 자체적인 성숙을 위해 사용해야 할 에너지를 외부로 유출시키기 때문이다. 그렇게 '한 시스템에서 들어오고 나가는 에너지가 많아지면 시스템이 단순해져서' 미성숙한 시스템의 다양성이 줄어들게 된다. 이런 현상이 제3세계 국가에서는 종종 대규모 부지에 단일한 환금작물을 재배하는 식으로 나타나 농업 생산을 획일화하고, 그로 인해 그들의 서양 중장비, 해외 기술자, 국제 시장의 경기변동에 대한 의존도가 높아진다. 이런 나라들은 자국의 빈곤층을 지원하거나, 자국의 다양성을 확대하거나, 자국의 기술을 발전시키는 대신, 그들을 최대한 착취하려 달려드는 더 성숙한 시스템의 무력한 일개 부품으로 전락하고 만다. 이래저래 돈 밸브에 구멍을 뚫기란 결코 쉬운 일이 아니다.

우리 사회는 모순되는 두 가지 신념의 긴장에 토대를 둔다. (1) 인간은 기회의 평등과 법 앞에서의 평등을 보장받아야 하고, 착취로부터 안전하고 자유롭게 살아야 한다는 신념과 (2) 우리의 천연자연과 인력자원은 부 중독을 지원하도록 조직될 때 가장 효과적으로 활용된다는 신념이다. 이 긴장이 가장 극적으로 드러나는 것은 형법으로, 여기에서는 평등이라는 허상이 부자와 빈자에게 이중 잣대를 적용하는 현실과 부단히 충돌을 일으킨다.

이 이중 잣대를 면밀히 검토해보면 범죄, 특히 절도가 본질적으로 노동자 계층에서 일어난다는—판사나 일반인이 모두 공유하는—가정에 기반을 두는 듯 보인다. 이 말은 중산층은 원칙적으로 '범죄형'이 아니므로 다르게 대우받아야 한다는 의미이다.

예를 들어, 1978년에 어떤 배심원단은 납치와 강도를 저지른 30세 남자에게 유죄 평결을 내리면서도 상대적으로 관대한 처분을 요청했는데, 그가 30만 달러짜리 부동산의 상속자라는 것이 표면적인 이유였다. 판사도 이에 동의하며 "피고는 상급법원에서 다루는 전형적인 사기꾼이 아니다"라고 말했다. 이런 생각은 그 사람이 먹고살기 위해 돈을 훔칠 필요가 없었기 때문에, 절도 행위에 대해 처벌받을 필요도 없다는 뜻으로 비춰진다. 여기에는 블루칼라 범죄는 돈 밸브의 구멍이므로 부를 다시 평준화하는 데 기여한다는 전제가 깔려 있다. 돈 밸브의 구멍을 메우는 데 사법 시스템이 일조하는 셈이다. 이에 반해 화이트칼라 범죄는 부의 평준화와 아무 관련이 없으므로, 언제나 관대하게 취급된다.

이런 시스템은 민주주의에 대한 우리의 가장 근본적인 신념에 위배되기 때문에, 닉슨Nixon 대통령의 사례나 국민의 돈을 수백만 달러나 착복하고도 벌금 5,000달러의 가벼운 처벌에 그친 기업의 사례처럼 지나치게 노골적인 경우는 항의와 불평을 유발하기도 한다. 그렇지만 대부분의 사람들은 중산층이 당하는 약간의 망신이 노동계층의 징역 10년형과 맞먹는다고 생각하는 듯 보인다. 실제로 많은 사람들은 닉슨이 대통령직에서 물러나고 엄청난 정부 연금을 받은 것만으로도 '충분한 벌을 받았다'고 생각했다. 네덜란드의 베른하르트 공

Prince Bernhard에게도 마찬가지의 관용이 베풀어졌는데, 그는 록히드사 Lockheed Corporation로부터 뇌물로 100만 달러 이상을 받았다고 시인하고 공개적으로 그에 대해 '대단한 유감'을 표시하는 처벌을 받았다.

사람들이 이런 이중 잣대를 모르는 것은 아니다. H. L. 헌트의 아들 두 명이 재판 방해 혐의에서 무죄 방면되었을 때, 그중 한 명은 이렇게 말했다. "만약 우리가 그냥 평범한 사람이었다면, 진짜 큰 벌을 받았을 것이다." 다만 사람들이 인식하지 못하는 것은 그들이 지닌 계층적 편견의 심각성이다. 이 점은 캘리포니아의 한 의사가 저소득층 대상 의료보험인 메디칼Medi-Cal과 메디케어에 관한 18건의 사기 혐의로 유죄 선고를 받은 사건에서 극적으로 드러났다. 이 사건을 담당한 상급 법원 판사는 평소 사소한 절도 혐의에도 가난한 사람들을 반드시 감옥에 보내던 '엄격한' 판사였지만, 이 의사만큼은 수감하기를 거부하면서 인디언 보호구역에서 의료서비스를 제공하라는 조건을 내세워 5년간의 보호관찰을 선고했다. 지방 검사와 국선변호인 둘 다 이처럼 터무니없이 가벼운 형에 분노를 표했고, 나중에 이 의사가 보호관찰하에서도 3만 달러의 연봉을 받았다는 사실이 밝혀지자 더욱 거세게 항의했다. 이 상급법원 판사는 전에 함께 골프를 쳤을지도 모를 사람을 범죄자로 대하는 것이 불가능하다고 생각했던 게 틀림없다.

여기에서 문제는 판사만이 아니다. 많은 사람이 지적하듯이, 보석제도 자체가 이런 이중 잣대를 조장한다. 보석금을 마련할 수 없는 가난한 사람들은 재판에 회부되기 전까지 원칙적으로는 무죄로 인정되는 수개월 동안에도 구금되곤 한다. 판사들은 보통 임의적이고 가혹하게 보석금을 정하여 이런 불평등을 강화시킨다(예를 들어 매춘 행위로 붙잡혀온 복지수당 수혜자에게는 수만 달러의 보석금을 책정하는 반면, 강 전체를 오염시키거나 고객을 독살시킨 대기업에는 이보다 적은 벌금을 물린다). 보통은 교도소가 구치소보다 지내기에는 더 편하므로, 가난해서 받는 벌이 죄를 지어 받는 벌보다 혹독한 셈이다. 게다가 판사와 배심원들은 피고의 현재 신분에 큰 영향을 받기 때문에, 구치소에서 나온 피고는 보석으로 풀려난 피고보다 유죄를 선고받을 확률이 두 배로 높다.

이처럼 돈은 법의 견지에서도 가진 자의 존엄성과 무고함을 보장해 준다. 경찰은 값비싼 새 차보다 낡은 고물차를 잡아 세울 때가 훨씬 더 많고, 비싼 옷을 차려입은 사람은 괜한 시비를 당하는 일도 훨씬 적다. 대부분의 사람에게 범죄란 난폭하고 물리적인 사건을 의미하고, 빈자의 도둑질은 명백히 이런 형태를 띤다. 그들은 지갑을 슬쩍하거나 주택에 침입하여 물건을 훔쳐 간다. 하지만 부자의 도둑질은 소리 소문 없이 이루어진다. 부자들은 고객, 공급업자, 정부 관료에게 뇌물을 바친 뒤에 그 비용을 제품 가격에 전가함으로써 우리 돈을 훔쳐 간다. 부자들은 세무사를 시켜 세제상의 허점을 이용하고 또 의회에 뇌물을 먹여 새로운 허점을 추가함으로써 다시 우리 돈을 훔쳐 간다. 부자들은 담합을 통해 가격을 높게 고정시킴으로써 우리 돈을 훔쳐 간다. 부자들은 공기와 물을 오염시킴으로써 우리 돈을 훔쳐 가고, 다시 그것을 정화하기 위해 우리가 낸 세금을 투입하게 하여 우리 돈을 훔쳐 간다. 또 우리를 호도하기 위해 전면 광고를 내고, 그 광고비를 영업비용으로 처리함으로써 우리 돈을 훔쳐 간다. 대다수의 미국인들은 살인청부업자를 고용한 부자가 아니라 방아쇠를 당기는 그 청부업자가 '범죄자'라고 생각한다.

사람들은 부자들의 범죄가 처벌을 받지 않는 이유는 단순히 그들에게 권력이 있기 때문이라고 주장한다. 그렇지만 권력은 돈과 마찬가지로 오직 다른 사람들이 그것을 믿어줄 때만 존재한다. 닉슨은 한 상원의원에게 "내가 언제든 옆방으로 들어가 버튼을 누르고 20분만 지나면 6,000만 명을 죽게 만들 수 있다"라고 자랑한 적이 있었다. 그렇지만 그의 권력은 하룻밤 사이에 물거품처럼 사라졌다. 한때 사람들은 모두 그가 권력의 중심이라고 믿었고, 그에게 가까이 다가갈수록 자신의 권력도 커질 것이라고 믿었다. 그러나 다음 순간, 사람들은 모두가 가급적 그에게서 거리를 두어야 권력을 보전할 수 있다고 믿게 되었다. 이와 똑같은 일이 공산당 정치국이나 대기업 이사회에서도 심심찮게 벌어진다.

궁극적으로 권력은 여론에 기반을 둔다. 이 사실이 쉽게 망각되는 것은 여론이 워낙 쉽게 조작당하고, 워낙 순종적이며, 워낙 평화를 갈망하기 때문이다. 중독자들이 아무리 매수하고 강제할 수 있는 권력을 가졌더라도, 다수의 국민이 어떤 식으로든 그들을 지지하지 않는다면 지금처럼 노골적으로 법을 무시할 수는 없을 것이다. 그리고 어떤 문제에 대해 부자들이나 가난한 자들 중 어느 한쪽을 탓할 선택권이 주어진다면, 대다수의 사람들은 망설임 없이 가난한 자들을 탓할 것이다.

잠재적 중독자

1978년의 납세자 반란은 인플레이션을 비롯한 경제적 악재가 무리

한 정부 지출에서 기인한다는 믿음에서 시작되었다. 정부는 저소득층에 대해서는 복지 혜택과 기타 복지서비스의 형태로 돈을 쓰고, 부자들에게는 기업의 부정 이득, 부풀린 계약, 보조금, 탈세로 인한 세수 감소 등의 형태로 돈을 쓴다. 그런데도 사람들의 분노는 시종일관 가난한 자들에게만 향했다.

캘리포니아 주가 재산세를 줄이기 위한 주민 발의안 13Proposition 13을 통과시키자, 곧바로 세수입이 수십억 달러나 감소했다. 도서관, 학교, 대학, 의료서비스 등의 공공사업도 대폭 축소되어야 했다. 결과적으로 그 법안은 정부 운영을 효율화하기는커녕, 민간 부문에서 더 안전하고 벌이가 좋은 직장을 찾을 수 있는 유능한 공무원들 사이에 집단 이직 바람을 불러일으켰다. 그 덕에 대기업들은 손쉽게 인재를 확보했을 뿐 아니라 다른 측면으로도 이득을 얻었다. 신규 법안이 40억 달러의 절세 혜택을 부여하면서 때 아닌 횡재를 맞은 것이다. 그렇지만 그중에 고객에게 돌아간 혜택은 거의 전무했다. 이 법안의 최대 수혜자는 대부분 다국적 기업이나 국제 기업이었기 때문에, 사실상 대부분의 돈이 미국 밖으로 떠나버렸던 것이다. '납세자 반란'은 궁극적으로 유권자 다수의 빈곤을 한층 심화시키는 결과를 낳았다.

뉴욕 시의 재정 문제 역시 가난한 시민과 그들에게 '관대하게' 베푼 시정부 탓으로 돌려졌다. 많은 기업들이 노동조합이 없는 인력을 찾아 뉴욕 시 밖으로 공장을 이전하여, 수십만 명의 노동자를 실업급여 대상자로 전락시켰음에도 아무도 책임을 묻지 않았다. 이런 '탈주 기업runaway shops'은 주로 제3세계 국가로 이전하지만, 그로 인해 절감된 상당 비용이 현지 주민이나 미국인 고객에게 혜택으로 돌아가는 경우는 극히 드물다. "탈주 기업은 해외에서 아주 낮은 임금을 지급하지만, 제품 가격은 미국에서 생산하던 때와 똑같이 유지한다." 이것이 가난한 사람들의 돈을 양쪽으로 빼앗아가는, 현재 가동 중인 돈 밸브의 작동 방식이다.

대기업이 이 복잡한 문제에 대한 국민 정서를 조종하는 것쯤은 식은 죽 먹기나 다름없다. 오히려 이해하기 어려운 것은 건강·안전·오염 관련법을 위반하는 기업들에 대한 국민들의 한결같은 무관심이다. 언론에는 하루가 멀다 하고 어떤 기업이 뻔히 알면서도 국민을 치명적인 화학물질이나 방사능에 노출시켜왔다는 보도가 나온다. 기업들은 위험한 폐기물을 내다버리거나, 유해한 의약품을 판매하거나, 식품에 유독성 첨가물을 넣는 짓을 아무렇지 않게 자행한다(심지어 아칸소 주의 한 대형 연구소는 '얼마나 많은 발암성 화학물질을 소비하고도 죽지 않을 수 있는지를 밝히는' 유일한 연구를 위해 국민의 세금을 지원받고 있다). 그렇지만 이런 사실이 만천하에 드러나도, 국민의 격렬한 항의가 향하는 곳은 우리의 건강을 망쳐 이익을 얻는 사람들이 아니라, 이 사실을 세상에 알린 사람들이다. 국민들은 마치 기업의 살인행위에서 그들을 보호하려는 노력이 짜증 나는 간섭이라는 듯이 '세상의 모든 물질은 원래 암을 유발한다'는 식의 냉소적인 농담으로 일관한다. 어째서 이런 일이 벌어지는 것일까? 왜 우리는 부유한 기업들이 우리가 낸 세금으로 호화 잔치를 벌이면 박수를 보내면서도, 막상 그 비용을 뒷감당해야 할 때가 오면 정부가 돈을 헤프게 쓴다고 비난하는 것일까?

기업들은 종종 자신들이 주주를 위해 일할 뿐이며, 그 주주들이 일반 대중의 일부임을 시사함으로써 자신들의 행위를 변명하려 든다. 그러나 룬드버그는 인구의 2퍼센트 미만이 전체 주식의 80퍼센트(와 국채와 지방채의 100퍼센트, 그리고 기업채권의 약 90퍼센트)를 보유한다고 지적한다. 환경오염과 암을 유발하여 실질적인 이익을 얻는 사람들은 어디까지나 부 중독자들인 셈이다.

방향이 잘못된 비난의 또 다른 사례는 '역차별'에 맞선 승리로 찬사를 받은 배키Bakke 판결('알란 배키'라는 백인이 자기보다 성적이 낮은 흑인 학생들 때문에 의과대학 입학을 거부당한 것은 부당하다며 제기한 소송에 대해, 입학 결정에서 인종을 고려하는 것은 잘못이 아니지만 그의 입학은 허용되어야 한다는 미국 대법원의 1978년 판결—옮긴이)이다. 중산층 학생들은 자기들보다 성적이 떨어지는 소수자 학생들이 학교에서 입학 허가를 받느라 백인들이 입학을 거부당했다며 분개했다. 그렇지만 한 관료가 지적했듯이, "중산층과 소수자들이 악착같이 싸우는 동안 (…) 부자들이 여전히 그들만의 입학쿼터를 보장받고 있다는 사실은 아무도 알아채지 못한 듯하다". 배키는 '그보다 성적이 나쁘지만 영향력 있는 가문의 뒷배경으로 먼저 입학 허가를 받은 적어도 다섯 명의 백인 학생들'이 없었다면 법원까지 갈 필요도 없이 순조롭게 입학했을 것이다.

사립학교에 입학하는 지름길은 기부를 많이 할 수 있는 부모를 두는 것이다. 어떤 학교에서는 입학 정원의 4분의 3 이상을 거액의 기부가 가능한 지원자들로 채우기도 했다(그런데도 이런 지원자 중 다수가 추후에 '형편이 어려운 학생'으로 분류되어 연방 장학금과 학자금 대출 혜택을 받는다). 아이비리그Ivy League 대학에서 학생들을 가르쳐본 사람이라면 누구나 '젠틀맨 C 학생Gentleman C student(실력보다 기부금으로 입학하여 학과목 낙제 점수인 D나 F 대신 C를 받는 부잣집 학생—옮긴이)'에 익숙하고, 실제로 이런 학교들에는 아무리 그럴싸한 말로 포장하더라도 다른 어떤 가난한 사회계층에서도 찾아볼 수 없는 어리석은 생각이 뿌리박혀 있다. 하버드대학은 1950년대 후반에 사립고등학교 출신 지원자 중 40퍼센트를 장차 많은 재산을 물려받을 '좋은'(즉 부유한) 가문 출신이란 이유만으로 입학시켰음을 인정했다. 아마 이런 입학 방침이 해마다 1,000명이 넘는 총명한 공립학교 학생들의 하버드대학 입학을 가로막았을 텐데도, 이에 대해서는 배키 판결은 물론, 아무런 항의도 비난도 없었다.

대체 왜 가난한 자들에게는 그토록 빈번하게 쏟아지는 분노가 부자들에게는 완전히 면제되는 것일까? 가난한 자들은 부자들이 대규모로 하는 일을 어쩌다 가뭄에 콩 나듯 하고 있을 뿐인데도 말이다. 부자들에게는 재정적 혜택을 부여하거나 철회할 권력이 있기 때문일까? 우리 사회에는 중세와 현대를 가르는 결정적인 차이가 '백만장자들의 관대함'이라는 근거 없는 믿음이 널리 퍼져 있다. 그렇지만 대부분의 기부액은 어차피 기부를 안 하면 세금으로 내야 할 금액이라는 것을 잊지 말아야 한다(차라리 세금으로 냈더라면 다른 납세자의 세금이라도 줄여줄 수 있을 것이다). 그러므로 중독자의 자선 기부금은 사실 우리가 그 일부를 내고 있는 셈이다. 그들이 내지 않은 세금을 우리가 대신 납부해야 하기 때문이다.

게다가 이런 '자선 기부금'은 대부분 사심이 없다고 보기도 어렵다. 콜리에와 호로비츠의 지적처럼, 록펠러 1세의 자선 행위는 그 가문에 상당히 이롭지만 사회적으로는 나쁜 영향을 초래했다. 해외에 새로운 시장을 형성했고, 여론을 매수했으며, 석유 생산을 증대시켰고, 흑인의 선거권을 박탈했고, 반대 의견을 무마했으며, 사회과학자들의 연구를 경제·정치 체제에 대한 급진적인 분석에서 행동주의와 사회 통제 분야로 방향을 전환시켰다. 콜리에와 호로비츠는 넬슨 록펠러의 기부액 중 70퍼센트가 "기본적으로 자기 자신과 가문, 그들의 조직 확대에 기여했다"라고 추산한다. 그리고 앞서 보았듯이, 대부분의 심각한 중독자들은 어떤 경우에도 자선적인 대의에는 거의 또는 털끝만큼도 관심이 없다. 중독자들이 대중의 분노에서 자유로운 이유는 분명히 다른 데 있는 것이다.

미국인은 전 국가 차원에서 기묘한 양면성에 빠져 헤어나질 못하고 있다. 우리는 날 때부터 각자의 행동이 서로에게 영향을 미치지 않는 자율적인 개인이라고 주입받아왔다. 그러나 한편으로는 우리에게도 다른 사람들처럼 질서를 추구하려는 강력한 욕구가 있다. 우리는 모든 것이 힘들이지 않고 순조롭게 돌아가기를 바라고, 그러자면 그동안 마치 존재하지 않거나 적어도 우리와 무관하게 여겨온 대단히 높은 수준의 협력이 요구된다. 그 결과 우리는 비인격적이고 기계적인 방식으로 우리 주위 환경을 구성하는 기술적이고 관료적인 거대 구조를 형성하게 되었다. 우리는 개인주의적인 교육 때문에 이런 구조를 형성하는 과정에서 자신의 역할을 깨닫지 못하므로, 그 구조는 영 협력이 내키지 않는 우리의 마음과 개인주의적인 성공 판타지를 실현하기 위해 질서정연한 환경을 필요로 하는 우리의 수요 사이에서 어중간한 절충 상태로 존재하게 된다. 그리고 우리는 그 구조를 직접 형성한다고 생각하지 않기 때문에 우리를 꼼짝 못하게 둘러싸고 가로막는 이질적이고 억압적인 강제력으로만 여기기 일쑤다.

그런데도 우리는 이런 곤경을 초래한 개인주의적인 환상을 탓하기보다, 우리 자신의 충동에서 비롯된 산물을 순전히 남들의 탓인 양 전가하고 비난한다. 우리가 원하는 질서란 결국 남들에게는 항상 빨간 불이고 자기에게만 파란불인 신호등이다. 이러한 질서를 얻지 못한 실망과 좌절은 자신의 앞길을 가로막는 장애물을 불도저처럼 남김없이 밀어버릴 수 있는 일부 사람들에 대한 찬양으로 이어진다. 하워드 휴스 같은 사람은 정부에게 "엿 먹으라"고 욕할 수 있는 능력 때문에 존경받았지만, 그 대상에 우리도 포함된다는 사실을 알아차린 사람은 거의 없었다.

손다이크는 사람들이 '부자들에게는 돈에 대해 불경한 태도를 제외하고는 어떠한 변덕도 허용하는 경향'이 있음을 발견했다. 어떤 부잣집 아들은 가끔씩 길거리에 서서 100달러짜리 지폐를 나눠주다가, 화가 난 친척들이나 기겁을 한 판사들에게 붙잡혀 갔다. 넬슨 록펠러의 아들 스티븐도 이런 말로 똑같은 공분을 샀다. "우리 가족이 보유한 이 많은 재산을 정당화할 합리적인 근거는 없다. (…) 이 상황을 방어할 수 있는 유일하게 솔직한 말은 우리가 돈을 소유하는 것과 막대한 재산을 유지할 수 있는 현행 사회체제를 좋아한다는 것뿐이다."

달리 말해 부 중독자들이 사회적으로 용납되는 것은 사람들이 멍청해서가 아니라 부 중독을 조장하는 체제를 대단히 중히 여기기 때문이다. 만약 인구의 대다수가 그런 잠재적 중독자가 아니라면, 이 같은 체제는 오래 지속될 수 없을 것이다. 잠재적 중독자란 언젠가는 자신도 부자가 될 것이라는 환상을 즐기는 사람들이다. 그런 은밀한 꿈 때문에 잠재적 중독자들은 심각한 중독자들과 부지불식간에 결탁하게 되고, 실제로는 아무것도 얻지 못하면서 심각한 중독자들이 모든 것을 독차지하는 불합리한 상황을 자발적으로 뒷받침한다.

이런 잠재적 중독자들의 은밀한 지지는 우리 경제체제의 억압을 유지시킨다. 경쟁의 압박, 끊임없는 투쟁, 보람 없는 노동, 조악한 상품, 정의의 이중 잣대, 빈곤의 악순환 등을 말이다. 잠재적 중독자들은 병적인 행위에 대한 인식 능력을 상실하고, 공평하고 평화로운 세계의 현실적 가능성보다 그 자신이 언젠가는 부자가 되리라는 은밀한 환상을 더 선호한다. 그들은 부당한 현실에 귀를 막고, 불평등에 눈을 가리고, 자신이 착취당하고 있다는 사실을 깨닫지 못한 채, 자기 몫의 빵을 가로채 가는 중독자들을 오히려 두둔한다("그는 단지 다른 모든 사람들처럼 돈을 벌려고 노력할 뿐이다"). 그리하여 잠재적 중독자들은 줄기차게 자본이득세 인하를 지지하고, 지금 당장은 중독자들의 주머니에 자기 돈을 던져넣는 대가를 치르더라도 언젠가는 하루아침에 부자가 될 수 있다는 아득한 꿈에 매달린다.

보통 하워드 휴스를 단순히 기인 취급하기 쉽지만, 휴스와 전형적인 잠재적 중독자들 사이에는 단지 정도의 차이만 있을 뿐이다. 앞서 봤듯이, 휴스는 무언가를 공유하거나 협력하는 능력이 없고, 프라이버시를 광적으로 중시하며, 자신이 통제할 수 없는 모든 상황에 극도로 불안해하고, 자신과 나머지 세계 사이에 공고한 경계를 유지하면서, 자신의 욕구, 활동, 신체작용을 남들에게 감추는 데 집착했다. 그렇지만 대다수의 사람들이 자기만의 방, 집, 차, 세탁물을 원하는 사회에서 휴스의 행동이 그렇게나 특이한 일일까? 한 번이라도 사용할까 말까 한 온갖 장비를 개별적으로 소유하는 데 집착하는 사람이 그토록 많은 사회에서? 서로 간의 경계를 지키고 자신의 신체작용을 숨기려고 노심초사하는 사람이 그토록 많아서 (사람들 간의 인위적인 경계를 무너뜨리는 체취를 없애고자) 상상할 수 있는 모든 신체 부위에 대한 체취 제거제를 개발해내는 사회에서? 사람들이 상호 의존성에 대해 너무나도 무지한 나머지, 자신이 저지르는 오염과 자신이 반대하는 오염을 결부시키지 못하는 사회에서? 휴스는 단지 아메리칸 드림을 그 논리적 극한까지 밀고 나갔을 뿐이다.

앞서 말했듯이, 중독자들의 막대한 재산은 대부분 잠재적 중독자들의 개인주의적 탐욕을 바탕으로 형성된다. '아름다워 보이고' '좋은 향기가 나고' '큰 차를 몰고' '주식시장에서 100만 달러를 벌고' '춤을 배우고' '빨리 먹고' '빨리 면도하고' '그림을 배우고' '컴퓨터 프로그래머가 되는 법을 배우고' 싶다는 그들의 탐욕이 중독자들을 부자로 만들어주는 것이다. 미국 도시의 길거리에는 하나같이 "나를 부자로 만들어줘! 나를 부자로 만들어줘!"라고 외치는 간판들이 비명을 지르고 있다. 개인주의는 우리 모두를 호구로 만든다.

100년 전에 비하면 오늘날 우리 사회에는 잠재적 중독자가 훨씬 더 많아졌다. 이런 변화는 앞으로 살펴볼 만성적 인플레이션과도 밀접한 관계가 있다. 오늘날 중독자들은 비교적 온화한 이미지를 지닌다. 비록 그들의 양심은 분명히 강도 귀족의 시대 이래로 조금도 개선되지 않았지만 말이다. 사실 강도 귀족 자체도 그 당시보다는 오늘날 훨씬 더 우호적으로 비춰진다. 록펠러, 굴드, 프릭Frick 같은 사람들은 생전에는 거의 공공의 적이었으며, 때때로 분노한 대중들로부터 신체적 위협을 당하기도 했다. 물론 당시의 대중들은 강도 귀족이 수천 명의 죽음과 장애를 초래하고, 수백만 명의 불행과 빈곤을 야기한다는 사실을 잘 이해하고 있었다.

이런 극적인 이미지의 변화는 부분적으로 세월이 지나면서 과거의 모든 사건들을 덮어버리는 관대한 시간의 베일 덕분이다. 희생자들은 세상에 이름이 알려지지 않았고 그들의 비극은 셀 수조차 없이 많아서 우리에게 아무 의미가 없다. 반면에 악인들은 살아서는 한번도 얻지 못했던 유쾌한 악당의 매력을 획득했다. 예를 들어 록펠러 1세는 이런 시간의 미화 작용을 치밀하고 장기적인 홍보 캠페인에 활용했다.

실제로 부자들에 대한 대중의 정서만큼 조작하기 쉬운 것도 없어 보인다. 미국인은 어떤 극단적인 잔인성이나 착취에 대한 이야기를 들으면 잠깐 동안 격분하다가도, 그 범인이 평범한 교육을 받은 인간이라는 사실을 알게 되면 거의 예외 없이 화가 누그러진다. 우리는 100년 넘게 악행을 하층계급이나 소수민족의 문제로 바라보는 대중문학과 언론의 전통에 길들여졌다. 악당은 으레 외국인처럼 생겨야 하고, 미친 사람처럼 으르렁대거나 천박하게 낄낄거려야 한다. 우리는 소송에서 정중한 매너와 부드러운 말투, 약간 튀어나온 배를 가진, 누군가의 아버지가 틀림없는 평범한 중년 와스프WASP를 보면, 대번에 그가 어떤 오해를 받고 곤경에 처한 피해자가 틀림없다고 느낀다. 대부분의 부 중독자들은 과격한 만화가가 그린 거만한 자본가처럼 그렇게 금방 식별되지 않는다. 대다수의 알코올 중독자가 사회 밑바닥층 부랑자가 아니라 날마다 직장에 나가는 평범한 사람들이듯이, 부 중독자도 우연찮게 너무나 강렬한 욕구를 지니고 있어 그것을 충족시키려면 수많은 사람을 괴롭혀야만 하는 가문에서 태어난 평범한 사람들일 뿐이다. 당연히 그들은 자신에게서 그런 자질을 발견하기를 원하지 않고, 그런 행동을 피할 방법을 찾고자 노력한다. 이것이 우리의 일반적인 믿음이다.

심각한 중독자들이 사악한 돈벌레처럼 보이지 않는다는 사실을 존 D. 록펠러보다 더 잘 보여주는 사례는 없다. 앞서 4장에서 다루었던 그의 러들로 광산 이야기로 돌아가보자. 살인적인 노동 환경을 참다 못한 광부들이 결국 파업에 돌입하자 사측이 고용한 민병대가 그들을 향해 기관총을 발사해 여성과 아이들을 사살한 러들로 학살은 세상 사람들을 충격에 빠뜨렸다. 이 사건으로 심문을 받던 당시, 소심하고 독실하고 자신감 없고 가정적인 남자, 지극히 고루하고 평범한 영혼인 그가 그 같은 참혹한 사정을 전혀 몰랐던 척하기란 쉬운 일이었다. 하지만 그는 일이 돌아가는 상황을 낱낱이 알고 있었고, 대학살을 비롯해 회사가 저지른 모든 조치를 강력히 지지하기까지 했다. 그는 러들로 광부들이 처한 최악의 노예상태를 자유라고 여겼고, 노동조합이 결성되면 그 자유를 잃을 것이라고 주장했다. 그는 맹세코 이것이 위대한 원칙이며, 이 원칙을 지키기 위해서라면 아이들과 모든 광부들의 목숨마저도 바칠 가치가 있다고 말했다. 그런데도 사람들은 그를 비참하고 가난한 여자와 아이들의 살상과 연결 지어 생각하기 어려워했다. 그는 '그런 살인적인 정책에 실제로 가담하기에는 너무나 유약한 사람처럼' 보였던 것이다.

앤드루 멜런의 경우도 마찬가지였다. 그는 H. T. 웹스터H. T. Webster가 창조한 만화 〈소심한 영혼The Timid Soul〉의 캐릭터인 카스파 밀크토스트Caspar Milquetoast와 당혹스러울 만큼 닮아 있었다. 그런 그가 폭력적이고 잔인한 짓에 연루된다는 것은 상상조차 하기 힘들었다. 그는 하도 여리고 섬세해서 세상과는 담쌓고 지낼 것 같은 인물이었다. 그렇지만 그는 실제로는 록펠러 2세와 헨리 포드만큼이나 악랄한 노동 정책을 열성적으로 지지했다.

이런 세상사에 초연한 이미지는 어찌 보면 적절하기도 하다. 심각한 중독자들은 실제로 자기 재산의 토대를 이루는 착취는 잔혹 행위와 거리가 멀다고 느끼기 때문이다. 그들은 그런 현실에 철저하게 무관심하다. 그들은 다만 절실한 욕구를 지닌 평범한 인간에 지나지 않고, 그 욕구가 너무나도 강렬하여 다른 사람의 불행을 신경 쓸 여력이 없을 뿐이다. 그들은 단지 돈을 원하고, 그렇기 때문에 자신의 욕망이 불가피하게 초래하는 온갖 극악무도한 행위에 대해 외면하며 책임을 회피한다.

우리 사회에서 잠재적 중독자 수를 증가시키는 가장 중요한 요인은 대중 마케팅Mass marketing이다. 다수의 사람들에게 그들이 필요로 하지 않는 물건을 팔고, 그것을 구입할 만큼의 급여를 지급하여 부자가 되겠다는 발상을 처음 제시한 것은 헨리 포드였다. 그는 아마도 남들의 소비를 부추겨 자신의 중독을 유지할 수 있음을 깨달은 최초의 중독자였을 것이다.

이런 부 중독의 일반화를 보여주는 작은 사례를 하나 들어보겠다. 대부분의 수목원에는 꽃과 관목, 나뭇가지를 꺾지 않는다는 분명한 원칙이 필수적이고, 보다 평온하던 시기에는 이 원칙이 일반적으로 받아들여졌다. 사람들은 수목원에 가면 언제나 아름다운 정경이 있다는 것을 알고, 즐겨 찾아갔다. 최근 나는 대도시 외곽에 있는 한 수목원에서 천천히 거닌 적이 있는데, 알고 보니 그곳은 주로 가난한 사람들이 찾는 곳이었다. 얼마 안 가 나는 오가는 사람들 대부분이 꽃이 만발한 진달래 나뭇가지를 손에 들고 다니는 것을 발견했다. 진달래 덤불에 다가가 보니, 그곳은 마치 전지가위를 든 미치광이에게 습격당한 듯이 보였다. 분명히 그 사람들은 보는 것만으로는 충분하지 않아서 직접 손에 넣으려 했던 것이다. 생물체의 소유는 곧 그들의 파괴를 의미하는데도 말이다.

만일 중산층 방문객이 이런 광경을 보았다면 아마 빈곤층의 천민성에 치를 떨며 곧장 다른 수목원으로 옮겨 갈 것이다. 그러나 이 경우에 가난한 자들은 사실상 부자들과 똑같이 행동한 셈이다. 다만 부자들은 그들과 달리 자신만의 수목원 전체를 소유할 수 있기 때문에 굳이 나뭇가지를 꺾을 필요가 없을 뿐이다. 나뭇가지를 꺾은 사람들은 헨리 포드가 그들에게 "왜 당신만을 위한 것을 소유하지 않느냐?"라고 가르친 바를 행동으로 옮긴 것에 불과하다.

우리는 이런 어설픈 잠재적 중독자들을 교양 있게 비웃으며 그들이 대거 출몰하는 모든 장소를 '망가진' 곳 취급한다. 그러나 그들의 범행은 사실 진짜 중독자들, 즉 독점적인 소유욕이 훨씬 더 강한 중독자들의 전철을 밟아갈 뿐이다. 전용 리조트를 짓기 위해 카리브해의 섬을 사들인 록펠러 역시도 어마어마하게 큰 나뭇가지를 꺾었던 셈이다.

우리 사회의 공식 이데올로기 앞에서, 가난한 사람들은 가난을 계속 감수하거나 부 중독자가 되라는, 그다지 행복하지 못한 선택지를 부여받는다. 다시 말해, 미국의 이데올로기는 빈곤과 고통에서 벗어나기 위해 택할 수 있는 유일한 길이 자신을 매수하는 것이라고 가르친다. 그 결과 자신의 문제를 정의할 다른 방법이 없는 가난한 자들은 잠재적 중독자가 되도록 강요받는다. 그들은 불행과 고통을 초래하는 처지에서, 돈이야말로 유일한 탈출구라고 여기게 된다. 우리 경제체제가 생존을 위한 일과 돈 중독을 유지하기 위한 일을 명확히 구분하지 않기 때문이다.

인생에서 가장 좋은 것들은 본래 공짜이지만, 이제는 그조차 걸핏하면 돈 있고 힘 있는 사람들에게 빼앗기기 일쑤이다. 자연에는 식량, 아름다움, 신선한 공기, 다양한 감각적 즐거움, 만족스러운 일 등이 있지만, 이런 많은 것들이 중독자들 때문에 인위적으로 희소해지면서, 주로 부자들이나 자의로 가난한 사람들, 즉 대부분 중산층에 속하고 이 문화의 중독적인 시스템을 우회해 가는 법을 터득한 예전 중독자들이나 그런 것들을 누리게 되었다.

배고프고 춥고 아프고 초라하고 비참한 환경에서 살아가는 사람이라면 결코 돈이 중독이라는 것을 배울 처지가 못 된다. 차라리 무인도에 혼자 남은 사람에게 고독을 못 견디는 신경증적 '관계 중독자'에 대해 강의하는 편이 나을 것이다. 그리고 만약 그 사람에게 의견을 물어본다면 사람들과 함께 있는 것은 아주 멋진 일이고 누구라도 그것을 포기하지 못하리라고 대답할 것이다. 이처럼 중독자들은 대중에게 빈곤을 느끼도록 강요함으로써 역으로 대중의 지지를 얻을 수 있다. 원래는 중독자가 아니던 많은 사람들이 결핍을 느끼게 되면서 그들의 동조자 겸 공모자로 바뀌는 것이다.

일단 중독자의 병을 인식했다면, 가난한 자들의 딜레마는 오로지 한 가지 관점으로 접근해야만 해결할 수 있다. 관심의 초점을 돈이 아니라 필수적인 수요에 맞추는 것이다. 모든 사람이 필수적인 수요를 충족하게 되면, 스스로 원하는 바에 따라 자유롭게 중독을 추구하거나 하지 않을 수 있다. 돈으로는 행복을 살 수 없지만, 부 중독자들은 돈이 부족하면 고통을 겪게 되는 사회를 만들어왔다. 그리고 그런 사회는 사람들에게 돈으로 행복을 살 수 있다는 혼동을 불러일으키기 쉽다. 명백한 해결책은 이런 혼란을 바로잡고 사람들이 중독적으로든 다른 방식으로든 즐거움을 추구할 수 있는 수준까지 재산을 평준화하는 것이다. 중독자들의 중독은 다른 사람들의 인생에서 필수적인 요건을 박탈하지 않는 선에서만 존재할 권리가 있다.

나는 논의의 가치가 있는 사회라면 모든 구성원에게 적절한 영양분, 온기, 쉼터, 최소한의 건강과 안보, 인간다운 환경에서 살 가능성 등을 보장할 수 있어야 한다고 믿는다. 그것조차 못하는 사회라면 유지될 가치가 없다. 가장 '야만적'이라는 원시 부족들도 대부분 그 정도는 거뜬히 해내기 때문이다. 우리 사회가 그러지 못하는 이유는 오로지 다른 모든 사람들의 관심사나 목표를 희생시켜 부 중독자를 지지하고 부추기는 일을 사회의 주된 목표로 삼아왔기 때문이다.

사회 구성원들의 재산은 언제나 차이가 날 수밖에 없다. 항상 다른 사람들보다 더 탐욕스러운 이들이 있기 때문이다. 아마도 부 중독자는 어느 시대에나 존재할 것이다. 그렇지만 현재 우리 사회는 전체 인구 중에서 이런 유아적인 구성원들을 유독 과도하게 떠받드는 방식으로 구조화되어 있다. 우리가 공유된 자원의 현실적 가능성을 즐기기보다 더 탐욕스러워지라고 서로를 부추기는 한, 모두가 고통을 겪을 수밖에 없다.

물론 부자들의 신경증을 비판하는 것이 순진하고 몰인정한 처사라는 반박도 제기될 수 있다. 그런 비판은 인간을 타락시키는 나쁜 체제가 아니라 특정 인간을 향하기 때문이다. 이런 견해에 따르면, 우리는 가난하든 부유하든 누구나 다 희생자이다. 이것은 고차원적인 입장이기는 해도, 행동보다는 생각으로 흐를 가능성이 더 높아서, 아마도 노동계층이 스스로를 이해하지 못하게 막으려는 언어로 노동계층에 관한 학술논문을 쓰는 사람들한테나 적합할 것이다.

 '우리 모두 희생자다'라거나 '우리 모두가 죄인이다'라는 주장은 무력하다는 한계가 있다. 불의는 분노 없이는 달라질 수 없다. 중독자를 미워할 필요는 없지만, 그들의 중독과 그로 인한 우리 모두의 불행에 대해서는 분개해야 마땅하다. 그러지 않고서는 우리의 생각 속에서조차 중독을 초래하는 상황을 바로잡을 방법이 없다. '너에게는 네 문제가 있고, 나한테는 내 문제가 있다'는 식의 관대함은 일종의 기권이나 회피와 다름없다. 중독자들은 조만간 우리가 가진 것을 남김없이 빼앗아 갈 것이다. 그들의 중독이 그러라고 요구하기 때문이다. 이 시점에 우리가 분노를 참는 것은 중독자와 그들의 중독에 대해 기꺼이 개인적인 책임을 떠안는 것이나 마찬가지이다.

 중요한 것은 우리가 전부 중독자냐 아니냐가 아니라, 우리가 어느 편에 서느냐는 것이다. 우리는 중독을 지지하는가, 아니면 반대하는가? "우리 모두 중독자이므로 나는 이런 노골적인 중독자들을 탓할 수 없다"라고 말하는 것은 자기 안의 중독을 인정할 뿐만 아니라 지지하고 장려하는 꼴이다. "나 자신도 어느 정도 중독자이기는 하지만, 나는 이 멍청한 짓거리를 지지하지 않는다"라고 말해야 자기 안의 건강한 부분을 북돋우며 중독적인 부분을 배척해 나갈 수 있다. 하워드 휴스를 숭배하거나 용인하는 태도는 자기 안의 중독을 인정하고 허용하는 데 그치지 않고 나아가 거기에 결탁하는 것이다. 부 중독자에 대한 찬양은 기회만 주어진다면 언제든 중독에 빠져들겠다는 비밀 서약인 셈이다.

탐욕의 민주화

인플레이션은 중독자의 태도가 인구 전체로 퍼져 나간 결과이다. 나는 이것을 '탐욕의 민주화'라고 부른다. 자본주의는 속이는 자와 속는 자의 분업이 확실할 때 효과적으로 작동한다. 자본주의는 다음의 모순적인 원칙에 기반을 둔 체제이다. (1) 거래는 신뢰에 기초한 대등한 교환이다. (2) 거래의 성공은 싸게 사서 비싸게 판매하는, 다시 말해 신뢰를 깨고 남을 속이는 데서 얻어진다.

대다수의 국민이 첫 번째 원칙에 따라 행동하고 오직 소수의 중독자들만 두 번째 원칙에 따라 행동할 때, 자본주의 체제는 계속 유지될 수 있다. 자본주의는 사람들이 거래 상대와 끈끈하고 지속적인 유대 관계를 맺고 있기 때문에라도 대부분 사람들의 탐욕이 견제될 수 있는 친밀하고 안정적인 공동체에서 실현될 가능성이 높다. 오로지 구제 불능의 부 중독자들만이 자신이 속인 지인과 이웃의 비난과 조롱 속에서도 마음 편히 살아갈 수 있을 테니 말이다.

그러나 헨리 포드 이래로, 미국의 자본주의는 점점 일반 대중에게까지 중독을 부추기는 구조로 심화되기 시작했다. 우리 모두가 부와 특권을 추구할 수 있고, 또 추구해야 한다고 설파하기 시작한 것이다. 중독자들은 스스로를 본받아야 할 영웅이자 본보기로 만듦으로써 자신의 중독을 정당화하려 들었다. 그렇지만 이런 노력이 성공하면 그들은 결국 몰락하고 말 것이다. 탐욕이 민주화되면 그들이 부를 창출하는 시스템 자체가 무너지기 때문이다. 두 번째 원칙에 따라 행동하는 사람이 늘어날수록, 화폐 가치는 하락하기 시작한다.

인플레이션은 이제 우리 사회에서 만성화된 조건이다. 우리는 더 이상 인플레이션을 없애자고 말하지 않는다. 그저 '완화'하자고 말할 뿐이다. 언론과 정부 관료는 물가상승률이 감소했을 때 기쁨과 안도를 표하는데, 이는 "날씨가 좋아지고 있다. 어제는 그저께보다 더 많은 비가 왔지만, 오늘은 다행히 어제보다 비가 더 적게 내린다"라고 말하는 것과 다를 바 없다.

경제학자들은 전반적으로 인간, 동기, 감정 같은 데 관심이 없기 때문에 인플레이션의 심리적 요인을 무시하는 경향이 있다. 거리에서 파는 헤로인에는 불순물이 점점 더 많이 섞여서, 같은 양의 헤로인을 구해도 실제 헤로인 성분은 점점 줄어들게 된다. 이 같은 일이 마약 중의 마약이라 할 돈에서도 똑같이 벌어진다. 부 중독자가 같은 액수의 돈에서 느끼는 희열이 점점 줄어드는 것이다.

인플레이션은 탐욕에 기반을 둔 경제의 철저히 논리적인 귀결이다. 만약 한 사회에서 물건을 싸게 사서 비싸게 팔고자 하는 사람이 많아지면, 물물교환을 통해 더 적게 주고 더 많이 얻으려는 사람이 많아질 테고, 그 물물교환의 공통분모가 바로 돈이므로, 결국 모든 사람이 같은 돈을 내고 점점 더 적은 결과를 얻게 될 것이다. 바꿔 말하면,

사람들은 건강하고 탄탄한 사회에 필요한 재화와 서비스를 생산하려는 노력은 점점 줄여가는 반면, 금전적 보상을 받으려는 노력은 점점 늘려가고 있다. 그렇지만 우리는 결국 투입하는 만큼만 얻을 수 있다. 위의 분석에서 돈은 그저 인간의 에너지를 반영할 뿐이다. 우리가 만약 모든 에너지를 돈 버는 데에만 집중한다면, 벌 수 있는 것은 오로지 돈뿐이다. 하지만 돈 자체에는 가치가 없으므로, 인간의 에너지가 돈을 버는 데 집중되고 정작 가치 있는 것들을 생산하는 일에서 멀어진다면, 돈의 무가치함이 점점 더 명백히 드러날 것이다.

내가 여러분에게 50달러치의 식료품을 받고 그 대가로 여러분 차에 50달러치의 정비를 해준다고 가정해보자. 우리는 서로에게 가치를 지급한 셈이다. 우리는 여전히 교환을 시작하기 전과 같은 돈을 가지고 있지만, 나는 식료품을 구했고 여러분은 자동차를 정비했다. 이제 우리가 둘 다 탐욕스러워진다고 가정해보자. 나는 차고에서 잠자고 있던 낡은 차의 녹슨 부품을 사용해 정비 작업의 원가를 낮춘다. 여러분은 내게 폐기처분해야 하는 식료품을 제공하여 원가를 낮춘다. 이 거래로 우리는 각자 5달러의 이익을 얻었지만, 대신 나는 상하기 일보 직전의 식료품을 얻었고, 여러분의 차는 금방 다시 고장 날 것이다. 우리는 벌어들인 돈으로 다른 곳에서 더 나은 서비스를 찾아보겠지만, 그때쯤에는 이미 모두가 탐욕스러워진 터라, 우리가 탐욕스러워지기 전에 얻던 품질의 재화와 서비스를 구하자면 더 많은 대가를 치러야 할 것이다. 결국 우리는 '인플레이션'을 탓하며 '같은 돈으로 예전만큼 많은(좋은) 것을 얻을 수 없다'고 불평할 것이다.

이렇게 볼 때 인플레이션은 국가적인 탐욕의 바로미터나 다름없다.

경제체제에 극심한 중독자가 몇 명밖에 없다면, 탐욕의 영향은 미미해서 거의 눈에 띄지 않지만, 탐욕이 온 사회에 만연해 있다면 집단적인 통계 수치에 반영되기 시작한다.

만일 내가 조잡한 라디오를 만들어 과거의 품질 좋은 라디오와 똑같은 가격에 팔려고 하면, 아마 물건이 팔리지 않을 테고 필히 가격을 낮춰야 할 것이다. 그러나 만일 우리 모두가 똑같은 시도를 한다면 라디오 가격은 그대로 유지되고, 우리는 과거와 같은 품질을 얻기 위해 더 많은 돈을 지급해야 할 것이다. 부풀려진 가격은 우리의 탐욕을 고스란히 반영한다. 다시 말해, 인플레이션은 우리의 작업 에너지 중에서 재화나 서비스 대신 **탐욕에 투입되는 에너지의 비중**을 정확하게 측정한다. 재화나 서비스에서 탐욕이 차지하는 비중이 조금이라도 높아지면, 즉각 인플레이션으로 나타나는 것이다.

이것이 인플레이션의 진짜 의미이다. 경제학자들은 보통 인플레이션의 원인으로 거시적인 경제체제의 다양한 요소들을 지목해가면서 이런 기본적인 사회적·심리적 진실은 외면하려 든다. 물론 그렇다고 이자율, 세금, 정부 지출, 국채 규모, 대외무역, 자원 활용도 등이 인플레이션과 하등 무관하다는 소리는 아니다. 이런 요인들도 분명히 인플레이션에 영향을 미친다. 하지만 이런 거시적인 인플레이션만 거론하다 보면 이 시스템에 내재한 근본적인 결함과 이런 결함에 공모하는 우리 자신을 돌아보지 못하게 된다. 만약 내가 에너지의 절반을 제품 생산에 투입하고 나머지 절반을 그 제품을 팔아 돈을 버는 데 투입한다면, 그 제품의 가치는 내가 에너지의 3분의 1만 투입하여 만든 제품보다 더 높을 것이다. 우리 국민이 **돈 자체를 추구하는 일이 늘어날수록,**

돈의 가치는 점점 줄어들고 만다. 정작 돈에 가치를 부여하는 재화와 서비스에 에너지를 쏟지 않은 탓이다.

이렇듯이 인플레이션에는 숨겨진 교육적 기능이 있다. 인플레이션은 우리가 끊임없이 잊으려 노력하는 바를 상기시킨다. 돈은 어디까지나 상징물일 뿐 그 자체로는 아무 가치가 없다는 사실, 그래서 오로지 돈만 추구하다 보면 도리어 그 가치가 증발해버린다는 사실 말이다.

그렇다고 해서 정직한 근로자들이 탐욕스런 소수 중독자의 이익과 영광을 위해 불철주야 땀 흘려 일하던 시대로 돌아갈 수는 없다. 그런 순수함은 이제 영원히 사라졌다. 우리 사회가 가장 탐욕스러운 자들의 이익과 편의를 위해 돌아가는 한, 탐욕스럽지 않던 자들도 점점 타락할 수밖에 없고, 인플레이션도 계속해서 우리를 따라다닐 것이다.

인플레이션은 자본주의의 아킬레스건이다. 만약 우리 경제체제가 중독에 기반을 둔다면 처음 얼마 동안은 활력 넘치게 돌아갈 수 있지만, 점점 더 많은 사람들이 중독자의 대열로 들어서면서 이런 활기도 점점 줄어들고, 종국에는 서로 한 움큼의 허기와 공허감만을 교환하게 될 것이다.

치유에의 길

The Cure

즐거움은 물질에 있지 않고, 우리 안에 있다.

샤를 와그너 Charles Wagner

자본주의와 사회주의는 어린이를 위해 설계된 체제이다. 이 두 체제는 인간들의 성숙한 자치가 불가능하다고 상정한다. 인간이 탐욕의 지배를 받거나 중앙집권적 권력을 통해 통제받아야 한다고 가정하는 것이다. 많은 사람들이 이런 가정에 동의할 만큼 충분한 자기혐오에 시달리기는 해도, 지구상에는 이와 반대되는 증거들도 넘쳐난다. 인류는 역사의 99퍼센트에 달하는 기간 동안 족장도, 소유도, 탐욕도 없는 민주적인 작은 무리를 이루며 살았다. 비록 오늘날 우리는 그 길에서 한참을 벗어났지만, 여전히 그 길을 따라 살아가는 사람들도 있다. 물론 그들도 예전처럼 순진하지만은 않아서, 그간의 경험을 바탕으로 적절히 혜택을 취하며 살아간다.

에고 마피아는 오로지 아무 구조가 없는 척하기 위해 만들어진 사회 구조인데도, 분주히 대체적인 구조를 만들고 있다. 인간은 살아가기에 좋고 긍정적인 환경을 추구하므로, 우리가 택해야 할 최선의 전략은 에고 마피아의 책략을 역이용하여 그것을 막는 것이다. 즉, 에고 마피아를 민주화하여 그것을 생명망에 대한 보다 정확한 지도, 다시 말해 의식의 지도로 만드는 것이다.

현재 에고 마피아는 성장이 지체되어 역기능을 낳고 있지만, 그 존재는 우리에게 기회를 제공해준다. 바로 의식적인 에고를 우리의 기반 요소와 다른 생물체들이 함께 속해 있는 피드백 시스템(생명망)과 마찬가지로 민감하고 정교하고 복잡하게 만들 기회이다. 이로써 우리는 많은 원시부족이 그래왔듯이—단 그들의 한계인 정복과 착취에 대한 취약성은 배제한 상태로—자연력과 조화를 이루게 된다. 그러면 우리 사회는 다시금 균형을 회복하고 우리 인간도 어느 정도의 평온을 되찾을 수 있을 것이다.

부 중독을 해결하기 위한 세 가지 조치

부 중독은 이런 과업에 중대한 장애물이 된다. 우리로 하여금 필사적인 돈벌이 경쟁으로 내몰아 학습을 사실상 불가능하게 만들기 때문이다. 우리 사회에서 부 중독 문제를 해결하기 위해서는 반드시 다음 세 가지 요소가 실현되어야 한다.

1. 중독을 단념시키는 제도 수립

2. 다른 동기를 부여하는 제도 수립

3. 부 중독의 불행과 중독에서 탈피했을 때 얻는 행복에 대한 대중의 인식 제고

이 책은 주로 세 번째 요소를 지향하지만, 정치적 구조에도 진지한 관심을 가져야 한다. 정치적 구조가 뒷받침되지 않으면 아무리 인식의 수준이 높아져도 우리 삶에 실질적인 영향을 미치지 못하기 때문이다.

우리의 접근방식은 진정한 의미의 누진소득세를 도입하여 부 중독의 악영향을 최소한으로 줄이는 것이다. 부 중독자들과 그들의 꼭두각시 의원들은 소득세가 '진취성을 말살한다'고 주장하며 본래 취지와는 전혀 다르게 망쳐놓는 데 성공했다. 그렇지만 실제 연구 결과, 중독자들은 세금이 높아질수록 더 열심히 일하는 것으로 드러났다. 다시 말해, 누진소득세가 있어도 중독자들은 여전히 자신의 삶을 중독 행위에 바칠 수 있지만, 누진소득세가 없으면 나머지 인구는 더욱 빈곤해지고 만다. 진정한 누진소득세는 본질적으로 순수한 사람들을 부 중독이라는 악의 손길로부터 보호하기 위한, 부자들을 위한 메타돈Methadone(헤로인 중독 치료에 쓰이는 약물—옮긴이) 프로그램이다. 이것이 결코 완벽한 해결책은 되지 못하겠지만, 이 방법 없이는 다른 어떤 해결책도 불가능하다.

부의 평준화는 윤리적인 이상향이 아니라 공중보건을 위한 최소한의 조치이다. 부에 상한선과 하한선을 지정함으로써, 우리는 건강한 국민에게서 중독의 위험인자를 제거할 수 있다. 상속 유산을 없애고 진정한 누진소득세를 다시금 도입한다면, 그래서 중독자의 중독 습관이

비중독자의 생존 욕구를 침해할 수 없도록 한다면, 사람들은 저마다 부담 없이 유용하고 보람 있는 목표에 관심을 돌릴 수 있을 것이다.

일각에서는 이런 제안이 비대한 중앙집권적 관료체제를 갖춘 전통적인 사회주의를 지향한다고 비판하며 반대할 것이다. 이런 소리는 마치 내가 비 올 때 우산을 들고 있는 걸 보고 가뭄을 초래한다며 비난하는 것과 같다. 내가 요구하는 것은 세제 개혁이지 새로운 관료제를 도입하자는 게 아니다. 오히려 현행 소득세법에서 온갖 공제항목만 제거할 수 있다면 세금 징수와 강제 집행이 한결 간소화되어 정부 관료조직의 규모가 축소될 것이다.

분명히 비대한 정부 관료조직에는 지속적인 장점이 없고, 이는 현재 우리 사회를 지배하는 거대한 민간 관료조직에 지속적인 장점이 없는 것과도 마찬가지이다. 양쪽 모두 에고 마피아의 산물로서 강박적인 통제, 엄격한 이분법적 사고방식, 끝없는 안보에의 집착에 최적화된 형태가 특징이다. 나는 정부 관료조직과 민간 관료조직 양쪽 다 규모가 축소되기를 바라고, 그 실현 방법을 이미 다른 책에서 제안한 바 있다.

미국인은 창의적이고 상상력이 풍부한 사람들이다. 우리는 오랜 민주주의적 전통을 유지하며 혼란스럽고 무정부적인 형태의 사회조직에 유례없는 관용을 베풀어 혜택을 얻고 있다. 우리는 분권화의 찬란한 역사를 일구어왔다. 물론 지난 수십 년간은 그것을 파괴하고자 기를 쓰며 달려왔지만 말이다. 우리가 사회문제에 대해 분권적이고도 비자본주의적인 해결책을 개발하려는 노력을 막을 요인은 아무것도 없다. 연방정부는 원칙적으로 규제와 협력을 위해서만 존재한다. 일상적인 사회생활의 문제들은 대부분 지방정부 차원에서 발생하고, 또 지방

정부 차원에서 가장 효과적으로 해결할 수 있다.

어떤 사람들은 탐욕이 워낙 근본적인 인간의 특징이기 때문에, 그 영향력을 유의미하게 줄일 수 있는 구조를 논하는 것은 시간낭비라고 반박할 것이다. 그리고 탐욕이 인간의 기본 특성이라는 증거로 이런저런 사례를 제시할 것이다. 그렇지만 인간이란 극도로 다양하고 동시에 적응력이 강한 존재이다. 세상에는 탐욕이 압도적으로 중요한 사회가 있는가 하면—아마 우리 사회가 대표적일 것이다—탐욕이 거의 존재하지 않는 사회도 있다. 중독자들은 '이타적인 사회는 강압적이고 전체주의적'이라고 종종 주장하는데, 이 말은 전적으로 오해를 일으킬 소지가 있다. 오히려 권위주의적인 사회야말로 강력한 결핍감을 유발함으로써 탐욕으로 얼룩지기 쉽다. 탐욕이 최소화된 사회는 화합이 잘 이루어지고 원활한 공동체 생활과 참여를 보장한다. 우리 같은 문화에 길들여진 사람들은 아마 그런 사회가 살기 힘들다고 생각할 것이다. 우리는 남들과 가까운 거리를 유지하면서 자신의 개성을 표현하고 서로 영향을 주고받으며 사는 방법을 알지 못한다. 저마다 자신의 속내를 감추고 포장하기 위해 워낙 열심히 노력하므로, 남들의 직접적인 반응에 노출될 때면 숨이 막힐 것 같은 불편함을 느낀다. 우리는 그들에게 응답하기보다 자신의 목소리가 그들에게 들리지 않을 때까지 최대한 뒷걸음질 친다. 그런 다음 멀리 떨어진 거리에서 자신의 존재감을 알리기 위해 노력함으로써 이를 보상한다. 스스로 '명성을 얻거나', 최신 유행하는 옷을 입거나, 요란한 기계를 사거나, 전속력으로 달리거나, 기타 미국인들이 자신의 내적 공허감을 드러내는 수백만 가지의 한심한 방법들을 활용하는 것이다.

우리는 남들과 가까운 거리에서 자신의 내적 균형을 유지하는 법을 알지 못하기 때문에, 친밀하고 꽉 짜인 공동체에서는 갑갑함을 느끼고 사람들과 멀찌감치 떨어진 탐욕스러운 사회로 도망칠 것이다. 그렇지만 이것은 단지 우리가 남들과 완전히 분리된 개인이라고 믿고, 공동체는 우리가 속한 곳이라기보다 우리와 거리를 두고 우리 위에 군림하는 거대하고 위협적인 존재라고 믿도록 교육받아왔기 때문이다. 우리는 스스로 공동체의 살아 있는 일부분으로서 영향을 주고받을 수 있고, 공동체의 형성에 일조할 수도 있음을 인식하는 데 어려움을 겪는다. 만약 공동체가 억압적으로 느껴진다면, 그것은 공동체가 실제로 권위적이어서가 아니라 (공동체는 아마도 굉장히 민주적일 것이다) 우리가 서로 영향을 주고받는 능력을 상실하고 주변부에 앉아 스스로 무언가를 하기보다 주어지는 일만 경험하도록 길들여졌기 때문일 것이다.

이렇게 되기까지에는 텔레비전의 영향도 있다. 텔레비전이 나오기 전에는 아이들이 직접 놀이를 만들어내며 자랐다. 당시 아이들은 자신이 쏟아붓는 에너지에 따라 놀이의 즐거움이 달라진다는 사실을 알았다. 또 집단을 이룰 때면, 구성원들의 욕구와 관심사를 조율하는 방향으로 집단을 이끌어가고자 노력했다. 집단이란 결국 구성원들이 투입한 에너지의 총화이기 때문이다. 오늘날 사람들은 집단이 자신에게 맞든 맞지 않든 간에, 집단을 자신과는 별개의 존재로 보는 경향이 있다. 그래서 만약 집단이 자신과 맞지 않으면, 그 안에서 자신의 존재를 주장하거나 원하는 바를 추구하기보다 무심히 텔레비전 채널을 돌리듯 다른 집단으로 훌쩍 옮겨버리는 경향이 있다. 그런 사람들은 마치 농구 시합에 낀 난쟁이처럼, 상호 긴밀한 공동체에서는 무력한 희생양

같은 느낌을 받게 된다.

사람이 탐욕적이려면, 근본적으로 자신이 혼자라고 느껴야 한다. 만약 자신이 어떤 집단의 일부라고 느끼면, 내 것이 곧 집단의 것이고 그 역의 관계도 성립하므로, 다른 사람에게서 무언가를 빼앗는 일이 마치 그것을 오른손에서 왼손으로 넘기는 일만큼이나 무의미해진다. 부시먼 족Bushmen처럼 족장도 없고 위계구조도 없고 소유권의 개념도 없이 친밀한 민주사회에서 사람들은 무엇이든 공유하려 드는데, 그것은 그들이 특별히 관대하거나 이타적이어서가 아니라 서로 연계되어 있다고 굳게 믿는 까닭에 개인적인 소유가 아무런 이득이 되지 않기 때문이다.

그러나 탐욕이 단지 학습된 것이고, 따라서 올바른 제도를 수립하면 간단히 사라질 수 있다고 생각한다면 큰 오산이다. 인간은 극도로 복잡하고 적응력이 강한 종이다. 우리는 인류학에서 인간이 '선천적으로' 탐욕스럽다는 증거도, '선천적으로' 이기적이지 않다는 증거도 얼마든지 찾아낼 수 있다. 최근에 인간은 다른 종에 대해서도 이와 같은 작업을 하고 있지만, 그리 큰 성과는 없다. 인간이 지금껏 생각해낸 어떠한 사회적·성적·정치적 주장도 일부 동물 종이나 인간사회를 참조함으로써 '선천적'인 것으로 입증될 수 있기 때문이다. 인류학과 동물 연구가 우리에게 인간사회에 대해 알려주는 유일한 통찰은 '근본적인 특징 따위는 없다'는 것뿐이다. 그리고 만약 있다고 하면 또 어찌할 것인가? 만약 침팬지가 바다가재보다 덜 이기적이라면, 우리는 '보다 원초적'인 바다가재와 '보다 고차원적'인 침팬지 중에 어느 쪽에 가까워지려고 노력할 것인가? 그리고 만약 후자를 선택한다면, 왜 성가시게 동물을 연구해야 하는 것일까? 부시먼족이나 에스키모족, 호피족에 관해 이야기하거나 침팬지나 거미원숭이, 고릴라에 관해 이야기하는 것, 또는 우리의 경험 외에 다른 동물에 관해 이야기하는 것은 전부 선천적인 특징을 찾기 위해서가 아니라 단지 그런 것이 가능하고, 우리의 기이한 어떤 습관도 필수적이거나 불가피하지 않다는 사실을 확인하기 위해서다.

우리가 아는 형태의 탐욕을 거의 찾아볼 수 없는 인간사회(와 동물사회)도 있다. 이런 사회가 우리에게 말해주는 것은 인간의 다른 특성과 마찬가지로, 탐욕 또한 극대화되거나 극소화될 수 있다는 사실뿐이다. 그런데 우리들은 이미 사회에서 탐욕을 극대화하는 데 머물지 않고 아예 사회 전체의 근간으로 삼기로 결정했다. 그 결과 엄청난 에너지 폭발, 유례없는 추악함, 세계가 지금껏 목도해온 끔찍한 파괴력, 인간만의 특수한 고통 등이 야기되었다. 우리는 극단에 도달했고, 이것은 수백 년 후에도 종말로 치닫는 병을 앓았던 시대로 아마 몸서리를 치며 계속 돌아보게 될 만한 극단이었다(물론 돌아볼 사람이 남아 있기나 하다면 말이다).

그렇지만 전례 없는 어떤 일에서든 뭔가 배울 여지는 있다. 우리는 피그미족이나 부시먼족의 미덕에 대해 이야기할 수는 있어도, 그 순진무구한 상태로 되돌아갈 수는 없다. 전 지구상의 사람들이 부 중독의 유혹에 굴복하거나 좌절된 욕망으로 인해 파멸하거나 당분간은 아무도 원하지 않을 세계의 어느 한 구석으로 떠밀려났다. 부 중독은 강력한 힘이다. 여기에 저항하는 사람들은 이미 여기에 굴복한 사람들의 집요한 괴롭힘으로부터 자신을 온전히 지켜낼 수 없었다. 우리가 부시먼족에게서 부분적인 대답밖에 찾을 수 없는 것은, 부시먼족도 결국 우리를 막을 수 없었기 때문이다.

그 나머지 대답은 이제 반대편 방향에서 찾아야 한다. 단순한 삶 외에는 아무것도 모르는 사람들을 찾아 자꾸 뒤를 돌아볼 것이 아니라, 이미 풍족함과 부유함을 맛보고도 그것만으로는 부족하다는 것을 알아챈 사람들을 향해 앞을 바라봐야 한다. 모든 선진 문명에는 그런 사람들이 존재했고, 그들의 경고와 지혜는 수천 년에 걸쳐 우리에게 전수되어왔다. 그렇지만 역사상 이토록 위태로우리만치 극단에 이른 사회도 없었고, 이토록 많은 사람들이 부에 환멸을 느낀 사회도 없었다. 만약 우리가 전례 없이 부 중독에 감염되어 있다면, 한편으로는 그 병에 대해 대량의 항체를 개발한 최초의 사회이기도 할 것이다. 결국 부시먼족은 단순히 그 병에 노출되지 않았거나 운 좋게도 그 병에 면역성이 있었던 것뿐이다. 병과 실제로 대면하고 거기에 굴복했다가 빠져나오는 데 성공한 사람들은 어떤 부시먼족도 불가능한 방식으로 보호를 받는다. 부 중독이 만연하고, 또 부에 대한 환멸도 점점 커져가는 현실은 우리에게 부시먼족과는 반대편으로 이 상황에서 빠져나갈 기회를 열어준다.

그러자면 우리의 약점과 취약성뿐 아니라 우리의 힘과 자원에 대해서도 알아야 한다. 스스로 알코올 중독자라고 인정하는 것만으론 충분하지 않다. 우리는 술 없이 하루를 버텨냈던 모든 시절을 기억해야만 한다. 이미 적지 않은 수가 부에 중독되기는 했지만 사람들은 여전히 집을 짓고, 옷을 만들고, 농작물을 키우고, 아름다운 것을 창조하고, 자연을 탐사하고, 다리를 건설하고, 병들고 늙고 미치고 무력한 사람을 보살피고, 공동체의 중요한 사안을 결정하고, 아무 보상 없이 서로를 가르치고 치료하고 보호한다. 그것도 항상 그래왔다.

우리는 이런 건강한 핵심부를 보강하는 구조를 만들어 탐욕의 기능적 대용물을 찾아내야 한다. 사람들에게 이런 건강한 생활을 상기시킴으로써, 인간이 돈이 아닌 다른 가치를 위해서도 기꺼이 일하는 존재라는 사실을 깨닫게 하는 것만으로도 큰 도움이 될 것이다. 대부분의 사람들에게 돈을 벌기 위해 일하는 것은 그저 습관일 뿐이다. 그들이 그러는 이유는 단지 늘 그래왔기 때문이다.

사람들은 자신이 돈으로 보상받지 않는 일을 얼마나 많이 하는지를 거의 인식하지 못한다. 우리 사회는 온갖 방법을 써서 사람들에게 그런 일이 '중요하지 않다'고 느끼게 만든다. 오로지 돈을 위해 하는 일만을 '진짜 일'로 취급하는 것이다. 그러나 그것은 중독자들의 선동에 지나지 않는다. 사회 전반에 걸쳐 최소한의 지원군만 생기더라도, 사람들은 기꺼이 다른 사람들을 위해 아무도 지불할 필요가 없는 일을 무보수로 제공할 것이다. 만일 생활필수품을 '먹고살 형편이 되는 사람들이 돈을 주고 사는 것'이 아니라 '모든 사람이 모든 사람을 위해 생산하는 것'이라고 새롭게 정의한다면, 우리들 대부분은 중독의 위험에서 벗어날 것이다.

오직 생존을 위해서 자신의 성격에서 탐욕적인 부분을 개발하고 키우라고 강요하는 사회라면 근본적으로 문제가 있다. 부시먼족은 일주일에 15시간보다 적게 일하고, 심지어 인구의 40퍼센트가 '비생산적'이라 전혀 일을 하지 않는데도 별 문제없이 먹고산다. 그들은 우리가 보기에는 사람이 살 만한 곳이 아닌 사막에서도 조용히 행복하게 살아갈 뿐 아니라, 그러한 '무위도식자'에 대해 아무 비난도 불평도 하지 않는다.

퍼시벌 굿맨Percival Goodman과 폴 굿맨Paul Goodman 형제는 모든 사람이 인생 초년기에 2~3년간의 노동을 공동체에 기부한다면, 사회의 모든 구성원들이 최저 생활수준을 보장받을 수 있게 될 것이라고 주장했다. 이상적인 이런 구상이 지방정부 차원에서 시행된다면, 사람들은 이웃의 정말 중요한 사업에 힘을 모으게 될 것이다. 이런 구상이 아름다운 이유는 중독적인 사회 구조로부터 생존 문제를 해방시킬 뿐 아니라, 공동체의 충족되지 않은 진정한 수요에 주민들의 힘을 결집시킨다는 데 있다. 인구의 절반은 아무도 필요로 하지 않는 것을 만들고, 나머지 절반은 그것을 사라고 종용하는 일에 힘을 쏟는 게 아니라 말이다.

1978년 갤럽Gallup 여론조사에서는 '도시 문제를 완화하는 데 실용적으로 사용 가능한 자발적인 도시민의 방대한 에너지 자원이 존재한다'는 사실을 밝혀냈다. 이 여론조사는 심지어 현행 체제하에서도 도시 주민의 3분의 2가 한 달에 평균 9시간을 무보수로 이웃에게 봉사하거나 지역위원회에서 기꺼이 일할 의향이 있음을 발견했다. 한 달에 9시간은 결코 많은 시간이 아니지만, (1) 이것이 시골이 아닌 도시 주민을 대상으로 한 조사 결과이고, 그들은 (일부 윤리적인 집단은 예외겠지만) 대체로 공동체 의식이 그리 강한 편이 못되며, (2) 그들이 기부하는 어떤 시간도 생존욕구에 바치는 시간과 직접적인 경쟁 관계에 있다는 사실을 감안해야 한다. 현재와 같은 어려운 여건에서 도시 사람들이 도시 문제를 해결하는 데 한 달에 10억 시간에 달하는 에너지풀을 제공할 준비가 되어 있다는 사실은 분명히 주목할 만하다. 만일 그들이 생존을 위한 투쟁에서 자유로워지면 얼마나 엄청난 에너지가 사용 가능해질지는 우리의 상상을 불허한다.

내부의 적

우리 사회가 모종의 균형을 회복하는 방법은 수백 가지나 되고, 우리의 에너지를 우리가 직면한 진짜 문제로 전환시키는 방법도 수백 가지에 달한다. 어떤 경제 철칙에 의해서도, 우리나라의 총력을 겨드랑이 냄새, 제초제, 입 냄새, 산탄 폭탄, 목깃 둘레의 때와 싸우는 데 바쳐야 할 의무는 없다. 우리는 시간과 에너지를 우리가 원하는 방식으로 사용할 수 있다. 우리 사회가 부 중독자들에게 지배당하는 것은 사실이고, 그들이 정부의 각계각층과 언론, 의약계, 법조계, 학술계 전반을 통제하는 것도 사실이다. 우리는 사실상 중독을 강요하는 사람들에게 둘러싸여 있다.

그렇지만 우리들 대다수가 어느 수준으로든 그들과 암묵적인 결탁을 맺지 않는 한, 그들은 지금처럼 우리를 통제할 수는 없을 것이다. 궁극적으로 건강한 변화를 가로막는 것은 잠재적 중독자들이고, 지금부터 이 장에서 논의할 내용은 우리들 각각의 내부에 자리 잡은 부 중독의 치유책에 관한 것이다.

우선 내 주장의 근거가 되는 가정부터 밝히고 시작하겠다. 부 중독은 전 지구적인 질병이고, 지구는 이 병을 스스로 치유할 것이다. 모든 살아 있는 유기체는 서로 연관되고 상호 의존적이므로, 민주적으로 조직된 하나의 초유기체superorganism(많은 유기체가 모여 단일한 유기체 같은 생존방식을 취하는 메커니즘—옮긴이)라고도 볼 수 있다. 이 초유기체는 지극히 활력이 넘치고 유동적이다. 초유기체는 스스로를 치유한다. 그렇다면 이런 질문을 할 수 있다. 인간이 과연 이 치유 과정에 포함될까? 아니면 인간 종이 희생되어야 비로소 진정한 치유 과정이 시작될까? 우리는 결국 스스로를 확장하려는 충동을 이기지 못하게 될까? 인간은 끝내 멸종 위기에 처하게 될까? 어떤 생물이든 균형 속에서 살지 못하면 절멸하고 만다. 초유기체는 인간을 기어이 불운하고 쓸모없는 돌연변이로 내쳐버릴까? 아니면 자체적으로 관리하는 핵 항생제를 주기적으로 뿌려대는 만성 질병으로 그냥 묵인해줄까?

기반요소와의 재접속

스스로 넉넉히 가졌음을 아는 사람이 부자이다.

노자老子

모든 중독은 정도의 차이가 있을 뿐 비슷하다. 무엇에 중독되었는가는 사실 중요하지 않다. 모든 중독에는 "나는 X만 있으면 완벽해질 텐데"라는 모종의 결핍감이 수반된다. 나는 중독을 '바깥세상의 존재로만 채울 수 있다고 인식하는 자아의 구멍'이라고 정의해왔다. 그러면 확실히 모든 치유책 역시 비슷해진다. 모든 치유책에는 "나는 X가 없어도 완벽해"라고 말하는 법을 찾는 과정이 포함된다.

모든 유기체는 본능적으로 결함이 없는 건강한 상태를 지향한다.

그렇다면 대체 무엇이 중독을 그리도 완강하게 만드는 것일까? 왜 우리는 자연스럽게 중독에서 헤어나질 못하는 것일까?

중독의 문제는 스스로 점점 더 강화된다는 데 있다. 만일 내가 술 없이는 스스로 온전하지 못하다고 믿고, 그런 믿음에 따라 행동하다 보면, 결국 그 말이 사실임을 입증하는 셈이 된다. 사람들은 끊임없이 자신을 중독으로 몰아가는 말을 한다. "여섯 시간 동안 담배를 안 피웠더니 미칠 것 같아." 우리는 스스로 구멍을 만들어낼 뿐 아니라 그것을 남들에게 과시하기도 참 좋아한다.

자아에 구멍이 있는 것처럼 행동하다 보면 점점 자기 자신을 나쁘게 여기게 되고, 스스로에 대해 안 좋게 느낄수록 실제 구멍이 있다고 믿기도 더욱더 쉬워진다. 이것은 아주 전형적인 중독의 악순환이다. 술을 마시기 때문에 기분이 나빠지고, 기분이 나빠지니 술을 더 마시게 된다. 헤로인을 복용하거나 돈을 쌓아두거나 선행에 목숨을 걸거나… 대상이 무엇이든 그것 없이는 불완전하다고 느끼는 행위 역시 마찬가지이다. 술이나 헤로인을 복용하면 얼마 안 있어 기분이 나빠지리라는 것은 누구나 알지만, 어떤 중독이든 결국 우리에게 돌아오는 것은 공허감일 뿐이다. 심지어 선행조차도 자신의 결핍감을 채우기 위해 그 일이 필요한 경우라면, 후유증을 남길 것이다.

앞서 말했듯이 어떤 일이든 한 가지에만 집중하다 보면 다른 일을 멀리하게 되므로 결국 삶의 균형이 깨지고 만다. 자아의 구멍을 채우는 데 지나치게 몰두한 나머지, 그렇지 않았다면 아무 생각 없이도 자연스럽게 충족시킬 수 있었을 다양한 일상의 욕구를 돌보지 못하게 되는 것이다.

더욱이 그 구멍은 결코 외부의 것으로는 채워지지 않으므로 중독 상태는 점점 악화된다. 중독에서 얻는 위안은 잠시뿐이고, 내면의 결핍을 채우기 위해 무언가를 한다는 강박적인 안도감에 지나지 않는다. 하지만 이런 안도감 또한 허상에 불과하다. 내면의 결핍을 채우는 유일한 방법은 내면에서부터 접근하는 것이다. 100만 달러를 버는 데 성공한 사람이 종종 가난하던 지난날보다 더 공허한 느낌을 호소하는 경우가 있다. 그러면 그는 "100만 달러를 벌었는데도 여전히 기분이 그저 그렇잖아. 이 구멍은 내가 생각한 것보다 훨씬 컸던 게 틀림없어"라며 다시 허겁지겁 100만 달러를 더 벌기 위해 달려든다. 이렇게 금액이 커질수록 스스로 중독에 의존하고 있다는 확신이 굳어지면서 우리는 점점 더 불안정해진다. 한때는 아무런 외부의 버팀목 없이도 잘살았다는 사실을 까맣게 잊어버리는 것이다.

그렇다면 이 구멍은 어떻게 채워야 할까? 애초에 구멍이 생기는 이유는 무엇일까? 이런 질문에 대답하려면, 앞서 에고 독재자와 그 기반 요소의 관계에 대한 논의를 다시 생각해봐야 한다. 나는 자아의 구멍이 실제로는 허상이라고 주장했다. 에고가 제대로 보지 못하는 데서 비롯되는 허상 말이다. 내적인 결핍감은 에고가 그 기반요소 중 하나와 접속이 끊어질 때 발생한다. 우리는 에고의 지배력에 강하게 사로잡힌 나머지, 에고가 듣기를 거부하는 우리의 일부분은 아예 존재하지도 않는다고 생각한다. 에고는 워낙 통제에 집착하기 때문에, 자신의 통제를 벗어난 자원이 존재할까 봐 두려워한다. 이 점에서 에고는 모든 독재 통치자와도 같아서, "우리는 더 많은 무기가 필요하다"라거나 "우리는 바다로 가는 통로가 필요하다"라거나 "우리는 농경지가 충분하지 않으니 이웃 나라를 정복해야 한다"라고 주장한다. 히틀러Adolf Hitler가 바로 이런 에고의 전형이었다.

에고가 내적인 자원을 직시하지 못하는 이유 중 하나는 기반요소와 연결되어 있다는 사실을 필사적으로 거부하려 들기 때문이다. 그렇지만 인간에게는 보편적인 기반요소가 있다. 우리는 누구나 웃고, 울고, 화내고, 성적으로 흥분하고, 사랑하고, 미워하고, 추구하고, 무시하고, 약해지고, 강해지고, 용감해지고, 두려워하고, 탐욕을 부리고, 관대해지고, 집중하고, 산만해지는 등의 기본적인 능력을 지닌다. 인간이라면 이 모든 능력을 갖는다. 그럼에도 어떤 사람이 '절대로 울지 않고' 어떤 사람은 '항상 밝은' 것은 에고가 인간의 다채로운 능력에 규제를 가하고 한계를 정하기 때문이다. 우리의 에고는 부모의 사랑을 상실하거나 두려운 처벌을 받는 등 어떤 위협이나 위험을 인식할 때 이런 식으로 대응하여 스스로를 장애가 있거나 온전치 못한 인간으로 만든다. 에고는 온갖 위험을 주워섬기면서 더 이상 골치 아픈 부분에서 들려오는 모든 메시지를 차단하고 무시하려 한다. 예컨대 떼를 써서 부모의 미움을 사거나 자꾸 울어서 부모에게 무시당할까 봐 두려워지면, 에고는 그런 감정의 표현을 아예 중단해버릴 것이다.

이렇게 되면 두 가지 결과가 뒤따른다. 첫째로, 에고는 유기체의 인간성을 망가뜨려놓고도 그 사실에 뿌듯해한다. 그래서 유기체의 특이한 장애를 자랑하며, 한계를 오히려 미덕으로 내세운다. "나는 늘 차분해. 절대로 화를 내지 않아"라든가 "나는 항상 목표의식이 뚜렷해. 주위에서 어떤 일이 일어나도 내 계획에 없으면 전혀 신경 쓰지 않아"라는 식이다. 물론 우리 주변에는 그런 장애를 가진 사람이 워낙 많아서 새삼스러울 것도 없지만, 에고는 그런 장애를 통해 개별적이고 남다르다는 느낌("나는 남들과 달라, 그들과는 아무 연관성이 없어")을 충족하며 유기체에 대한 독재를 유지해간다(사실 우리는 장애가 없는 온전한 인간이더라도 누구나 다 특이한 존재이다. 어느 한 사람의 경험도 결코 복제될 수 없기 때문이다).

에고가 특정한 기반요소의 말을 듣지 않는 데 따른 두 번째 결과는 자신에게서 무언가 빠져 있다는 결핍을 느끼게 된다는 것이다. 절대로 울지 않는 사람은 스스로 허허롭고 냉정하며 남들에게 아무것도 베풀 수 없다고 느낀다. 절대로 화를 내지 않는 사람은 스스로 약하고 늘 심신이 피로하다고 느낀다. 남들과 다른 (그래서 '더 나은') 감정이라는 에고의 선물은 (항상 의식하지는 못해도) 남들보다 못한 감정을 대가로 치러야만 얻어진다. 인간이 인간 이상이 될 방법은 없어도, 인간 이하로 전락할 방법은 셀 수 없이 많다. 물론 결여되었다고 느끼는 기반요소는 언제나 그 자리에 있기 때문에 결핍감은 허상에 불과하지만, 이런 장애는 자신에게나 남들에게나 매우 확연하게 두드러진다.

요컨대 에고는 유기체를 온전치 못한 인간처럼 만들어 남들과 달라 보이게 함으로써 존재감을 과시한다. 에고는 유기체를 온전하게 만드는 기반요소들의 반응을 모조리 무시한다. 그 결과 우리는 다른 모든 인간들과 단절되어 있다고 느낄 뿐 아니라 그들보다 못하다고 느끼게 된다. 우리는 종종 자기 내부의 풍부한 자원을 망각하게 된다. 그렇지만 인간의 기반요소는 보편적이므로, 내부의 구멍을 메우려면 먼저 에고가 기반요소와 분리되어 있다는 허상부터 버려야만 한다.

모든 중독자는 자신이 특별하다고 느낀다. 이것은 아이러니한 일인

7장 치유에의 길

데, 보통 사람들의 눈에는 중독자들이 중독의 대상만 다를 뿐 전형적으로 보이기 때문이다. 알코올 중독자는 다들 성향이 엇비슷하고, 헤로인 중독자나 돈 중독자도 마찬가지이다. 물론 다른 차원에서 보자면 모든 인간은 특별하지만, 중독자들은 누구보다도 특별해지고 싶어 하고 그 허상에 매달리기 위해 기꺼이 심리적인 불구 상태까지도 감수하려는 경향이 있다.

중독자의 특별함은 결함과 결핍에서 비롯되므로, 중독자는 항상 이율배반적인 욕구에 시달린다. 자신을 특별한 존재로 만드는 심리적 구멍을 유지하려는 욕구와 그 결핍을 외부로부터, 즉 술과 담배, 돈, 권력, 성적 정복, 아첨, 그 밖의 무엇인가를 통해서 채우려는 욕구가 늘 공존하는 것이다.

일단 우리가 자기 안의 결핍이 진짜 구멍이 아니라 에고가 거기에 관심을 쏟지 않으려 해서 생겨난 것임을 깨닫고 나면, 문득 아무것도 채울 필요가 없다는 사실을 알게 된다. 오히려 무언가를 배출할 필요가 생기는 것이다. 이렇게 막혀 있던 자아의 일부가 표출되고 나면, 구멍이나 결핍, 공허감은 사라진다. 나는 개인적으로 울음을 통해 이런 과정을 경험했다. 대부분의 미국 남자들, 특히 와스프들처럼 나 역시 진짜 남자는 울지 않는다는 가르침 속에서 자랐다. 하지만 그런 제약을 스스로 포기한 후로는 종종 북받쳐 오르던 공허감이 눈물과 함께 사라져버리면서, 내 자신이 충만하고 활기 넘치고 즐겁다고 느끼게 되었으며, 앞으로 어떤 일에 맞닥뜨리든 대처할 자신감이 생겼다.

물론 울음이 모든 사람에게 이런 효과를 주는 것은 아니며, 나한테도 늘 그렇지만은 않을 것이다. 그것은 우리의 에고가 어떤 의사소통

라인을 끊어버렸는가에 따라, 즉 우리가 어떤 형태의 가식을 보이고 있느냐에 따라 달라진다. 예를 들어, 우리 사회의 여성들은 분노, 즉 집중적이고 직설적이고 냉철한 공격을 통해 충만함을 되찾을 가능성이 훨씬 더 높다. 여성들은 줄곧 부드럽고 순종적이며, 정서적으로 여린 사람이 되도록 훈련받아왔기 때문이다. 사실 어떤 부분이 끊어져 있는가는 큰 문제가 되지 않는다. 그 부분이 다시 연결되어 우리의 신경회로망 안에 포함되면 결핍감은 씻은 듯이 사라진다.

이처럼 내 정신 속에 결여된 부분이 없다는 자각이야말로 모든 중독을 치유하는 첫걸음이다. 우리는 모든 특성과 모든 정서적 능력을 이미 내부 어딘가에 지니고 있다. 그것은 인간에게 주어지는 생득권이다. 그런 능력은 '우리에게서 제거되지' 않는다. 단지 우리의 에고가 지레 겁을 먹고 그런 부분과의 연결고리를 끊어버렸을 뿐이다. 이러한 사실을 자각한다고 해서 문제의 해결이 간단해지지는 않겠지만, 적어도 가능해지기는 한다.

그러나 중독자들은 에고와 기반요소의 관계를 복원시키기 위해 노력하기보다 외부 자극을 예상하고 사전에 차단함으로써 계속 기반요소를 잠재워두려는 에고의 노력을 지원한다. 알코올 중독자들은 흔히 "술로 시름을 덮어버린다"라고 이야기하는데, 모든 중독에는 이같이 감정을 질식시키려는 특징이 있다. 음주는 많은 감정을 마비시킨다. 또 한편으로는 에고를 마비시켜 분노, 눈물, 사랑, 성욕, 기타 수많은 감정이 에고의 승인을 받지 않은 채 표출되기도 한다. 부 중독은 원하지 않는 불안을 예상함으로써 그것을 질식시킨다.

아기가 운다면 배가 고프거나 어떤 불편함을 느끼기 때문이다. 울음은 그 자체로도 어느 정도 위안을 준다. 만약 아기가 우는 것조차 할 수 없다면 모든 불편함이 말할 수 없는 고통이 되었을 것이다. 그런데 에고가 우는 능력을 억누른다고 가정해보자. 아이는 시시때때로 헤어날 수 없는 고통에 빠질 수 있으며, 끔찍한 공허감과 압도적인 공포를 느끼게 될 것이다. 이 경우 건강한 해결책은 우는 반응을 되살리는 것이다.

그러나 중독자가 택하는 해결책은 애초에 울 일(혹은 비명을 지르거나 분노하거나 뛰거나 싸우거나 사랑할 일)이 생기지 않도록 세상을 재편하는 것이다. 만약 우리가 항상 먹을 음식이 풍족하거나 매일매일 오르가슴을 느끼거나 혼자서도 외로울 틈이 없다면 애초에 에고가 억제하는 방식으로 반응할 필요조차 없어질 것이다. 물론 이런 해결책은 실질적인 효과가 없고 지칠 정도로 끊임없는 경계를 요하지만, 에고가 추방해버린 기반요소와 소통할 의사가 없다면 임시변통으로 찾을 수 있는 대책은 이것뿐이다.

모든 중독은 추방당한 기반요소와의 접속을 재개함으로써, 즉 그들의 말을 다시 귀 기울여 들음으로써 해결될 수 있다. 그러나 우리는 중독을 '의지력으로 정복'하여 극복할 수 있다고 믿으려는 경향이 있다. 이것은 당연히 에고의 언어이자 내면적인 독재자의 언어이다. 우리는 완력과 '도덕적 기강'으로 '적'에 맞서 싸울 태세를 갖추고, 그 적은 우리 외부에 있거나('독한 술', '골치 아픈 문제' 등) 어떤 식으로든 우리 내면으로 잠입하여 에고의 비밀경찰에게서 수사를 받아야 할 은밀하고 교활한 스파이로 여겨진다. 에고는 추방당한 자들을 돌아오게 하기는커녕, 애초의 억압 때문에 생겨난 반체제 인사들까지 진압하려 든다.

많은 사람이 스스로 '의지력'을 발휘해 중독을 극복했다고 생각하지만, 전체적으로 보자면 아마 이런 접근법을 택한 사람들 중에 실패한 쪽이 성공한 사례보다 100배는 많을 것이다. 더구나 성공한 사람들조차 그들이 성공한 진짜 이유를 착각하기 일쑤인데, 뒤에서 살펴보겠지만, 에고에는 유기체가 거둔 모든 성공의 공훈을 독차지하려는 치사한 버릇이 있기 때문이다.

중독의 치유는 정복이 아니라 해방을 통해, 즉 에고에 의해 침묵을 강요당한 자신의 일부분을 풀어줌으로써 공허감을 채워야만 비로소 해결된다. 올바른 상황에서는 이런 치유 과정이 에고의 어떤 간섭 없이도 점진적이고 자연스럽게 이루어진다. 어떤 의지력도, 어떤 자신과의 싸움도, 어떤 신년 각오도 필요 없다. 모든 유기체는 온전해지기를 원하므로, 선택권이 주어지면 올바른 방향을 향해 자연히 나아갈 것이다.

그렇지만 이 단서 조항이 바로 문제가 된다. 무언가에 중독되어본 경험이 있는 사람이라면 (사실 오늘날 미국에서 주류로 사는 사람들은 누구나 무언가에 중독되어 있다) 위 문단을 이의 없이 읽어내지 못할 것이다. 그렇게 말처럼 쉽다면, 중독이 무슨 문제겠는가?

중독을 치유하기가 어려운 이유는 막상 에고가 없으면 유기체가 이미 알려진 선택지 중에서만 고를 수 있기 때문이다. 만약 에고가 우리의 인식을 한 가지 경험으로만 제한해놓으면, 나머지 유기체는 그 제약 안에 갇히고 만다. 에고는 가상의 가능성을 상상할 수 있는 능력이 있지만, 기반요소는 오로지 주어진 가능성 가운데서만 선택할 수 있다. 에고가 나머지 유기체를 어둠 속에 가둬놓는 한, 어떤 중독도 치유될 수 없다.

에고가 이렇게 나머지 유기체를 어둠 속에 가둬놓는 이유는 애초에 우리를 중독 상태로 만든 장본인이 에고이기 때문이다. 그런데 이 사실은 쉽게 망각되는 경향이 있다. 에고가 끊임없이 "나는 이 중독 상태(음주, 흡연, 마약, 폭식, 쇼핑 등)에서 벗어나고 싶지만 네가 워낙 나약한 겁쟁이라 그럴 수 없을 거야"라고 속삭이는 탓이다. 이것은 에고의 가장 영리한 속임수 중 하나로, 마치 언론과 대학을 탄압하면서도 대중에게 무지하고 세상물정을 모른다며 질타하는 독재자와도 같다. "내가 당신들을 위해 모든 생각을 대신 해줘야 한다"라는 식이다.

유기체는 에고가 선택권을 제공하는 경험을 허락하지 않는 한 아무것도 배울 수 없다. 유기체가 일단 건강하고 온전한 상태의 느낌을 경험하고 나면, 에고의 도움이 있든 없든 자연히 그런 상태를 향해 나아갈 것이다. 건강한 상태를 지향하는 유기체의 움직임은 에고에게 방해받을 수도 있고, 자신의 이해관계를 위해 중독을 계속 부추기는 연인, 친구, 친지들도 있겠지만, 자연적인 충동은 언제나 그 자리에 남아 있을 것이다.

많은 사람이 흡연이나 사탕 중독 등 어떤 중독에서 벗어나려고 기를 써도 금단현상을 이겨내지 못해 번번이 실패하다가, 1~2년 후에 갑자기 아무 어려움 없이 중독을 끊어본 경험이 있을 것이다. 간혹 중독은 저절로 수그러들어서 어떤 '의지력'도 불필요할 때가 있다. 중독을 포기하는 데 극도의 스트레스와 내면적 투쟁이 수반될 때도 있지만, 때로는 수년 동안 필사적으로 매달려 있던 줄에서 손을 놓았더니 불과 몇 인치 아래에 땅이 버티고 있었음을 발견하는 경우도 있다. 나는 두 가지 경험을 다 해보았는데, 이 밖에도 별 생각이나 노력이나 계획 없이, 수차례의 재발을 반복하는 사이 중독 증세가 서서히 완화되는 점진적인 세 번째 유형도 있었다.

나는 중독에서 벗어나는 것이 박력 넘치게 밀어붙이면서 자신과 싸우는 문제가 아니라, 주로 몸의 소리를 들어주는 문제임을 깨닫게 되었다. 중독이 치유되는 과정에서 어떤 시점에 이르면 이따금씩 내 몸이 내가 그토록 탐욕스럽게 흡입하는 것을 필요로 하기는커녕 처음부터 원하지도 않았다는 이야기가 들려오기 시작한다. 내 머릿속의 다분히 습관적인 반응은 여전히 나를 중독으로 몰아가지만, 일단 내면에서 조금이라도 반감 어린 소리가 흘러 나오기 시작하면, 그 중독의 나날도 끝이 보이는 셈이다. 가끔씩 내가 들을 수 있는 말은 "이제 됐어" 정도의 메시지이지만, 그마저도 전에는 막막한 공허감 속에 파묻혀 들리지 않던 말이다. 조금 더 지나면 또 다른 목소리가 들려온다. 내면의 힘과 평온과 충만함을 느끼는 것이다. 그리고 마침내 살아 있는 것만으로도 기뻐하는 목소리가 점점 더 또렷이 들려오게 된다. 기쁨의 목소리는 오로지 '구멍이 채워지고' 채널이 다시 열릴 때에야 들을 수 있다. 기쁨은 우리의 기반요소들 간의 재회에서 비롯된다. 오랜 친구들이 오랫동안 떨어져 있다가 다시 만나 서로 인사를 건네거나, 단지 함께 어울린다는 사실만으로도 즐거움을 느끼는 것이다.

일단 이 단계에 도달하면, 둘 중에 한 가지 일이 벌어진다. 내가 그동안 중독되어 있던 대상을 더 이상 원하지 않고 그것이 매력을 상실했다는 사실을 발견하든가, 혹은 그것을 비중독적으로 소비할 수 있게 되어 그것이 곁에 있으면 즐기더라도 없다고 해서 굳이 애써 찾지 않는 상태에 이르는 것이다. 어떤 경우라도 부자연스러운 노력이나 강요는 수반되지 않는다. 온전한 상태를 추구하는 자연스런 충동이 있다면 내가 포기한 것을 또 다시 시도할 이유가 없는 것이다.

중독을 치유하는 것이 쉬운 일이라고 말하려는 것은 아니다. 거의 항상 그렇듯이 시작 단계는 어렵고 때로는 몹시 고통스럽지만, 본인 스스로가 필요 이상으로 치유를 힘들게 만들기도 한다. 정확히 말하자면 에고가 중독의 치유를 어렵게 만드는 것일 텐데, 에고가 아무리 그동안 중독에서 벗어나라고 우리를 다그쳤더라도 실제로는 그 중독에 많은 투자를 해왔기 때문이다.

같은 이유로, 일반적인 믿음과는 달리 에고는 중독의 치유 과정에서 극히 미미한 역할을 할 뿐이다. 유기체는 일단 대안적인 선택지가 있다고 느끼면, 바로 그쪽을 향해 나아가려 한다. 중독은 불쾌한 반면 건강은 기분 좋은 상태이기 때문이다. 유기체는 시행착오를 통해 점진적이고 자연적인 방식으로 중독을 치유해간다. 우리는 종종 이 과정을 선과 악의 위대한 투쟁인 것처럼 극적으로 미화하려는 경향이 있다. 1막과 3막에서는 사악한 럼주나 악마 니코틴이 승리를 거두지만, 2막과 4막에 이르러 고결한 천사가 승리를 거둔다는 식이다. 사람들은 흔히 자기에게 일어난 일을 과장하기를 좋아하지만, 실제 벌어지는 일은 그저 연속적인 근사법을 통해 최적의 균형을 찾으려 노력하는 유기체의 건강 찾기일 뿐이다.

일례로 '재발'의 개념을 살펴보자. 재발은 보통 영구적이지 않으면 다행인 일종의 비극적인 패배로 여겨진다. 많은 재발이 사실상 영구적이고, 유기체를 약하고 중독적인 상태로 유지하려는 독재적인 에고나 다른 사람의 승리를 의미하는 것도 사실이다. 그러나 재발 자체를 충격과 절망의 원인으로 이해해서는 안 된다. 재발은 유기체가 에고와 별개로 스스로를 치유해가는 과정의 자연스런 일환이기 때문이다.

기반요소는 건강한 상태에 이르는 방향을 알게 되면, 그쪽을 향해 앞이 안 보이는 채로 무작정 손으로 더듬고, 시행착오를 거듭하며 나아가기 시작한다. 그렇지만 건강이 **어느 방향**에 있는지를 아는 것만으로는 충분하지 않다. 건강이 **얼마나 멀리 있는지**도 알아야 한다. 기반요소는 항상 최적의 위치를 추구하고, 그 위치는 오로지 연속적인 근사법을 통해서만 도달할 수 있다. 이것은 손으로 더듬어가는 방식으로, 직선처럼 보일지 몰라도 실제로는 점점 작아지는 일련의 지그재그식 이동을 통해 목표에 조금씩 다가가는 방식이다. 지그재그는 단지 좌우 이동뿐 아니라 앞뒤로의 이동도 포함한다. 손을 앞으로 쭉 멀리 뻗었다가 너무 뒤로 뻗었다가를 반복하며 마침내 목표에 도달하는 것이다. '재발'은 바로 여기에서 손을 뒤로 뻗는 경우라고 보면 된다. 기반요소는 새로운 위치로 성큼 나아갔다가 물러섰다가('재발')를 거듭하며 그렇게 멀리까지 나아가는 것이 정말 필요한지를 검토한다. 기반요소는 '볼' 수가 없기 때문에 손으로 더듬어가며 길을 찾아야 하는데, 그것은 끊임없는 비교를 통해서만 가능하다. 이상하고 불편하지만 흥분되는 새로운 경험은, 익숙하고 성가시지만 편안하고 지루한 경험보다 더 좋을까, 나쁠까? 또 그렇다면 얼마나 많이 좋거나 나쁜 것일까? 최적의 위치는 어디일까? 유기체는 답을 찾기 위해 끊임없이 경험을 비교해야 한다. 새로운 경험의 낯설고 불편함이 점차 줄어들고 낡은 경험의 불만족스러운 속성이 점차 명확히 부각되면, 준거점도 계속해서 변하게 마련이다.

우리가 1부터 100까지의 연속체를 따라 길을 더듬어 나간다고 가정해보자. 1은 어떤 물질에 대한 전적인 의존 상태를 나타내고, 100은 완전한 금욕 상태를 의미한다. 우리는 1에서 시작하여, 어느 날 갑자기 17이 되면 어떤 느낌인지를 경험한다. 그 후 다시 1로 돌아오지만 그 경험을 통해 1보다는 훨씬 좋을 것 같은 6까지 가보자는 마음이 생긴다. 6에 도달하면 다시 12를 추구하다가 잠시 7로 되돌아온다. 이 과정에서 우리는 점점 변화에 익숙해지는 한편, 스스로 얼마나 불만족스러운지를 더욱 명확히 깨닫게 된다. 우리는 17을 기억하기 때문에 그것을 추구하고, 처음보다는 한결 수월하게 17을 찾아내며, 갑자기 39까지 달려가고 싶다는 폭발적인 열정에 사로잡혔다가 충격을 받아 다시 15로 되돌아오는 식을 반복한다. 그 결과 우리는 100 또는 50 또는 20에서 치유 과정을 마치게 될 것이다. 요컨대 이런 연속적인 시도와 재발 없이는 우리의 경험을 비교할 대상이 아무것도 없는 것이다.

사람들은 저마다 시행착오를 겪는 양상도 다르다. 어떤 사람은 멀리 도약했다가 밀려나기를 자주 반복한다. 어떤 사람은 최적의 위치가 87이란 사실을 알게 되더라도 2, 3, 4, 5, 6…과 같이 아주 조심스럽게 전진한다. 멀리 도약하는 방식은 너무도 극적이고 요란한 반응을 유도하기 때문에 미세한 변화의 소리를 포착할 수 없고, 경험을 통해 아주 정확한 정보는 얻지 못한다는 문제가 있다. 반면, 조심스러운 접근법은 워낙 속도가 느리기 때문에 살아생전에 최적의 지점에 도달하지 못할 수도 있다는 한계가 있다.

이중 어느 쪽도 금단현상에 대한 점진적인 접근을 선호하는 것으로 이해되어서는 안 된다. 치유 과정은 근본적으로 항상 점진적이지만, 치유 행위는 진정으로 새로운 경험을 맛볼 수 있을 만큼 극적이어야 한다. 예를 들어, 갑작스러운 금연 대신 담배를 서서히 '줄이는' 대부분의 사람은 단지 흡연 욕구를 그대로 유지하면서 기반요소에게 치유 과정이 얼마나 불쾌한지를 가르칠 뿐, 중독에서 벗어난 상태의 진정한 기쁨, 즉 음식 맛이 느껴지고, 후각을 회복하며, 가슴이 확 트이는 느낌 등은 경험하지 못한다. 다시 말해 이것은 이도 저도 아닌 최악의 선택이다. 가장 심각한 신체 중독에는 갑자기 완전히 중단해버리는 치유책이 필요한데, 그 '악마' 같은 중독성이 너무 강해서가 아니라 기반요소에게 변화를 위한 충분한 정보를 제공할 만큼 극적인 효과가 필요하기 때문이다.

변화에는 두 단계가 포함된다. 실험적으로 행동하는 단계와 그 피드백을 완전히 이해하는 단계이다. 만약 치유 행위가 필요 이상으로 점진적으로 이루어지다 보면, 기반요소가 함께 움직일 만큼 정보가 충분하지 않다. 반대로 치유 행위가 한쪽 극단에서 다른 쪽 극단으로 미친 듯이 오간다면, 에고가 많은 정보를 제공하기는 해도 기반요소가 그것을 감당하지 못한다. 중독을 치유하는 데는 실험과 그에 따른 반응을 경청하는 단계가 모두 필요하고, 만약 어느 한쪽이라도 부족하다면 어떤 변화도 일어나지 않을 것이다. 너무 작은 폭으로 움직이거나 반대로 지나치게 요란한 소음을 내는 것은 에고가 그 기반요소를 계속 약하고 무력한 상태로 유지하기 위해 부리는 술수에 지나지 않는다.

예를 들어, 나는 몸이 찌뿌둥하고 내키지 않을 때는 어떤 신체적 활동이든 강제로 하다 보면 거의 항상 후회하게 된다는 것을 발견했다.

내가 겪었던 사소한 부상들은 모두 이런 상태에서 발생했다(예컨대 근육 결림은 무리해서 움직인 탓에 생겨난다. 유기체의 일부가 경직되어 잘 움직이지 못하다 보니, 나머지 부분이 혹사당하는 것이다). 그렇지만 몸 상태가 좋을 때의 신체 활동에서는 내 몸이 살아나고 내 자신이 즐긴다는 것을 알 수 있다. 여기서 말하려는 요지는 두 가지를 모두 챙겨야 한다는 것이다. 기반요소가 변할 수 있다는 것을 발견하기에 충분할 만큼 자주 실험을 해야 하고, 그 후에는 자극을 주면 사라져버리는 나태한 느낌과 계속 지속되어 부상에 이르는 느낌의 차이를 감지할 수 있을 만큼 주의 깊게 반응을 경청해야 한다.

　나는 중독을 치유하는 것이 (1) 기반요소를 해방시키는 실험과 (2) 그 피드백에 열심히 귀 기울이는 문제라고 말했고, 점진적이고도 지그재그식으로 이루어지는 변화의 속성을 강조했다. 특히 변화의 지그재그식 속성을 강조한 것은 마구잡이의 무성의한 실험을 권장하기 위해서가 아니라 재발에 따라붙는 낙인을 떨쳐냄으로써, 종종 재발과 함께 나타나 중독을 강화하는 파괴적인 자기 방치를 경계하기 위해서다. 중독은 오로지 내면적인 힘의 원천과 접속해야만 치유될 수 있는데, 자기 비난은 이 과정에 크나큰 장애물이 된다. 스스로 중독되어 있다는 사실을 직시하는 것은 중요하지만, 한번 자신을 비난하는 마음이 들면, 자기 질책과 죄책감이 걷잡을 수 없이 커져만 간다. 재발이 나타난다고 자신을 함부로 내팽개치지 말고, 그만큼 오래 버틴 것을 칭찬해주어야 한다. 그래야만 자기혐오 속에서 허우적대지 않고 다시 도전해볼 용기가 생길 것이다(물론 새로운 피드백을 진심으로 귀담아 들을 경우의 이야기이다). 에고는 유리잔의 물이 반쯤 찼다고 보기보다 반쯤 비었다고 보려는 성향이 강한데, 이것은 기반요소의 근원적인 힘을 인정하려 들지 않기 때문이다.

이상이 우리의 기반요소가 학습하는 방식이다. 이것은 민주적인 학습으로, "어리석은 자가 그 어리석음을 끝내 고집하면 지혜로워진다"라는 윌리엄 블레이크William Blake의 말과도 상통한다. 에고는 때때로 기반요소가 어떤 일의 무용성을 깨닫기도 전에 우리에게 그 일을 하지 말라고 지시한다. 때때로 우리는 오랫동안 고통을 견뎌낸 다음에야 학습이 가능해진다. 그리고 때때로 우리는 어리석다는 이유로 스스로를 방치함으로써 불필요한 고통을 가중시킨다.

어찌 보면 기반요소의 학습이 유일한 학습이다. 에고는 그 허세와 생색에도 불구하고 직접 우리를 학습시킬 수는 없다. 에고가 아무리 수년간 핏대를 세우고 고함을 질러댄들, 중독에 대한 탐닉을 심화하는 것 외에는 아무런 효과가 없을 수도 있다. 우리는 끊임없는 에고의 잔소리에 시달리지만, 귀를 기울여봤자 우리 마음에 구멍이 있다는 느낌만 재차 확인할 뿐이다. 정말로 기반요소에 권력을 줄 생각이 있는 에고라면 비난하지 않고 격려한다. 비판적인 에고는 유기체에서 결여되어 있는 것만 부각시켜 스스로 독재자임을 드러낸다. 에고의 간섭과 비판에는 '나 없으면 너는 아무것도 아니야. 너는 나약하고 무기력해서 혼자 힘으로 잘 지내거나 제 역할을 잘해낼 수 없어'라는 무언의 메시지가 깔려 있다. 이런 메시지에 대한 자연스러운 반응이 바로 중독이다. '나에게는 구멍이 있으니까 이것을 채워야만 해'라고 생각하는 것이다. 그래서 비판적인 에고는 중독과 싸우지 않고 오히려 중독을 지속시킨다.

세상에는 끊임없이 자신을 질책하고 벌주고 비난하면서 헛되이 결심만 되풀이하는 온갖 종류의 중독자들로 가득하다. 중독이 치유된다면, 그 치유 과정의 중심에는 반드시 기반요소가 있다. 여기에 예외란 없다. 그런데 사람들은 대부분 이렇게 생각하지 않는다. 그들은 '저차원적인 본성'을 '고차원적인 동기'가 정복했다고 본다. 그들은 수시로 맹세를 하고, 아주 드물게 변화가 일어나면 그 맹세가 아무 영향도 미치지 못했던 무수한 실패를 망각한 채 에고를 찬양한다.

사람들은 믿기 힘들 정도로 에고의 잡음을 내며 중독과 '투쟁을 벌인다'. 앞서 이야기한 점진적인 치유의 시나리오는 에고의 팡파르에 가려진다. 사람들은 완전히 중독을 끊겠다고 맹세했다가 어느 순간 원점으로 돌아가고, 다시 맹세를 했다가 되돌아가기를 반복하면서도, 줄기차게 다시는 문제의 대상에 절대 손대지 않을 것이고 만약 술 한 방울이나 담배 한 개비에라도 손을 댄다면 또 다시 원점일 것이라고 주장한다. 이런 경우에 사실상 기반요소는 55~60 정도의 어느 지점에 머물러 있는데도, 에고가 그들에게 100에 도달한 척하라고 강요하기 때문에 그들은 현실을 알지 못한다. 그들은 스스로 어느 지점에 있는지를 명확히 알지 못하므로 여전히 중독자라고 보아야 마땅하다.

에고는 '한번 중독자는 영원한 중독자'라는 논리로 독재 통치를 유지하고, 유기체로 하여금 마음에 구멍이 있다고 믿게 만든다. 보통 이런 부류의 '과거 중독자'들은 무언가 다른 것을 찾아, 전보다 가시적이지 않고 사회적으로 용인되는 대상으로 중독을 옮겨간다.

심지어 중독이 실제로 완치되는 경우에도, 에고는 그것을 자기 공으로 돌리려는 경향이 있다. "너는 여전히 완전하지 않다. 내가 너를 건강하게 만들었고, 내가 너의 약점을 극복했기 때문이다. 너는 여전히 중독자로 남길 바랐지만 내가 너를 구했다." 이런 식이면 치유의 이점이 상당 부분 사라진다. 그러나 우리 자신, 우리 안의 기반요소가 자발적으로 원하지 않았다면 중독을 결코 포기할 수 없었으리라는 것, 그것이 진실이다. 공이 없는 곳에 공을 돌려서는 안 된다. 에고는 수년 동안 눈곱만큼의 영향도 미치지 못한 채 우리(와 누군가의 삶)에게 비난만 일삼는 존재였다. 따라서 치유는 온전히 우리 자신의 힘으로 이룬 것이고, 우리 삶의 전인성이 늘어났다는 증거이다.

지금까지 나는 이 인간의 구원을 다룬 드라마에서 에고에 심각한 역할을 맡겨왔고, 에고가 유기체에 미친 영향이 대체로 부정적이었던 것도 사실이다. 그렇지만 5장에서 주장했듯이, 반드시 이래야 할 필요는 없다. 에고도 민주화하거나 유용한 역할을 하도록 가르칠 수 있다. 더욱이 에고에는 긍정적일 뿐 아니라 필수적인 기능이 한 가지 있다. 대부분의 중독 치유가 에고의 개입 없이는 시작조차 하기 힘들다는 점이다.

그 이유는 매우 간단하다. 우리의 기반요소는 알려진 대안들 중에서 최적의 위치를 향해 길을 더듬어가며 시행착오를 통해 배운다. 기반요소는 가상의 가능성을 상상해낼 능력이 없다. 예측과 상상은 오로지 에고만이 할 수 있다. 에고는 대안을 찾을 수 있고, (이를테면 '갑작스런 중단' 같은) 새로운 상황에 유기체를 시험적으로 대입해볼 수 있으므로 기반요소가 건강을 향한 길을 모색하는 과정에서 검토할 새로운 대안을 제시한다. 그러나 기반요소는 유기체가 실제로 대안을 경험하기 전까지 어떤 움직임이나 선택도 할 수 없다.

결국 중독을 치유하기가 그토록 어려운 이유는 에고가 치유를 시작하는 데 필수적이면서도 동시에 치유 과정에서 주된 장애물로 작용하기 때문이다. 인류 역사의 모든 지도자들처럼, 에고도 자신의 직권을 유지하기 위해 때로는 공익에 따라 행동하고, 때로는 이기적으로 행동한다. 국민이 힘이 있고 기민할 때는 그 차이를 구분할 수 있기 때문에 지도자가 도움이 될 때는 그를 지지하고, 그가 오만하게 굴 때는 반대하거나 권력을 빼앗을 수 있다. 좋은 지도자는 국민의 종복이고, 좋은 에고는 기반요소의 종복이어야 한다.

에고가 도움이 되는지 아니면 제 잇속만 차리는지를 구분하기는 그다지 어렵지 않다. 우리를 비난하고 질책하는 에고라면 언제나 자신의 독재를 유지하는 데 최우선순위를 둘 것이다. 반면에 우리에게 새로운 활동을 시도하고 합리적인 모험에 나서라고 권하는 에고는 우리의 충성스러운 종복이다. 물론 대다수의 사람들에게 그 구분이 말처럼 명쾌하지는 않다. 에고는 양면적이어서 비판과 격려, 엄격함과 융통성을 겸비하기 때문이다.

에고의 성과를 평가하기에 좋은 기준은 엄격함이다. 독재적인 에고는 도덕적으로 가혹한 태도를 취한다. 이런 에고는 이념을 쏟아내고 순수성과 금욕, 그리고 절대성을 논한다. 또 우리가 가장 약하다고 느낄 때 우리를 압박한다. 한편 민주적인 에고는 실험적이고, 호기심 많고, 모험적이며 사려 깊다. 이런 에고는 우리가 강할 때 우리를 붙잡고 "당장 한번 해봐!"라고 외친다.

중요한 것은 에고가 말하는 내용이 아니라 스타일이다. 독재적인 에고는 항상 모종의 엄격한 원칙에 따라 작동한다. 그 원칙이 금욕주의적이든 쾌락주의적이든 상관없이, 독재적인 에고는 상황과 타인과 기반요소에 유연히 대처하기보다 이미 정해진 원칙에 따른다. 에고가 주도하는 유기체는 관료주의적이다. 에고에게는 모든 상황에 예외 없이 적용하는 원칙이 있다. 에고는 '항상'과 '결코'를 좋아한다. 에고는 또 주어진 상황에서 원하든 원하지 않든 간에 '손대지 않는다'거나 '거부할 수 없다'. 때로는 이것이 다소 까다로워질 수 있다.

많은 독재적인 에고가 게슈탈트 심리학Gestalt psychology이나 오늘날 널리 유행하는 부르주아 유심론을 일부 받아들였다. 에고는 '내가 하고 싶은 것을 한다'라거나 '시류에 따른다'라는 엄격한 원칙을 확립했고, 이것은 표면적인 의미와는 달리 자발성이 결여된 기계적인 형태이기 쉽다. 쾌락주의는 단지 기반요소의 '마음을 얻기 위한 임시방편'일 뿐으로, 에고는 무슨 수를 써서든 권력을 나누지 않으면서 그들에게 제한적인 선물 공세를 편다. 독재자의 성향은 오로지 '나의' 쾌락에 복무하는 개인주의적인 스타일에서 여실히 드러난다.

그러나 기반요소는 보편적인 공동체의 일부이고, 이 세상을 '내 것'과 '네 것'의 관점으로 바라보지 않는다. '내 것'을 따지는 모든 행동이 에고가 여전히 독재자임을 시사한다. 부르주아 유심론 역시 마찬가지다. 만일 어떤 사람이 자신의 개인적인 계몽이나 영성 개발에만 몰두한다면, 에고가 여전히 왕좌를 차지한 채 인간에 못 미치는 존재로서의 '특별함'을 추구하기로 작정한 것이다. 에고의 엄격성, 일관성, 타인에 대한 무관심은 에고가 여전히 기반요소의 일부를 거부하고 있음을 폭로한다.

부와 검소함

> 자발적으로 선택하지 않은 가난은 자유, 즉 물질의 노예로부터의 자
> 유라는 목표를 좌절시킨다. **스와미 비베카난다**Swami Vivekananda

나는 유연하고 민주적인 유기체는 다른 유기체로부터 단절되려는
노력에 시간을 허비하지 않는다는 것을 다양한 방식으로 입증해 보이
려 했다. 모든 유기체의 기반요소는 다른 모든 유기체의 기반요소와
불가분의 관계에 있다는 사실을 잘 안다. 혼자 거드름을 피우며 남과
의 거리 두기에 집착하는 것은 지극히 독재적인 에고뿐이다. 물론 그
런 태도 또한 허세에 불과할 뿐, 모든 에고 독재자는 기실 두려움과
오만함, 기반요소에 기생하는 의존성, 그러면서도 그런 의존성을 부인
하는 입장 등을 공통적으로 지닌다. 그럼에도 중독 경제는 영웅적인
단독자를 자처하는 우리의 에고에 절대적으로 의존하면서, 인간은 누
구나 혼자이고 개별적이며 사랑과 인정을 얻기 위해 필사적으로, 그것
도 모두에게 해로운 온갖 방법으로 경쟁한다고 매일같이 우리를 설득
한다(이른바 '분할 정복'을 위해서다). 나아가 온갖 대중매체와 의학, 정신
과학, 법 등을 동원하여 우리 인생에서 맞닥뜨릴 수 있는 난관은 오로
지 개인적인 문제에 지나지 않는다고 강조한다.

그렇지만 전통적인 마르크스주의에 입각하여 우리 인생의 난관이
개인적인 문제가 아니라고 주장하는 입장 역시도 동일한 오류를 저지
르는 셈이 된다. 기반요소는 보편적이고 서로 연계되어 있으므로 개인
적인 문제와 정치적인 문제가 결국 하나로 일치하기 때문이다. 당신의

내적인 문제, 나의 내적인 문제, 우리의 사회적 문제는 사실상 단일한 문제인 것이다.

국가 지도자는 무엇보다 국민을 위해 일해야 하고, 에고는 무엇보다 기반요소를 위해 일해야 한다. 하지만 '어떤 것'의 기반요소와 다른 모든 기반요소 사이에는 차이가 없으므로 에고의 서비스는 결국 모든 존재의 모든 기반요소를 지향하는 것이 옳다. 그런데도 오직 민주적인 에고만이 자신의 기반요소와 남들의 기반요소에 똑같이 관대하고 보호적이다. 어떤 에고는 타인을 만족시키기 위해 자신의 기반요소를 무시하는 '이타적'인 태도를 취한다. 그런가 하면 또 다른 에고는 마치 거들먹거리는 것이 깨우침의 증거라는 듯이 자신의 기반요소는 떠받들면서 다른 사람들의 기반요소를 함부로 대하여, 방종한 태도를 이데올로기의 문제로 만든다. 이런 사람들은 깨우침이 개인적인 영역이라고 보기 때문에 오만방자하고, 상호 의존성이 의지력으로 이루어져야 한다는 주장에 누구보다 앞장선다. 두 가지 접근법 모두 에고가 자신만을 생각하고 스스로를 과대포장하면서 만들어낸 거짓에 지나지 않는다. 진정한 민주주의적 자발성과 정신적인 관대함은 자신의 기반요소든 타인의 기반요소든 배제하지 않으며, 애초에 양자를 구분하지도 않을 것이다. 자신의 기반요소와 다른 모든 기반요소를 명확히 구분한다는 사실 자체가 에고의 독재적인 성향을 드러낸다. 독재적인 에고만이 자타의 구분에 집착하기 때문이다. 만일 에고가 다른 사람의 기반요소를 돌보지 않는다면, 자신의 기반요소 역시 진심으로 돌보지 않는 셈이고, 그 반대 역시 마찬가지이다.

우리 사회는 우리가 중독자가 되도록 훈련시키고, 자신을 표현하거나 균형을 이루기보다는 무언가를 구매하거나 흡입함으로써 스트레스와 긴장을 풀도록 유도한다. 할리우드 영화나 TV시리즈의 주인공들은 불편한 상황에 직면했을 때 자기 느낌을 있는 그대로 표현하기보다 "나는 술이 필요해"라고 말한다. 또 담배를 한 모금 빨면서 시간을 끌어 눈앞에 닥친 문제에 대한 반응을 가식적으로 꾸며내기도 한다. 아이들은 아주 어려서부터, 그리고 꼭 광고에서가 아니더라도 '스트레스의 첫 번째 신호'에 대한 적절한 반응은 다른 무언가에 의지하는 것이라고 배운다. 화가 나면 술을 마시거나 약을 복용하고, 외모가 창피하면 화장품을 사고, 열등감이 들면 차를 사는 식이다. 그렇지만 이런 충고에 따를 때마다 자신에게 구멍이 있다는 확신은 더욱더 깊어질 뿐이다.

해마다 정신과 의사들은 크리스마스 시즌에 많은 사람들이 우울해지고 자살 충동을 느끼는 이유에 대해 글을 쓴다. 그들은 대개 유년기의 쓸쓸한 기억과 실망으로 끝난 기대, 그 밖에 중독적인 문화의 기본 교의를 건드리지 않는 다른 요건들을 들먹인다. 그렇지만 이제는 사람들이 크리스마스 때가 되면 (1) 자신이 갖지 못한 것과 (2) 다른 사람에게 주어야 할 것을 고민하도록 강요받기 때문에 비참함을 느낀다는 사실이 명백해졌다. "이번 크리스마스에 무엇을 원해(무엇이 부족해)?"라는 질문에 사람들은 이렇게 농담을 한다. "앞니 두 개", "올해만이라도 안 싸우는 행복한 가족", "내 청춘" 등등. '원한다want'는 단어는 욕망과 결핍을 둘 다 의미하므로, 크리스마스 때 사람들은 하나같이 어딘가 '결여된 상태'가 된다고 말해도 무리가 아닐 것이다. 크리스마스는 미국인들이 기념하는 최대 휴일이자, (적어도 현재와 같은 형식이라면) 부 중독에 기초한 사회에 대단히 잘 어울리는 기념일인 셈이다.

많은 사람이 부 중독을 알코올 중독이나 마약 중독과 같은 시각으로 바라보는 데 어려움을 느낀다. 그들에게 중독이란 곧 약점이자 탐닉 행위인데, 물건을 사고 돈을 쓰는 것은 이 요건에 부합한다고 해도, 부 중독의 다른 여러 측면, 즉 신중한 계획, 재산 축적, 성취욕, 엄격한 원칙 등은 일반적인 중독 증세와 거리가 멀다고 생각하기 때문이다. 가난한 알코올 중독자의 아내 중에는 남편이 제발 하룻밤 사이에 부 중독자로 변하기만을 간절히 바라는 사람도 많을 것이다.

모든 중독에는 나름의 부작용이 있지만, 그런 부작용이 약점이나 강점, 규율이나 탐닉 중 어떤 형태를 띠느냐는 중독의 심각성과는 별개의 문제이다. 어떤 일도 열심히 할 수 없는 사람이든, 한시도 일을 멈출 수 없는 사람이든, 둘 다 중독자이긴 마찬가지이다. 앞서 3장에서 지적했듯이, 에고는 언제나 어수선하거나 언제나 잘 정리된 상태가 안전하다고 주장할 것이다. 바로 그 '언제나'라는 말에 독재적 성향과 중독성이 숨겨져 있다. 술이든, 칭찬이든, 돈이든, 지위든 그것이 있어야만 스스로 온전하다고 느낀다면, 그 사람은 중독자이다.

인생을 즐기는 사람에게는 '일 중독자'의 엄격한 자기 규율이 대단히 인상적으로 보인다. 하지만 나 역시 과거 일 중독자의 한 사람으로서 장담컨대, 일 중독에는 어떤 특별한 '의지력'도 필요치 않다. 일은 다른 모든 것처럼 도피처나 탐닉 대상이 될 수 있고, 나 자신도 오랫동안 그런 식으로 일했었다. 끝마치지 못한 일을 집어 드는 데는 텔레비전을 켜는 것보다 딱히 많은 의지력이 필요하지 않다. 끊임없이 일에 파묻힘으로써 나는 어려운 의사결정과 복잡한 인간관계에서 달아

날 수 있었고, 무엇보다 나 자신을 회피할 수 있었다. 그것은 죄책감을 느낄 필요 없이 재미나고 끝없이 이어지는 소설을 읽는 것과도 같았다. 오히려 일 중독을 포기하는 과정이 훨씬 더 힘들었는데, 다시금 내가 누구이고 무엇을 원하는지, 다른 사람과 어떻게 연결되어 있으며 내 시간을 어떻게 사용하는지를 직시해야 했기 때문이다. 나는 이런 문제를 연구하기 시작하면서 비로소 내 끊임없던 일의 90퍼센트가 오로지 '열심히 일한다'라는 사실상 약에 취한 상태를 유지하는 데에나 유용하던 헛짓이었음을 깨달았다.

나는 여전히 일이 매우 즐겁다. 나는 도전을 좋아하고 내가 쓸모 있다는 느낌도 좋아한다. 하지만 일을 즐길 수 있으려면 다른 많은 활동과 관심사들 사이에 적절히 일을 배치해야 한다. 마감이 정해진 책 집필 같은 대형 프로젝트는 가끔씩 나를 옛날 습관으로 몰아가지만, 나는 더 이상 그 상태가 즐겁다고 느끼지 않는다. 노예처럼 일에 쫓기고 있을 때면, 나는 지금 대단히 시간을 낭비하고 있다는 강한 확신이 든다. 그리고 내가 초인적인 노력을 짜내어 만들어낸 결과물을 돌아보자면, 나의 비판적인 에고조차 이런 직관적인 판단에 동의하지 않을 수 없고, 수주에 걸쳐 해놓은 일을 되돌리는 데 다시 많은 시간을 들이곤 한다.

사람들은 어느 정도 기술을 갖고 하는 일을 좋아한다. 또 주어진 일을 잘해내기를 바란다. 그러기 위해 중독적인 야망과 구분하기 어려울 정도의 열성과 헌신을 발휘하기도 한다. 그럴 때는 목표를 살펴봄으로써 두 가지를 구분할 수 있다. 일에 에너지를 쏟아붓는 것이 그 자체로 목표인가, 아니면 다른 목표를 위한 수단인가? 또는 어떤 일을 하는 이유가 단지 그 일을 잘하는 것이 즐겁고 더 잘하게 되었을 때의 기분을 머릿속으로 그려볼 수 있기 때문인가? 아니면 내가 그 일로 벌게 될 돈이나 받게 될 인정과 칭찬을 그려볼 수 있기 때문인가? 만일 머릿속의 환상이 스타나 부자가 되는 것이라면, 그 활동은 그저 중독에 바쳐지고 있을 뿐이다.

물론 대부분의 사람들은 단지 생존을 위해서라도 일해야 한다. 사람들이 일하는 이유는 일을 하지 않고는 살 수 없기 때문이고, 일에 대한 만족이나 향후 성공에 대한 환상도 그들의 노동을 덜어주지는 못한다. 그들은 그 자체로 만족스러운 일과 목적을 위한 수단으로써의 일 사이에 선택하는 사치를 누리지 못한다. 그렇지만 그런 선택권을 가진 중산층조차 외부로부터 일을 강요당한다고 느끼기 일쑤이고, 이렇게 강박적인 부 중독자들이야말로 비중독자들이 생존을 위해 노예처럼 일해야만 하는 세상을 만드는 주범이다. 불행한 자들은 반드시 동반자를 원한다.

모든 중독이 그렇듯이, 부 중독도 자체적으로 강화된다. 부 중독은 우리가 다른 길을 내다보지 못하게 막는 사고와 행동 습관을 조성한다. 이를테면, 외부 물질에 대한 의존도를 강조하여 우리의 자존심을 약화시키는 것이다. 우리는 문명의 부산물이 없으면 살아남거나 자신을 돌볼 수 있다는 믿음을 잃어버린다. 대신 스스로 무능하고, 무기력하고, 그래서 돈이나 지위를 이용해 자신을 지탱해야 한다고 느끼게 된다. 더욱이 부 중독은 우리를 소유욕에 가두고 정신을 분산시키며 소유물을 관리하는 집사 노릇에 급급하게 하여, 점점 더 자신의 삶을 똑바로 바라보기 어렵게 만든다. 실은 우리에게 선택권이 있다는 사실을 깨닫지 못하게끔 방해하는 것이다.

소유물은 계속 증가하고, 저마다 유지·향상·보호를 위한 부속물을 요구하기 때문에, 새로운 무언가를 구입할 때마다 더 많은 것을 사야 할 필요성이 생긴다. 우리는 점점 선택보다는 수요와 강요에 따르는 삶을 당연히 여기게 되고, 단지 '현상 유지'를 위해서라도 일하고 생존 경쟁에 뛰어들어야 한다고 믿게 된다. 그리고 종국에 가서는 겉으로 보이는 모습·지위·명성에 대한 집착과 경쟁심리 때문에 한층 폐쇄적이고 허위적인 생활양식을 선호하게 되고, 결과적으로 부 중독은 우리의 고독과 의심을 부추긴다. 우리는 자신의 일부를 감추고 살도록 강요받으며, 그 때문에 공허감에 시달리고 사랑받지 못한다는 느낌을 받는다. 그리고 그 구멍을 메우기 위해 더욱더 많은 부를 추구하게 된다.

그렇지만 나는 부 중독이 압도적이고 단일한 힘이라는 인상을 심어주고 싶지는 않다(그것은 에고 마피아가 변화를 단념시키는 데 쓰는 낡은 수법이다). 모든 시스템이 그렇듯이, 부에 중독된 우리 사회에도 자체적인 강화 요인과 약화 요인이 동시에 존재한다. 광고를 보면 이 점을 확인할 수 있다. 상업 광고가 중독을 부추긴다는 사실은 누구나 알지만, 한편으로는 광고를 만들어낸 시스템의 의표를 찌른다는 사실은 알아차리지 못하는 사람이 많다.

광고는 어떤 제품을 아름다움, 성공, 건강, 성적 매력 등의 바람직한 특징과 연계시킴으로써 우리의 눈길을 잡아끈다. 그렇지만 워낙 많은 광고들이 우리의 관심을 놓고 첨예한 경쟁을 벌이다 보니, 그중에 눈에 띄고 성공적인 광고가 되려면 점점 더 우리의 깊은 욕구와 욕망을 건드려야만 한다. 그 결과 광고는 중독 경제가 초래한 내면의 허기를 깊숙이 파고들어야 하고, 그 지점에서 모든 과정이 역효과를 낳기 시작한다.

제품이나 기업을 시청자들이 바람직하게 여기는 특징과 연결시키려는 모든 광고는 이중적인 메시지를 담고 있다. (1) 해당 제품이나 기업이 X(바람직한 특징)와 연관될 수 있고 (2) 그 X가 실제로 바람직하다는 메시지이다. 이렇게만 봐서는 아무 문제가 없을 듯하고, 아마 X가 바람직하다는 것은 시청자들도 이미 알고 있을 것이다. 그렇지 않다면 광고주가 제품을 팔기 위해 그런 특징을 이용하지 않았을 테니 말이다. 하지만 여기에는 종종 미묘한 결과가 뒤따른다. 예를 들어, 어떤 기업이 (대개 최악의 오염을 유발하는) 많은 대기업처럼 자사의 이미지를 생태적 의식과 결부시키려 한다고 가정해보자. 처음에 이 메시지는 분명히 새빨간 거짓말로 시작된다. 그렇지만 기업들은 이 메시지를 통해 오로지 이윤만을 추구하던 기존 이미지에서 공공연히 탈피하게 된다. 이런 기업 광고의 두 번째 메시지는 '기업이 생태적 의식을 갖는 것은 바람직한 일'이라는 것이다. 기업들은 이제 자사를 그런 메시지에 맞게 포장하려는 경쟁에 돌입한다. 그리고 경쟁이 고조될수록 대중에게 자사의 생태적 의식을 알리기 위한 소규모 전시 프로젝트나 광고용 사진 등을 준비하기 시작한다. 이런 사업을 책임진 임원은 좋든 싫든 누구보다도 생태적인 소양을 쌓고 창의력을 발휘해야만 경영자로서의 역량을 인정받게 된다. 이처럼 기업들이 수시로 되풀이하는 거짓말에는 소급적으로 그 거짓말을 현실로 만드는 사회적 압력이 작용하고, 그 과정에서 대중 역시 학습이 이루어지면서 기업에게 아마도 기업이 가장 원하지 않을 생태적인 책임감을 요구하게 된다.

또 다른 사례는 자연 속에서 지내며 격식에 얽매이지 않는 단체 행동을 즐기는 일과 관계가 있다. TV 광고는 끊임없이 담배, 맥주, 탄산음료, 자동차, 기타 제품을 이런 '자연의' 추구와 연관시키려 든다. 그렇지만 '시골에 살거나 격식에 얽매이지 않는 단체 게임을 하거나 적어도 사람들과 어울리는 쪽이 바람직하다'라는 두 번째 메시지는 역시 역효과를 가져올 수 있다. 이런 광고가 지속적으로 반복되다 보면 맥주와 콜라 판매량을 증가시키기도 하지만, 시청자에게 TV 앞에 앉아 있는 것보다 더 나은 소일거리가 많다는 사실을 상기시키게 된다(TV 시청이 역사상 최초로 유의미하게 줄어든 것을 보면, 시청자들은 그 메시지를 접수한 듯하다). 광고업계는 소비자의 충족되지 않은 갈망을 필사적으로 찾아 헤맨 끝에, 본의 아니게 시청자들을 중독에서 해방시키는 작업에 착수한 셈이다.

그렇다고 우리가 전부 손 놓고 누워서 세상이 흘러가는 대로 내버려두면 부 중독이 저절로 해결되리라는 뜻은 아니다. 부 중독을 극복하는 데 어느 정도 개인적 헌신이 필요하다는 것은 누구나 안다. 윌리엄 제임스William James는 이것을 '전쟁에 필적하는 정신적 노력moral equivalent of war'이라고 표현했다. 놀랍게도 언론이나 학계에서는 이 문구를 마치 제임스가 그런 노력에 대한 염원을 표한 데 그쳐서 여전히 그런 연구가 진행 중인 듯이 인용하는 경우가 태반이다. 그렇지만 제임스는 실제로 '전쟁에 필적하는 정신적 노력'을 발견했고 그에 관해 몇 마디 언급하기도 했다.

"자발적으로 받아들인 가난은 단지 약한 사람들을 짓밟을 필요가 없는 '격렬한 생활'이 아닐까? 가난이란 진정으로 (전쟁만큼이나—옮긴이 추가) 격렬한 생활이다. 단지 관악대, 군복, 대중의 광적인 갈채, 거짓말이나 핑계가 없을 뿐이다. 부의 축적이 우리 세대의 뼛속까지 스며든 이상이 되어가는 양상을 보고 있노라면, 가난이 가치 있는 종교적 소명이라는 믿음을 부활시키는 것이 '군인다운 용기의 변형'이자 우리 시대가 가장 필요로 하는 정신적 개혁이 아닐까 싶다."

부 중독에 대한 모든 개인적인 해결책에는 이른바 '자발적 검소함Voluntary Simplicity'의 여러 가지 형태가 포함된다. 간혹 남들에게는 매우 불편해 보이는 형태의 검소함을 선택하는 사람들이 더러 있기는 해도, 자발적 검소함은 반드시 '자연으로 돌아가라'거나 가난하고 불편하게 살라는 의미가 아니다. 무엇보다도 검소함이 '올바른 일'이라는 경건한 확신에 따라 자신이 정말 즐기는 것들을 억지로 포기하라는 의미도 아니다. 자발적 검소함이란 그저 인생에서 물질적인 잡동사니를 최대한 제거하고, 보다 중요한 일에 집중하고 노력하라는 의미이다. 예컨대 창조성, 인간의 생존과 발전, 공동체의 안녕, 놀이 등에 말이다. 여기에는 에고 마피아, 즉 우리 인생의 상당 부분을 통제하는 거대한 관료제로부터 해방되어, 다른 생명체와 상호 간에 관계를 맺는 데 주력하는 일이 포함된다. 아울러 우리의 삶을 보다 인간적인 척도로 재조정하고 생태적으로 미조정하는 일도 포함된다.

자발적 검소함에서 핵심어는 '자발적'으로, 물질적인 잡동사니를 포기하는 일이 결코 외부나 내적인 강요에 의한 것이 아님을 의미한다. 앙드레 밴던 브뤼크André Vanden Broeck의 지적처럼, 부를 경험한 사람만이 '수요에서 벗어난 선택'을 할 위치에 있다. 가난한 자들은 그런 선택을 할 처지가 못 된다. 그들은 단순하지도 자발적이지도 않은 결핍에 시달리기 때문이다.

자발적 검소함은 내면에서 강요되는 것도 아니다. 자신에게서 이념적 확신을 박탈해봤자 결과적으로 에고 마피아만 살찌울 뿐이기 때문이다. '검소함'이란 용어의 뉘앙스는 자칫 의혹을 불러일으키기 쉽다. 단조롭고 칙칙한 작업복, 오로지 자신만 옳다는 독선, 채찍질을 연상시키며 희미하게 금욕주의적인 어감을 띠는 탓이다. 그러나 만약 자발적 검소함이 뜻하는 바가 이런 정신이라면, 그 결과는 틀림없이 유해할 것이다.

오래된 선(禪) 일화 중에 스님 두 명이 함께 여행하다가 알몸으로 냇물을 건너려는 여자와 마주치는 이야기가 있다. 그중 한 스님이 망설임 없이 여자를 들쳐 업고 시내를 건너자, 나머지 한 스님이 그 모습을 보고 대경실색하면서 크게 실망했다. 한참 동안 침묵 속에서 걸어가다가, 마침내 두 번째 스님이 더 이상 못 참고 질책의 말을 꺼냈다. "스님께서 어떻게 그런 유혹에 몸을 맡기실 수 있습니까? 부끄러운 줄 아십시오." 그러자 첫 번째 스님이 말했다. "나는 그 여인을 두 시간 전에 내려놓았다. 그런데 너는 아직도 업고 있구나."

중독은 내면적이다. 만일 우리가 진심으로 자발적 검소함을 실험하는데도 여전히 돈과 소유에 대한 생각을 떨쳐버리지 못한다면, 우리의 검소함은 가식이거나 거짓일 뿐이다. 그럴 바에는 차라리 충분히 배를 채울 때까지 부를 축적하는 쪽으로 돌아서는 편이 나을지도 모른다.

자발적 검소함은 철저한 금욕주의나 자기 채찍질이 아닌 모험 정신으로 이해해야만 그 본연의 목표를 달성할 수 있다. 역사상의 모든 모험에는 안락한 생활, 재산, 사랑, 안전성을 포기하고 머나먼 곳의 새로운 경험을 찾아 떠난 사람들이 있었다. 그들은 금욕주의자가 아닌 담대한 모험가이자 위험 감수자로 추앙받고, 그들의 정신은 오늘날 검소함을 추구하는 사람들에게도 종종 영감을 불어넣는다. 검소함에 꼭 스파르타식 생활이나 자기 부정이 수반될 필요는 없다.

사람들은 항상 "어째서 단순하게 살아갈 수 없는 걸까?", "내 인생은 뭐가 이리도 복잡하지?", "나는 왜 작은 평온함조차 얻을 수 없을까?"라고 한탄한다. 이런 갈망이 바로 자발적 검소함이 추구하는 바다. 1936년에 이 용어를 만든 리처드 그레그Richard Gregg는 언젠가 간디 Gandhi에게 자신은 대부분의 소유물을 어려움 없이 포기할 수 있지만, 책만은 도저히 버릴 수 없다고 토로했다. 그러자 간디는 그에게 노력하지 말라고 조언했다. "당신이 무엇에서든 내적인 도움과 위안을 얻을 수 있다면, 그것을 붙들고 있어야 합니다." 간디는 우리가 만일 의무감이나 자기희생을 위해 마지못해 가진 것을 버린다면, 그것들이 계속 우리 뇌리에서 떠나질 않아 정신을 어지럽힐 것이라고 지적했다.

'자신을 부정하라'는 이야기는 독재주의의 화법이다. 검소함은 자기 부정이 아니라 긍정이다. 우리는 부 중독이 단지 에고가 자신의 일부분을 부정하고 그 구멍을 돈으로 채우려 하기 때문에 생긴다는 사실을 명심해야 한다. 부 중독에서 조금이라도 벗어나려면 자신의 이런 부분을 긍정하고 해방시켜야 한다.

사람들은 항상 이런 생각에 저항해왔고, 때로는 유머로 대응해왔다. "인생에서 가장 좋은 것들은 공짜라지만 나는 두 번째로 좋은 것들을 택하겠어." "물론 돈이 전부는 아니지만, 돈이 없으면 뭐가 되겠어?"라는 식이다. 이 책의 제목을 처음 들었을 때 열 명 중 아홉은 "중독이라도 좋으니 그럴 만큼 돈이나 많아봤으면 좋겠다"라고 반응했다. 유머는 이념적 열정 때문에 가난을 받아들인 사람들의 도덕적 오만함에는 좋은 해독제이지만, 자발적 검소함이 더 행복하고 자유로운 삶을 살기 위한 하나의 선택지라는 사실을 흐릴 우려가 있다.

그렇지만 자발적 검소함이 그토록 유쾌하고 자연스러운 태도이고 반대로 부 중독은 광적이고 심각한 질병이라면, 왜 사람들은 자발적으로 중독을 포기하지 않는 것일까? 왜 사람들은 중독에 그렇게까지 매달리는 것일까? 자신에게 강요할 필요가 없다면 왜 우리는 그 중독에 관해 이야기해야 하는 것일까?

여기에는 두 가지 대답이 있다. 첫째는 사람들이 실제로 중독을 자발적으로 포기하고 있다는 것이다. 스탠포드연구소Stanford Research Institute의 보고서에서는 자발적 검소함을 택한 미국인이 현재 500만 명 정도이고 향후 5년 내에 3,500만 명까지 늘어날 것으로 내다봤다. 또 이 운동에 '공감'하는 미국인은 인구의 3분의 1에서 절반에 달하는 것으로 추산했다. 이 보고서는 재계에서 이 연구소가 수행하는 다른 비즈니스 인텔리전스 프로그램Business Intelligence Program보다 더 큰 관심을 모았는데, 어찌 보면 이것은 놀라운 일이 아니다. '시장에서 가장 빠르게 성장하는 부문이 많은 돈을 원하지 않는 사람들'이라고 예측하고 있으니 말이다.

두 번째 대답은 사람들이 실제 시도해보기 전까지는 무언가를 '포기한다'는 것이 어떤 느낌인지 제대로 알지 못하고, 이런 실험은 (불과 몇 인치 아래가 땅인 줄 모르고 밧줄에 필사적으로 매달려 있는 사람처럼) 한쪽에 서 있을 때와 다른 쪽에 서 있을 때의 상황이 완전히 달리 보인다는 것이다. 나는 앞서 에고가 가상의 대안을 고려하여 자연적인 중독 치유 과정을 가동시키는 데 중요한 역할을 한다고 말했다. 만약 이것이 사실이 아니라면, 이 책을 쓸 이유도 없었을 것이다. 때로는 부 중독을 포기하고 자발적 검소함을 향해 나아가는 것이 마치 뱀이 허물을 벗듯이, 혹은 우리가 봄이 오면 겨울 외투를 벗듯이 아주 자연스럽게 이루어진다. 그렇지만 대부분의 중독 치유 과정에는 수많은 고민, 여러 대안의 저울질, 이에 관한 내적 대화가 수반된다. 한마디로, 에고가 이 모든 과정에 발동을 거는 시발점이 될 때가 많다는 것이다.

앞서 보았듯이 에고의 적절한 역할은 우리에게 중독 치유 과정을 시도하고 실험해보도록 격려하는 것이다. 혹시라도 에고가 우리에게 개인적인 영혼이나 인류의 번영을 빌미로 영구적인 희생을 요구한다면, 아마도 우리를 겁주어 중독에 빠진 현재 상태를 유지시키려는 심산일 것이다.

핵심은 '실험'이다. 사람들이 왜 그것을 시도하느냐는 사실 중요하지 않다. 어떤 사람은 모험을 즐기고, 어떤 사람은 독립적인 느낌을 원하며, 어떤 사람은 바람직한 일을 좋아하고, 어떤 사람은 재미를 추구하며, 또 어떤 사람은 에고의 강요에 못 이겨 실험을 시작한다. 이념적인 확신에 따라 일단 시도해보고 나서야 뒤늦게 이것이 즐거운 일임을 깨닫는 사람들도 많다.

중독에서 벗어나고자 노력할 때는 그것이 어떤 느낌인지를 귀담아 듣고, 그 정보를 처리하는 우리의 에고가 우리의 반대편보다는 같은 편에 서도록 유도하는 일이 중요하다. 처음에는 우리의 불안감과 에고의 요란한 경보음에 파묻힌 진짜 목소리를 포착하기가 쉽지 않다.

하지만 실험을 거듭할수록 에고가 점점 긴장을 풀게 되어 우리의 내적 자아도 들을 수 있게 된다. 그리고 내적 자아를 더 많이 듣게 될수록, 에고도 더 많이 안심하게 된다.

중독에서 벗어나는 모든 경우가 그렇듯이, 자발적 검소함도 처음에는 두려움과 혐오감을 야기하기 쉽다. 텅 빈 상황에서 굶주림에 고통받는 자신을 상상하기 때문이다. 우리는 그 공허감을 짐작하고 지레 긴장하기 때문에, 외부 버팀목이 사라진 생활은 상상만 해도 거부감을 불러올 수 있다. 그렇지만 실험에서 가장 먼저 일어나는 첫 번째 변화는 예상하지 못한 자신의 힘을 발견하게 되는 것이다(만일 그렇지 않다면 아직 시작할 준비가 안 된 것이다). 우리는 중독되거나 중독에서 빠져나올 선택권을 갖고 있다고 느끼게 되고, 그 자체가 힘으로 작용한다.

그다음에 벌어지는 일은 가끔씩 우리가 중독 대상을 원하지 않을 때도 있다는 사실을 깨닫는 것이다. 그렇다고 중독 대상에 대한 욕망이 반드시 줄어든다는 의미는 아니다. 다만 에고가 기반요소와 좀 더 원활하게 소통하면서 그 기분과 취향의 변화를 훨씬 예민하게 파악하게 된 것뿐이다. 구제불능의 알코올 중독자는 술을 마시고 싶지 않을 때에도 불안감, 취하고 싶은 욕구, 중독에 대한 확신 때문에 자신의 내적 감정이 들리지 않는 상태에서 술을 마신다. 그래서 우리 주변에는 알코올 중독자가 그토록 많은 것이다. 술은 건강한 순간의 감각을 마비시킨다.

몇 년 전 한 담배 광고에서는 이렇게 물었다. "최근에 흡연량은 늘었는데도 담배 맛은 오히려 줄었나요?" 이 광고는 단지 흡연자들에게 담배 브랜드를 바꾸도록 설득할 의도였겠지만, 끝없는 패러디 대상이 되었다. 이 광고가 분명히 미국인의 심리에서 어떤 공감대를 건드렸고, 그것이 당시에는 유머를 통해서만 표출될 수 있었던 것이다. 그 공감 대란, 중독이 실제로는 만족감을 주지 않는다는 사실이었다. 쾌락과 강박이 꼭 상호 배타적이지는 않더라도, 오랫동안 함께 가기는 쉽지 않다. '흡연량은 늘었는데도 담배 맛은 줄어드는' 데 대한 (철저히 비미국 적이지만) 명백한 해결책은 흡연량을 줄여서 담배 맛을 늘리는 것이다.

우리가 중독에서 빠져나오기 시작할 때의 과정도 이와 비슷하다. 어떤 중독 대상이든 가끔씩 그것을 생각하지 않게 되고, 그래서 한동안 그것을 삼가다가 다시 찾게 되면 예전보다 더 많이 즐길 수 있다는 사실을 발견하는 것이다. 이것은 모두 그때까지 억압당하던 기반요소의 소리에 다시 귀 기울여 그들의 정보를 흡수하고, 그들을 인간이라는 이 복잡한 유기체의 온전한 일부분으로 복귀시키는 과정의 일환이다.

중독을 치유하는 과정이 금욕적이지 않은 방식을 취할 때 즐거움과 충만함을 줄 수 있는 이유는 바로 이 때문이다. 이것은 다이어트 목적 으로 운동을 시작할 때 벌어지는 일과도 유사하다. 운동을 시작하면 처음에는 오히려 더 많이 먹게 되지만, 얼마 지나면서부터는 운동을 많 이 할수록 식욕이 점점 줄어들게 된다. 운동이 온몸에 활력과 기운을 불어넣으면서, 몸이 아무리 채워도 계속 고갈되는 구멍 난 자루가 아니라 빈틈없이 원활하게 잘 돌아가고 있음을 자각하게 되기 때문이다.

역사적으로 주요 문화권의 현자들은 행복의 비결이 '더 많이 갖는' 것이 아니라 '더 적게 원하는' 것이라고 역설해왔다. 하지만 어째서인지 이 진리가 썩 호소력 있게 전달된 적은 드물었다. 이런 말은 대개 정신 적으로 대단히 초탈한 경지에서 나오다 보니, 사람들은 "그래, 그 사람에게는 그럴지 몰라도 나는 세속적인 사람이라 달라"라고 느꼈던 것이다. 그렇지만 이 진리는 사실 정신성과는 아무 상관이 없고, 오히려 현실적인 행복과 관련이 있다. 사람들이 진심으로 희열을 느끼고 살아 있음에 감사하는 때는 퀴즈쇼에서 경품 세탁기를 타거나 직장에서 승진하거나, 경쟁자보다 낮은 입찰액을 제시해 계약을 따냈을 때가 아니다. 그보다는 있는 그대로의 자신이 좋다고 느낄 때이고, 더 이상 아무 것도 원하지 않는 완전한 충만함을 느끼는 순간이다. 말하자면, 진짜 기쁨은 무無에서 우러나는 것이다.

우리가 자발적 검소함을 시도하는 이유는 거기에서 흥분, 도전, 기쁨을 얻기 때문이다. 우리가 가진 것이 적어질수록, 얻는 것은 더 많아진다. 일단 기분 좋게 느낄 정도만 포기하고 나서, 나중에 준비가 되었을 때 더 많이 포기하는 것이 현명하겠지만, 세상 모든 일이 그렇듯이 아무런 위험을 감수하지 않으면 그만큼 보상도 크지 않다. 어느 지점에 이르면 도약을 시도하여 애초에 계획했던 것과 완전히 다른 일을 할 때 어떤 느낌이 드는지를 직접 맛보아야만 한다.

내가 제한적으로 시도해본 자발적 검소함은 내 인생에서 가장 행복한 경험 중 하나였다. 나는 분명히 디오게네스Diogenes와는 거리가 먼 사람이지만, 지금은 몇 년 전에 비교해 4분의 1도 안 되는 수입으로 살고 있다(그나마도 인플레이션을 고려하지 않은 수치상 그렇다는 얘기다). 그럼에도 나는 내 인생이 더 단순하고 자유로워졌을 뿐 아니라, 내가 즐기는 일에 자유롭게 돈을 쓰고 내가 원하는 것 이상으로 풍족하다는 의미에서 예전보다 더 호사스럽다고 느낀다. 정작 열심히 일하고 큰돈을 벌던 예전에는 많은 것이 부족하다고 느꼈다. 하지만 이제는 가진 것이 많지 않은데도 왕처럼 살고 있고(적어도 내 생각에는), 거의 하루도 빠짐없이 나의 행운에 의식적으로 감사하게 된다.

내가 이 모든 것을 온전히 내 힘으로 이루었다고는 할 수 없다. 한 번은 예상치 못한 심각한 재정난에 부딪치면서 자발적 검소함을 유지할 수밖에 없는 상황에 처했다. 그 순간에도 내 수입을 서너 배로 늘릴 선택지는 열려 있었지만, 당시 나는 몇 달 동안 매우 힘든 시간을 보내면서도 내 인생에 충분히 만족하고 있었으므로 그 선택지를 심각하게 고려하지 않았다.

그렇다고 내가 산속 오두막에서 몸소 장작을 패고 산딸기를 뜯어 먹으며 산다는 인상을 주고 싶지는 않다. 나는 소도시의 작지만 쾌적한 아파트에서 살고 있다. 도둑들이 노릴 만큼 값나가는 물건도 두세 개쯤 가지고 있고, 일주일에 두세 번쯤 (아주 비싸지는 않지만) 훌륭한 식당에서 외식을 한다. 지난 몇 년간 나는 대부분의 중산층 미국인이 '빈곤층'으로 분류할 만한 수입으로 살아왔지만, 제아무리 고급이라도 어떤 음식이나 음료, 옷이나 집을 단순히 돈이 부족해서 포기해야 했던 경우는 거의 떠올릴 수가 없다. 물론 그럴 수 있었던 이유는 몇 가지가 있다. 나는 차나 어떤 주요 설비도 소유하지 않는다. 한동안은 주거 공간도 다른 사람들과 나누어 썼다. 또 내가 원래 비싼 옷과 호텔에 크게 흥미가 없고, 사람들이 돈이나 지위를 과시하기 위해 즐겨 찾는 장소에 매력을 느끼지 못하는 성향을 가진 것도 사실이다. 그렇지만 나는 천성적으로 금욕주의와는 거리가 멀고, 지금보다 수입이 세 배 많던 때보다 자유롭게 돈을 쓰는 지금이 더 행복하다.

그렇다고 해서 내 경험을 독자들에게 이상적인 답안으로 제시하려는 것은 아니다. 내 취향과 상황은 여러분과 다르다. 내게는 살아가는데 필요 없는 것이 여러분에게는 꼭 필요할 수도 있고, 내가 끝끝내 미련을 버리지 못하는 일이 여러분에게는 아무 고민 없이 포기할 수 있는 일일 수도 있다. 중요한 것은 삶을 단순화하고 자유롭게 하는 나름의 방법을 찾는 것이다. 오로지 자신만이 무엇이 필요하고 무엇이 필요 없는지를 알기 때문이다. 아무도 다른 사람에게 언제 어떤 부분을 줄이라고 지시할 수 없다. 실험은 자발적인 것이므로, 삶의 기술은 시행착오를 통해 직접 개발해 나가야 한다.

자동차를 예로 들어보자. 나는 8년 동안 자동차를 소유하지 않고 살아왔다. 비록 그중 4년간은 자동차를 가진 사람과 함께 살면서 몇 번 빌려 타기는 했지만 말이다. 자동차를 소유하지 않게 되자 내게는 다른 어떤 단일한 형태의 '포기'보다 더 큰 자유가 생겼다. 돈도 더 절약할 수 있었다. 나는 차를 소유할 때 얼마나 돈이 들었는지를 명확히 기억했기 때문에, 필요할 때마다 차를 빌리거나 택시를 타는 데 아무 부담이 없었다. 그렇지만 대부분은 자전거를 타거나 걸어 다녔는데, 꼭 돈을 아끼기 위해서가 아니라 그러는 편이 더 즐거웠기 때문이다. 일단 자전거를 타는 데 익숙해지자, 화창한 날씨에 자동차를 탄다는 것이 좁고 폐쇄된 공간에 갇혀 있는 느낌을 주었다.

이반 일리치Ivan Illich의 계산에 따르면, 미국인은 보통 1년에 1600시간 이상을 자기 차에 바친다고 한다. 이것은 차를 몰거나 차를 돌보거나 차 유지비를 버는 데 드는 시간으로, 주 40시간 노동을 가정할 때 1년에 40주를 꼬박 일해야 하는 시간이다. 하지만 정작 차 주인의 차 이용거리는 1년 평균 7500마일에 불과하다. 즉 차와 관련한 모든 노력을 종합해보면 한 시간의 노력을 들여 5마일을 달릴 능력을 얻는 셈인데, 시간당 5마일이면 걷거나 자전거를 타고도 충분히 이동 가능하다. 물론 여기에는 자동차가 건강에 미치는 악영향이나 환경적인 비용, 그리고 걷거나 자전거를 탈 경우의 이점은 전혀 반영되지 않았다. 우리 사회에서 자동차보다 더 비싸고, 낭비적이고, 파괴적이고, 궁극적으로 무용한 대량소비 품목은 아마 찾아보기 힘들 것이다.

그런데도 많은 사람이 저택으로 '걸어'가기보다는 오두막에 살지언정 차를 몰고 다니고 싶어하고, 우리 사회 전체가 그런 선호도에 맞게 조직되어 있다. 물론 차가 없으면 살기 힘든 지역에 사는 사람들이 많은 것도 사실이다. 나는 사람들이 어떤 특정 형태의 자발적 검소함을 택하는지는 관심이 없다. 예컨대 두 대의 픽업트럭을 보유하면서 전기를 쓰지 않는다거나 실내 화장실을 이용하지 않는 방식으로 검소함을 실천하는 사람도 있을 것이다. 내 목표는 그저 사람들에게 어떤 새로운 느낌을 얻을 수 있을지 실험해보라고 권하는 것뿐이다.

그러나 이런 실험에서 도움이 될 만한 네 가지 대략적인 지침만은 제시하고 싶다. **첫째, 자기 내면에서 일어나는 일에 귀를 기울여라.** 무엇을 사고 나면 어떤 느낌이 드는가? 그것이 정말 만족스러운가? 그러면 정말 기분이 좋은가? 일에서는 어떤 기분을 느끼는가? 만약 보수를 받지 않거나 먹고살 돈이 충분하더라도 지금 그 일을 하겠는가? 또 본인이 어떤 때 행복을 느끼는지를 유심히 살펴보라. 돈이 개입된 경우인가? 만일 그렇다면 어떤 방식으로 그러한가? 돈에 관한 자신의 느낌에 귀 기울이는 것은 말처럼 쉽지만은 않다. 우리 사회가 끊임없이 (예컨대 게임쇼 우승자나 복권 당첨자와의 인터뷰를 통해) 우리에게 돈에 대해 어떻게 느껴야 하는지를 주입하기 때문이다.

　내면의 소리를 듣는 기술은 외부의 소리를 더욱 신중히 경청함으로써 연마될 수도 있다. 두 소리가 결국은 동일한 구조의 일부이기 때문이다. 순간순간 눈을 감고 우리 주변의 소리를 들어보면, 에고 마피아가 우리의 인생에서 얼마나 막강한 영향력을 휘두르는지를 알아차리게 될 것이다. 평상시 들려오는 소리 가운데 바람소리와 새소리는 얼마나 많고, 자동차 소리와 금속이 맞부딪히는 소리는 또 얼마나 많은가? 얼마나 많은 소리가 인생과 자연을 찬미하고, 얼마나 많은 소리가 누군가의 권력을 홍보하거나 누군가의 에고를 미화하는가? 우리 내부에 침범해 들어오는 외부의 소리를 더 정확히 듣게 되면, 자기 내면의 기반요소에 대한 인식도 높아질 것이고, 당연히 그 반대의 경우도 성립할 것이다.

　둘째, 우리가 통제할 수 없는 거대하고 비인격적인 관료제에 대한 의존도를 최소화하라. 자발적 검소함의 정의 가운데에는 자기 삶을 인간적 척도에 맞추어 살아가고, 자기가 속한 공동체를 구성원들이 효과적으로 이해하고 발전시켜갈 수 있을 만큼 소규모로 유지한다는 의미가 포함된다. 이것은 예를 들면 우리 스스로, 또는 신뢰하는 친구나 이웃이 수선할 수 없는 물건은 아예 소유하지 않는 생활을 의미할 수 있다. 또 우리가 잘 아는 작은 상점에서만 재화와 서비스를 구매하는 생활을 의미할 수도 있다. 때로는 우리를 거대한 관료제와 연계시키는 제도권과의 모든 채권채무 관계를 회피한다는 의미일 수도 있다. 심지어 전기, 석유, 가스, 전화 같은 공공시설의 사용을 완전히 중단한다는 의미일 수도 있다. 물론 아주 열렬한 자연회귀back-to-nature 실천자가 아닌 이상 이렇게까지 하기는 힘들겠지만, 언뜻 생각하는 것만큼 그리 얼토당토않은 소리도 아니다. 자연으로 돌아가는 것은 미국 전역에서 나타나는 주요한 인구 이동 추세이고, 지금도 상당수의 사람들이 행복하게 이런 '불편한 생활을 감수하고' 있다.

1978년 초에 캘리포니아 북부에서는 인구 2,500명의 작은 마을이 지나치게 많이 부과된 공과금에 항의하기 위해 일주일간 자발적으로 전기를 완전히 끊고 지낸 적이 있었다. 주민들은 전기 대신 석유램프, 촛불, 캠프용 버너, 아이스박스를 사용했다. 마을의 거의 모든 주민들은 이때의 불편함을 긍정적인 사건으로 경험했다. 정전은 "마을의 모든 이들을 서로 더욱 친밀해지게 만들었다. (…) 우리는 매일 밤 바보상자를 들여다보는 대신 밖으로 나와 이웃의 집을 방문했다. 그리고 서로를 도왔다." 각자 음식을 가져와 함께 먹는 식사 모임도 자주 가졌고, 임시변통한 설비도 다 함께 공유했다. "우리는 서로 많은 대화를 나누게 되었고, 나는 웨스트우드Westwood가 그렇게 좋았던 때는 본 적이 없었다." 한 소녀는 "처음에는 나를 비롯한 많은 아이들이 헤어드라이어 같은 전기 도구를 아쉬워했지만, 이제는 아무도 헤어드라이어나 텔레비전을 사용하지 않아요. 우리는 더 이상 그런 것이 그립지 않아요"라고 말했다.

같은 해 겨울, 뉴잉글랜드에 몰아닥친 폭설도 마찬가지의 결과를 낳은 듯했다. 마비된 도시의 거리들은 마치 공휴일처럼 사람들로 북적였고, 그들에게서는 하나같이 기분 좋은 활기와 우정이 넘쳐흘렀다. 특히 매사추세츠 주 케임브리지에서의 현상은 주목할 만하다. 평소에 그곳 사람들은 평화롭게 5분을 걷기보다 끊임없는 교통체증에 시달리며 고작 몇 블록을 운전해 가서 다시 주차 공간을 찾느라 15분 동안 주변을 맴돌 만큼 자동차와 사랑에 빠져 있었다(그러고 나서는 자동차 때문에 찐 살을 빼기 위해 도시 곳곳에서 조깅을 하며 납, 일산화탄소, 이산화황을 폐부 깊숙이 들이마셨다). 하지만 사람들은 차가 사라진 거리에서 굉장히 행복해했고, 다시 차들이 나타나기 시작했을 때는 야유를 보내며 심지어 잠시 동안 돌을 던지기도 했다. 그 후로 몇 달간 신문들은 차 없는 도시가 얼마나 평화롭고 행복했었는지에 관해 온갖 사설, 칼럼, 뉴스레터, 기사를 쏟아냈지만, 어째서인지 폭설이 없이는 결코 똑같은 상황을 재현할 수가 없었다. 오래된 습관은 버리기 힘들고, 특히 병들고 실패하고 절망적인 경제 전체가 사람들로 하여금 금전 상태에 늘 촉각을 곤두세우게끔 할 때는 더더욱 그러하다.

재차 강조하건대, 지금 이야기하는 지침은 사람들을 돈 중독에서 해방시키기 위한 것이다. 이런 지침이 생존에는 유용한 조언이 될지 몰라도, 재테크 관련 조언으로 받아들여져서는 대단히 곤란하다. 예를 들어, 나는 제도권과의 채권채무 관계에 얽히지 말라고 당부했지만, 여기에는 인플레이션 시기에 돈을 빌리지 않는 것은 사실상 돈을 잃고 있는 셈이라는 기본적인 금융 지식이 전제되어야 한다. 하지만 앞서 지적했듯이, 급속도로 가치가 떨어지는 돈을 잃을까 봐 연연하는 일이 무의미해 보이는 것은 어쨌거나 사실이다.

셋째, 돈지상주의를 피하라. 원하거나 필요한 물건만 사야지, 결코 가격이 싸다는 이유로 계획에 없던 물건을 구매하지는 마라. 우리가 무의식중에 '최고의 거래'를 따지기 시작하면 돈지상주의로 빠져들고 있는 셈이다. 즉 우리의 정신을 우리와는 개인적으로 무관한 시스템의 지배 아래 방치하는 것이다. 그 시스템은 우리가 무엇을 원하는지에 관심이 없고, 우리에게 혜택이나 행복을 주려는 생각도 없다. 만약 내가 빨간색 코트를 사려고 한다면, 초록색 코트가 '최고의 선택best buy'이라는 추천 정보가 무슨 의미가 있겠는가? 물론 정보는 기본적으로 유용하지만, 많은 자료와 연구 보고서를 읽지 않고서는 내가 사는 물건을 이해할 수 없다면, 애초에 그 물건을 소유하려는 것 자체가 그리 현명하지 못한 생각일 것이다.

돈지상주의는 우리에게 자신을 어떻게 생각하고 무엇을 원하는지는 조금도 중요하지 않다고 누누이 말한다. 우리도 결국은 부를 극대화하려는 열망에 의해서만 작동하는 거대한 기계의 부품에 지나지 않는다는 말이다. 예를 들어, 최근 본 〈뉴요커New Yorker〉 만화에는 모피 코트를 뒤집어 쓴 채 덜덜 떨며 해변에 앉아 있는 중년 부부가 나왔는데, 그 남편은 이렇게 말한다. "불편한 것은 머릿속에서 지워버려. 싸다는 것만 생각하라고."

우리가 돈을 단지 수단으로만 사용할 때는 일련의 생각에서 맨 마지막에야 돈 생각이 떠오른다. 하루를 어떻게 보내고 싶은지, 무엇을 하고 싶은지를 먼저 생각한 다음에 그 일을 하는 데 돈이 얼마가 드는지를 생각하는 것이다. 이에 반해 부 중독자는 우선 돈부터 생각한다. 가진 돈으로 무엇을 사거나 소유할지, 이미 가지고 있는 돈을 어디에 사용할지, 어떻게 돈을 더 벌지를 먼저 생각한다. 부 중독자가 진짜 원하는 일은 돈이나 돈의 부족에 의해 결정된다. 그의 머릿속에서는 돈이 최우선적으로 떠오르는 것이다.

이 우선순위의 문제는 결정적으로 중요하다. 극심한 부상 때문에 진통제를 맞은 사람은 당장은 중독자가 아니다. 중독자는 하루를 시작하기 위해 진통제를 맞는 사람이다. 돈은 본래 수단으로 만들어졌다. 정상적인 사람이라면 손에 렌치를 들고 조일 너트와 볼트를 찾아 다니며 인생을 허비하지는 않는다. 보통은 렌치를 공구상자에 보관해 두었다가 필요할 때만 찾아 쓰고, 필요한 일이 없으면 결코 생각하지 않는다. 건강한 사람은 돈도 이 같은 식으로 대한다.

넷째, 자주 사용하지 않는 물건은 소유하지 마라. 우리는 '있으면 언젠가는 유용할' 물건, 1년에 한두 번 사용하는 행사용 장비, '특별한 행사'를 위한 의복들로 집 안을 가득 채우는 것을 좋아한다. 말 그대로 하루가 멀다 하고 신제품이 쏟아져 나오고, 그중 대부분은 지극히 특수한 용도의 물건들이다. 그렇지만 상상할 수 있는 모든 만일의 사태에 대비한다고 해서 나쁠 것이 뭐가 있을까? 온갖 잡동사니로 집이 어수선해지기는 하겠지만(잡동사니가 너무 많아서 사람들은 종종 물건을 어디에 두었는지 잊어버리거나 그 물건을 샀다는 사실을 잊고 다시 구입하기도 한다), 그런 식으로 사는 것을 좋아하는 사람이라면 무슨 문제가 될까?

문제는 선택의 자유가 제한될 수 있다는 것이다. 물질적인 소유물에 파묻혀 살면서 거기에 구속받지 않을 수 있는 사람은 극히 드물다. 자꾸 미래의 우발상황에 대비하는 쪽을 택하다 보면, 소유물을 가볍게 대하거나 놔두고 떠나기가 점점 더 어려워진다. 우리의 인생은 점점 물질에 예속되어가고, 잔뜩 쌓인 소유물이 바리케이드가 되어 우리를 자극하고 변화시키고 정신적으로 고양시키는 경험들을 사전에 차단할 것이다. 우리가 그 많은 물건을 소유하는 것은 언젠가 당황스럽고 귀찮고 불편한 일이 벌어지는 것을 방지하기 위해서다. 결국 우리는 미래의 가상적인 불편을 피하기 위해 현재의 불편한 현실에 갇히고 마는 셈이다.

만약 우리가 사용하기를 원하는 물건이 집에 없다면 무슨 일이 벌어질까? 그때 가서 구입하거나 지인에게 빌리거나 대여를 하면 되고 (요즘에는 거의 모든 물건이 대여가 가능하다), 아니면 그 물건 없이 버티는 방법도 있다. 어떤 경우라도 문제는 매일 되풀이되는 일상생활에서 우리를 괴롭히기보다, 그 일이 벌어지게 될 그날에 국한될 것이다. 심지어 우리에게 뜻밖의 흥미로운 경험을 안겨줄 수도 있다.

'소유의 기쁨'은 대부분 성가신 번거로움으로 바뀌고 만다. 일례로 소유에 대한 열정 때문에 섹스도 지루하게 여기던 휴 헤프너Hugh Hefner는 DC-9 전용 제트 여객기를 소유하고 있었다. 그의 동료 한 명은 헤프너가 이 '편의시설' 때문에 언제든 비행기에 올라타 가고 싶은 곳으로 떠날 수 없었다고 말한다. 며칠 전부터 미리 모든 여행 계획을 세워야만 파일럿, 음식, 비행 스케줄 등을 준비시킬 수 있었기 때문이다. 앞서 말했듯이, 무언가의 소유주가 된다는 것은 곧 하인이 된다는 것이다. 그렇게 무언가를 열심히 봉양하고 싶다면, 차라리 생명체를 봉양하는 편이 낫지 않겠는가?

부의 꿈을 거부하기

미국인의 생활양식이 급격한 변화를 앞두고 있다는 증거가 있다. 1975년 해리스 여론조사Harris Poll는 미국인의 90퍼센트가 패션이나 자동차 디자인, 기타 생활 여건에서 해마다 달라지는 유행이 사라지는 데 찬성한다는 의외의 결과를 보여주었다. 실제로 지속적인 인플레이션과 현재의 '낭비와 성장' 중심 생활양식의 근본적인 개혁 사이에 선택권이 주어졌을 때, 미국인은 10 대 1의 비율로 생활양식의 개혁 쪽을 선택했다. 1977년의 또 다른 해리스 여론조사에서는 대부분의 미국인이 성장과 물질주의에 지독한 환멸을 느낀다는 통계를 보여주었다. 미국인의 80퍼센트 가까이가 우리 사회가 더 높은 생활수준을 추구하기보다 본질적인 요소를 지키며 살아가는 법을 배우기를 원했다. 놀랍게도 76퍼센트는 새로운 재화와 서비스를 덜 중시하고 '비물질적인 경험에서 즐거움을 찾는 법을 배우는' 태도를 더 중시했으면 좋겠다고 답했다.

그렇지만 동시에 《하버드 비즈니스 리뷰Harvard Business Review》 연구는 경영자들이 여전히 철저히 개인주의적인 전통 이데올로기를 공동체 지향적인 철학보다 2.5 대 1의 비율로 더 선호한다는 것을 보여주었고, 이는 문화적으로 세뇌된 우리의 두려움이 변화의 길목을 얼마나 철저하게 가로막고 있는지를 시사한다. 응답자의 거의 4분의 3이 1985년까지는 보다 '공동체적인' 이데올로기가 국가를 지배할 것이라고 생각했지만, 정작 본인들은 그런 변화에 반감을 드러냈다. 그들은 공동체적 이데올로기가 우세해질 경우 개인적인 통제력이 상실될 것을 우려했다. 위협 요인을 창조적으로 해결하려면 거의 항상 통제를 포기해야 하지만, 사람들은 위협을 느끼면 전보다 더 맹렬하게 통제에 매달리려는 경향이 있다.

자신의 목표와 선입견에 따라 현실을 통제하고 강압하려는 사람들은 대체로 그것이 하루 종일 매달려야 하고 그리 즐겁지 않은 일임을 깨닫게 된다. 반대로 인생을 사건의 연속으로 보고 조종하기보다 그저 직면해야 할 대상으로 접근하는 사람들은 인생에서 풍요롭고 즐거운 시간을 누릴 수 있다. 이런 사람들에게는 살면서 일어나는 모든 일이 잠재적인 인생의 탐사 경로가 되어, 즐겁든 즐겁지 않든 어느 것이나 가치 있는 경험이 된다. 에고에 지배당하는 부 중독자는 자신이 머릿속에서 상상하고 바라는 현실상을 추구하느라 인생에서 제공하는 실제 경험을 거부한다. 그는 영화를 다르게 찍었어야 한다는 생각 때문에 영화를 충분히 즐길 수 없고, 파트너의 외모나 행동이 자신의 이상형에 맞지 않는다는 이유로 섹스를 충분히 즐길 수 없으며, 카메라를 가져오지 않은 것을 애석해하느라 아름다운 일몰을 감상하지 못하고, 거기에 자기 소유의 땅이 없다는 이유로 해변에서 느긋하게 쉴 수 없는 사람이다.

부 중독자는 내일도 충분히 있을 것이라고 보장받거나 확신할 수 없으면 어떤 것도 진정으로 즐기기 힘들어한다. 그는 무엇이든 고갈되기 전에 자기 몫을 확보했다는 확신을 얻는 것이 목표이기 때문에, 물자가 부족한 시기에도 집에 비축해두기 바쁘다. 인생을 사랑하는 사람은 언제나 다른 대안을 찾을 수 있다고 생각하므로 물자가 부족한 시기에도 얼마든지 나누고 양보할 수 있다. 부 중독자는 끝없이 부족한 것을 찾아 헤매느라 여념이 없기 때문에 이미 가지고 있는 것들을 보지 못한다. 반면 건강하고 민주적인 유기체는 하루하루 많은 기쁨과 도전을 경험하기 때문에 어떤 것도 굳이 소유해야 할 이유를 느끼지 않는다.

나는 부 중독자들의 의식을 바꾸는 일에 주력해왔다. 그것이 내가 생각하기에 가장 중요한 일이어서가 아니라 내가 가장 잘할 수 있는 일이기 때문이다. 내가 제도를 변화시킬 일련의 정교한 프로그램을 제시하지 않은 것은 그런 제안들이 이미 세상에 많이 알려져 있기 때문이다. 우리는 무엇을 해야 할지 충분히 알고 있지만, 실천에 옮기려는 의지가 부족하다. 상황을 변화시키려는 우리의 노력은 잠재적 중독자들의 허황된 꿈, 즉 개인적이고 배타적이고 독점적인 부의 꿈에 걸려 계속 좌초해왔다. 내 목표는 미국인에게 그 꿈을 이제는 거부하라고 설득하는 것이다. 이 말은 가난한 잠재적 중독자들이 현재 그들의 빈약한 몫에 만족해야 한다는 의미가 아니라, 더 나은 삶을 위한 그들의 투쟁이 오로지 집단적으로 이루어질 때만 성공을 거둘 수 있다는 의미이다.

지속 가능한 경제를 주장하는 미국 경제학자 헤이즐 헨더슨Hazel Henderson의 주장처럼, 오늘날 대부분의 미국인은 곧 침몰할 타이타닉 Titanic 호에서 서로 1등 선실을 차지하기 위해 치열하게 다투고 있다. 그러나 다행히도 배는 아직 출항하지 않았다. 나는 아직 우리 국민의 에너지를 다른 방향으로 전환하여 우리 모두에게 즐거움과 자부심의 원천이 될 만한 사회를 다 함께 건설해 나갈 시간이 있다고 믿는다.

주석

1장

p.14 성공하는 법에 관한 일반론의 대표적인 사례들은 마이클 코다Michael Korda의 Success! (New York: Random House, 1977)와 Power! How to Get It, How to Use It (New York: Random House, 1975), 마틴 애커먼Martin Ackerman과 다이앤 애커먼Diane Ackerman의 Money, Ego, Power: A ManualJor Would-Be Wheeler-Dealers (Chicago: Playboy Press, 1976), 로버트 링거Robert Ringer의 Looking Out for #1 (New York: Fawcett Crest, 1978)과 Winning Through Intimidation (New York: Fawcett Crest, 1975) 참조. 이 책들은 자기암시요법인 쿠에이즘Coueism에서 시작하여 데일 카네기Dale Carnegie, 나폴레온 힐 Napoleon Hill, 노먼 빈센트 필Norman Vincent Peale, 클레멘트 스톤Clement Stone, 레오날드 오어Leonard Orr 등을 거치며 이어져온 오랜 성공지침서 계보의 최근 사례들일 뿐이다. Dale Carnegie, How to Win Friends and Influence People (New York: Simon and Schuster, 1947); Napoleon Hill, Think and Grow Rich (Meriden, Conn.: The Ralston Society, 1937); Napoleon Hill and W. Clement Stone, Success Through a Positive Mental Attitude (Englewood Cliffs, N.J.: Prentice-Hall, 1960); Norman Vincent Peale, The Power of Positive Thinking (Englewood Cliffs, N.J.: Prentice-Hall, 1948); W. Clement Stone, The Success System That Never Fails (Englewood Cliffs, N.J.: Prentice-Hall, 1962); and Leonard Orr and Sondra Ray, Rebirthing in the New Age (Millbrae, Calif.: Celestial Arts, 1977) 참조. 이 책들은 모두 자기 암시에 크게 의존하고 있고, 마이클 코다와 로버트 링거의 최신작들은 가차 없는 이기심을 강하게 강조한다는 점에서 차별화될 뿐이다. 주식시장에서 부자가 되는 법에 관한 책은 너무 많고 차별성이 없어서 여기에서 별도로 언급하지는 않겠다. 오늘날에는 다른 사람들에게 부자가 되는 법을 가르치는 것만큼 돈을 잘 버는 일도 없는 것 같다. 하지만 이런 아이러니가 귀가 얇은 독자들에게 큰 효과가 있는 것 같지는 않다. 오하이오 주에서 돈 버는 아이디어를 파는 잡지와 신문 광고에 대한 뉴스레터를 발행하는 한 남성은 독자들에게 6년 동안 지속적으로 묻고 피드백을 얻은

결과 성공지침서에 따라 돈을 벌었다는 사람은 한 명도 못 보았다고 말했다 (Seattle Times, 4/9/78). 돈을 벌겠다는 목표에 전적으로 헌신하는 사람에게 성공이 찾아온다는 이런 성공지침서들의 논지는 상당 부분 옳다. 문제는 정말 그럴 의지가 있는 사람이라면 지침서의 조언이 필요 없고, 이런 조언에서 '얻을' 게 있을 사람이라면 그 조언을 실행에 옮길 만큼 성공에 미쳐 있지 않다는 것이다.

p.18 Tom Buckley, "Just Plain H. L. Hunt," Esquire (January 1967), 148.

p.20 이런 동질화의 영향에 대한 훌륭한 논의는 Robert L. Heilbroner, The Quest for Wealth (New York: Simon and Schuster, 1956), 31–38 참조.

p.25 San Francisco Chronicle, 10/3/76.

p.31-32 돈에 관한 고금의 지혜를 모아놓은 탁월한 잠언서로는 Goldian VandenBroeck (ed.), Less Is More: The Art of Voluntary Poverty (New York: Harper & Row, 1978) 참조.

2장

p.37-38 특히 Sigmund Freud, "Character and Anal Erotism," Collected Papers, II (London: Hogarth, 1953)와 Ernest Jones, "Anal-Erotic Character Traits," Journal of Abnormal Psychology, 13 (1918), 261 참조. 또 Ron Kistler, I Caught Flies for Howard Hughes (New York: Playboy Press, 1976), 203 참조.

p.39 C. Wright Mills, The Power Elite (New York: Oxford, 1956), 103–117과 Power, Politics, and People (New York: Oxford, 1963), 110–139 참조. 그 밖에 Ferdinand Lundberg, The Rich and the Super-Rich (New York: Lyle Stuart, 1968), Gabriel Kolko, Wealth and Power in America (New York: Praeger, 1963), G. William Domhoff, The Higher Circles (New York: Random House, 1970), Who Rules America? (Englewood Cliffs, N.J.: Prentice-Hall, 1967) 참조.

p.46 San Francisco Chronicle, 12/27/78.

p.50 Edmund Bergler, Money and Emotional Conflicts (Garden City, N.Y.: Doubleday, 1951), 138.

3장

p.60 Thomas Wiseman, The Money Motive (New York: Random House, 1974), 71.

p.62-63 Harry Hurt III, "Daddy's Money," Texas Monthly (April 1978), 184.

p.69 돈지상주의, 그 사용과 위험에 관한 훌륭한 논의는 Michael Phillips, The Seven Laws of Money (New York: Random House, 1974), 27 ff.과 Sylvia Porter, Money Book (Garden City, N.Y.: Doubleday, 1975) 참조.

p.69 Joseph S. Thorndike, Jr., The l'ery Rich: A History of Wealth (New York: Crown, 1976), 13.

p.70-71 Phillips, 1 ff.

p.73 See below, p. 95.

p.75 Thorndike, 21.

p.81 Thorndike, 222.

p.93 San Francisco Chronicle, 12/29/78.

p.97 Warren G. Bennis and Philip E. Slater, The Temporary Society (New York: Harper & Row, 1968), 1–19, 53–76 참조.

4장

p.104 Stewart H. Holbrook, The Age of the Moguls (Garden City, N.Y.: Doubleday, 1953), 302, 317–318, 356 ff.

p.104-105 Arthur M. Louis, "America's Centimillionaires," Fortune (May 1968), 155.

p.107 Peter Collier and David Horowitz, The Rockefellers (New York: Holt, Rinehart and Winston, 1976), 6–7, 13; Allan Nevins, Ford: The Times, The Man, The Company (New York: Scribner, 1954), 36 ff., 52.

p.107-108 Kenneth Lamott, The Moneymakers: The Great Big New Rich in America (Boston: Little, Brown, 1969), 294–295.

p.107 Pitirim Sorokin, "American Millionaires and Multi–Millionaires: A Comparative Statistical Study," Journal of Social Forces, III, 4 (May 1925), 633–637.

p.108-109 Collier and Horowitz, 12; Lewis Beman, "The Last Billionaires," Fortune (November 1976), 132, 135, 226; Cyril Caldwell, Henry Ford (New York: Julian Messner, 1947), 9; William Adams Simonds, Henry Ford: His Life, His Work, His Genius (New York: Bobbs–Merrill, 1943), 22–23; Lamott, 42, 294–295.

p.109 Collier and Horowitz, 11.

p.109 Dero A. Saunders, "The Wide Oceans of D. K. Ludwig," Fortune (May 1957), 172; Stanley H. Brown, H. L. Hunt (Chicago: Playboy Press, 1976), 29 ff.; William Larimer Mellon and Boyden Sparkes, Judge Mellon's Sons (privately printed, 1948) 18, 26–30; Harvey O'Connor, Mellon Is Millions: The Life and Times of Andrew W. Mellon (New York: Blue Ribbon Books, 1933), 21–22, 멜런 가문에 대한 최근의 전기는 Burton Hersh, The Mellon Family: A Fortune in History (New York: Morrow, 1978)와 David E. Koskoff, The Mellons: The Chronicle of America s Richest Family (New York: Crowell, 1978) 참조.

p.109-110 Jean Paul Getty, My Life and Fortunes (New York: Duell, Sloan and Pearce, 1963), 19; Ralph Hewins, The Richest American: J. Paul Getty (New York: Dutton, 1960), 16, 41–44, 53, 56.

p.110 Lamott, 169; Holbrook, 11, 74–75.

p.111-112 Thorndike, 15; Max Gunther, The Very, Very Rich and How They Got That Way (Chicago: Playboy Press, 1972), 225 ff.; Simonds, 32–35; Albert B. Gerber, Bashful Billionaire: The Story of Howard Hughes (New York: Lyle Stuart, 1967), 115–116; Saunders, 172; Collier and Horowitz, 8–13; Brown, 26 ff.; Lamott, 55–56, 169, 254, 265, 294–295.

p.112-113 Wiseman, 52; San Francisco Chronicle, 1/6/78; Brown, 199 (이탤릭체 강조 추가).

p.112-113 Thorndike, 168.

p.113 Brown, 14–15; Lamott, 99.

p.115 Brown, 50; James Phelan, Howard Hughes: The Hidden Years (New York: Random House, 1976), 8, 26, 32–34, 44–49; Kistler, 61–63.

p.116 Kistler, 191–192.

p.117 Kistler, 139 ff., 147, 199 ff.

p.117 See Thorndike, 14; Lamott, 294–295; Goronwy Rees, The Multimillionaires: Six Studies in Wealth (New York: Macmillan, 1961), 11–12; Beman, 132.

p.117 Saunders, 174; Gerber, passim; Brown, 89–90; John B. Rae (ed.), Henry Ford (Englewood Cliffs, N.J.: Prentice–Hall, 1969), 106 ff., 127.

p.118 Lamott, 66; Rees, 7–8, 108 ff., 115 ff.

p.119-120 Collier and Horowitz, 14, 15, 18, 19, 23–24, 31, 69, 70.

p.119-120 Caldwell, 35, 37, 40–43, 66 ff., 226; Rae, 35, 45, 51–52, 105–107. 또 Anne Jardim, The First Henry Ford (Cambridge, Mass.: M.I.T. Press, 1970) 참조.

p.120-121 Phelan, 39.

p.121 Rees, 115–116, 124.

p.121-122 Gunther, 149, 227–228; Time (6/13/77); Beman, 134, 226; Lamott, 26–27, 176, 182; Holbrook, 108; Hewins, 16, 80; Brown, 92; Buckley, 152–154; Allan J. Mayer and Annabel Bentley, "The Richest Men in America," Newsweek (8/2/76), 56–57.

p.122 Wiseman, 82–83.

p.123 O'Connor, 16, 22, 113–114.

p.123-124 Gunther, 228.

p.124 Rees, 115, 125.

p.124 Collier and Horowitz, 32–33.

p.125 Lamott, 28–29; Saunders, 206, 212; Rees, 15; Hewins, 16–18; Holbrook, 108; Mayer and Bentley, 57; Thorndike, 97–98.

p.125 Lamott, 187, 214; Kistler, 49–50, 151–152; Phelan, 27–30, 69.

p.126-127 Phelan, 40 ff.; Lamott, 221.

p.127 Hewins, 19.

p.128 O'Connor, 24.

p.129 Rees, 9–10, 126.

p.129 Beman, 135–137; Mayer and Bentley, 57.

p.130 Beman, 226; Saunders, 174 ff.; Forbes (4/15/75); Business Week (3/21/77).

p.130 Holbrook, 176.

p.130-131 Holbrook, 78, 204-205.

p.131 Brown, 29-32, 43-47, 60-63, 67-74, 93-94, 101-102.

p.131 Phelan, 36-37, 49-56, 154; Kistler, 28-42, 67-70, 96 ff., I I I ff. 또 John Keats, Howard Hughes (New York: Random House, 1966), 176-182, 255-264 참조.

p.132 Lamott, 120, 215-224.

p.132-133 Lamott, 207-208.

p.133 Lamott, 240.

p.136 Lamott, 99, 119-123.

p.136-137 Beman, 132-133; Lamott, 273-277, 282; Collier and Horowitz, 412-413. 아마도 이 이슈를 가장 잘 다룬 책으로는 Philip M. Stern's two books: The Great Treasury Raid (New York: Random House, 1964)와 The Rape of the Taxpayer (New York: Random House, 1973) 참조.

p.137 Collier and Horowitz, 41, 43 ff., 56 ff.; Phelan ix ff., 8, 32-34, 69, 75-78, 80, 103.

p.137-138 Buckley, 68.

p.138 '가난한 자들의 돈 빼앗기' 주제를 다룬 수많은 책들은 여기에서 언급하지 않겠다. 예를 들어 Gustavus Myers, History of the Great American Fortunes (New York: Modern Library, 1936); Holbrook; Matthew Josephson, The Robber Barons (New York: Harvest Books, 1962) 참조.

p.139 Collier and Horowitz, 402, 419 ff, 566, 588-589; Lamott, 33-38; 또 Rae, 75, 109-125 참조.

p.139 Collier and Horowitz, 109-115, 123.

p.140 Holbrook, 9-10.

p.140-141 Wiseman, 31 ff.

p.141 Lamott, 110.

p.142 Lamott, 96-123.

p.142 Wiseman, 127.

p.142-143 Holbrook, 9-10, 78-79, 271; Lamott, 99, 104, 110; Rees, 5-6.

p.143-144 Holbrook, 20-21, 56, 215; Lamott, 94-95, 104, 294-295; O'Connor 24; Collier and Horowitz, 11, 14.

p.144 Wall Street Journal, 4/13/79; San Francisco Chronicle, 4/17/79, 4/22/79 through 4/27/79; TIME, 6/13/77.

p.145 TIME, 6/13/77.

p.145 Rees, 117 ff., Lamott, 12, 19, 237; Caldwell, 232-233; Buckley, 148; Thorndike, 13; Gunther, 71.

p.146 Gunther, 71, 198; Simonds, 27-28; Caldwell, 44, 55—7; Rae, 5, 8, 72-74, 107, 114-122, 128-129, 154-155, 175-179.

p.146-147 Holbrook, 77; Thorndike, 305-306, 330.

p.147 Boston Globe, 5/30/78.

p.148 Brown, 175; Hurt, 185; Lamott, 204 ff.; Rae, 76–77; Rees, 17, 120–121; Collier and Horowitz, 471–474, 619–620.

p.148 Louis, Fortune, 196; Brown, 10; Buckley, 64, 146, 152; Lamott, 187, 206, 238; Rees, 108.

p.148-149 T. A. Wise, "The Incorrigiblejohn MacArthur," Fortune (July 1958), 129; Phelan, ix–xiii, 32; Holbrook, 349.

p.150 Bergler, 145–146; Thorndike, 48; Lamott, 192–195; Collier and Horowitz, 69–70; Wiseman, 113–114. 또 Beman, 134; Lamott, 175, 243–245 참조.

p.150 Thorndike, 24, 176–177; Lamott, 186; Collier and Horowitz, 84–85, 91–92; Holbrook, 340–343.

p.151 TIME, 6/13/77.

p.152 Wiseman, 56–57; Collier and Horowitz, 45–46.

p.153 Holbrook, 212–213; Rees, 17.

p.153 Phelan, 4–5, 19–20, 45, 58 ff., 115, 180;Kistler, 102 ff., 121; TIME, 12/13/76.

p.153-154 Gunther, 215, 227; Thorndike, 16; Rees, 114–119; Hewins, 19. 또 Mayer and Bentley, 56; Saunders, 216; Phelan, 32,42; Buckley, 142; Lamott, 251–266; Holbrook, 134; John Cuber and Peggy Harroff, Sex and the Significant Americans (Baltimore, Md.: Penguin Books, 1965), 172–180 참조.

p.154 TIME, 6/13/77; Buckley, 66; Hewins, 41, 53–54, 97–99, 126.

p.155 Gunther, 226; Phelan, 3, 92, 181–182; Kistler, 116–118, 131–133.

p.156 Robert Coles, "Children of Affluence," Atlantic Monthly (September 1977), 55 ff.; Michael H. Stone and Clarice J. Kestenbaum, "Maternal Deprivation in Children of the Wealthy," History of Childhood Quarterly (Summer 1974), 96–98; Roy R. Grinker, Jr., "The Poor Rich," Psychology Today (October 1977), 74 ff.; Newsweek, 8/29/77; Michael H. Stone, "Treating the Wealthy and Their Children," International Journal of Child Psychotherapy I, 15–46.

p.157 Newsweek, 8/29/77; Coles, Atlantic, 55, 57, 58–59; Grinker, Ib.

p.157 Thorndike, 331; Louis, 195. 또 Alvin Moscow, The Rockefeller Inheritance (Garden City, N.Y.: Doubleday, 1977) 참조.

p.157-158 Coles, Atlantic, 63–64; Collier and Horowitz, 303; Sorokin, 639–640; Thorndike, 335; 또 Stone and Kestenbaum, 96; Phillips, 88 ff., 95 ff 참조.

p.158 John W. Tebbel, The Inheritors: A Study of America s Great Fortunes and What Happened to Them (New York: Putnam, 1962); Robert Coles, Privileged Ones: The Well–Off and the Rich in America (Boston: Little, Brown, 1978).

p.159 Collier and Horowitz, 525; 또 505 ff., 508, 525–529, 535, 591–593, 615 참조.

p.159 Grinker, 81.

p.160 Holbrook, 214–215; O'Connor, 20, 111.

p.160 Hurt, 181–182, 196–202; 또 Brown, 10 ff 참조.

p.160 Grinker, 75; Mellon and Sparkes, 26–28.

p.161 Hurt, 96, 181–182; Brown, 1–2, 160, 187.

p.161 Rae, 8; Caldwell, 221; Allan Nevins and Frank Ernest Hill, Ford: Decline and Rebirth, 1933–1962 (New York: Scribner, 1962), 115–117, 240–248.

p.162 Hurt, 182–184; Brown, 154; 또 Wiseman, 91–92 참조.

p.163 Lamott, 202; Phelan, 89; O'Connor, 338.

p.164 Phelan, 177; Keats, 5; Rae, 103–105, 150; Nevins and Hill, 231–239.

p.165 Collier and Horowitz, 47.

p.165 Louis, 195; Wiseman, 223–224; 또 Gunther, 226; Bergler, 58 참조.

p.166 Phelan, 24, 43.

p.166 Phelan, 17 ff., 38 ff.; Hewins, 78–81, 129.

p.166 Phelan, 38, 102–104.

p.166 Phelan, 125–137, 143–144, 149–150.

p.167 Rees, 110–112.

p.167 Rae, 84.

p.168 W. Lloyd Warner and James Abegglen, Big Business Leaders in America (New York: Harper, 1955), 64–83; Hewins, 16, 39, 50, 134, 232. 또 Jean Paul Getty, As I See It (Englewood Cliffs, N.J.: Prentice-Hall, 1976), 88 참조.

p.169 Simonds, 23, 32–34; Caldwell, 12; Nevins, 43, 49–51; Jardim, 158–180, esp. 161.

p.170 Brown, 17–19; Holbrook, 11, 76; Donald L. Bartlett and James B. Steele, Empire: The Life, Legend, and Madness of Howard Hughes (New York: Norton, 1979), 38–45.

p.170 Bergler, 42 ff., 56–57, 62.

5장

p.184 Scott Burns, Home Inc. (Garden City, N.Y.: Doubleday, 1975).

p.187-188 San Francisco Chronicle, 7/14/76; Thorndike, 12, 289 ff., 304 ff.; San Francisco Chronicle, 11/15/78.

p.188 San Francisco Chronicle, 11/15/78.

p.188 San Francisco Chronicle, 12/27/78; Hugh Drummond, "Dr. Drummond on the Big Casino," Mother Jones (December 1977)와 "Pocketa Pocketa Machines," Mother Jones (January 1978).

p.191-192 예를 들어 San Francisco Chronicle, 11/22/78; Omni (March 1979) 40 참조.

p.193 Collier and Horowitz, 234–323, esp. 273, 294 ff., and 326 ff., 339, 343–344, 402, 418–420.

6장

p.197 Lamott, 13–14.

p.198-199 Lundberg, 13, 17; David Caplovitz, The Poor Pay More: Consumer Practices of Low-Income Families (New York: Free Press, 1967).

p.199-200 Boston Globe, 5/7/78; San Francisco Chronicle, 2/13/78; Lamott, 271, 288.

p.200 Boston Globe, 3/27/78; Lamott, 272 ff.; Wiseman, 129.

p.204 Hugh Drummond, "Your Health at Too High a Premium," Mother Jones (May 1977).

p.205 San Francisco Examiner, 5/5/76; Ram6n Margalef, "Perspectives in Ecological Theory," CoEvolution Quarterly (Summer 1975), 58–61.

p.205-206 San Francisco Chronicle, 7/8/78.

p.206-207 Hurt, 198.

p.210 San Francisco Chronicle, 2/7/76.

p.209-210 Mother Jones (November 1978), 54–66.

p.211 예를 들어 San Francisco Chronicle, 10/24/78, 11/14/78, 3/29/79, Mother Jones (April 1977) and (August 1977) 참조.

p.211-212 Lundberg, 13, 17.

p.212 Jack Anderson, San Francisco Chronicle, 7/6/78.

p.213 Collier and Horowitz, 66 ff., 100 ff., 104 ff., 143, 490–492, 661–663, 665–667.

p.215 Thorndike, 24; Collier and Horowitz, 615.

p.215-216 Thorndike, 335; John Curtis Raines, Illusions of Success (Valley Forge, Penn.: Judson Press, 1975) 참조.

p.217-218 예를 들어 Holbrook, 133–134, 143; Collier and Horowitz, 52, 62–63, 102 ff.; Sigmund Diamond, The Reputation of the American Businessman (New York: Harper & Row, 1966) 참조.

p.219 Collier and Horowitz, 109 lf., 114–115, 123.

p.219 O'Connor, 207–226; 또 Nevins and Hill, 111–115, 133–167 참조.

7장

p.235-236 Lamott, 283–286.

p.236 이 부분에 대한 더 자세한 내용은 The Pursuit of Loneliness, rev. ed. (Boston: Beacon Press, 1976), 168–202 참조.

p.240-241 예를 들어 VandenBroeck, Less Is More, passim 참조.

p.241-242 Marshall Sahlins, Stone Age Economics (Chicago: Aldine, 1972), 1–39.

p.243 Percival Goodman and Paul Goodman, Communitas (New York: Vintage Books, 1960), 188–194.

p.243 San Francisco Chronicle, 11/30/78.

p.261 정신분석가들은 독재적인 에고의 이런 측면을 '초자아superego'라고 부르기를 좋아한다. 나

는 '초자아'가 독재적인 에고를 실제보다 더 좋게 보이게 만들려고 에고 마피아가 고안해낸 속임수적 개념이라고 여긴다. 정신분석 운동은 항상 기본적으로 에고 독재자의 편에 서서, 기반요소에 어둡고 무서운 색채를 부여하고, 에고의 엄격한 통제 기반을 굳히는 데 필요한 최소한의 민주적인 개혁안만을 제시해왔다.

p.264 최근 몇 년간 인간잠재력운동Human Potential Movement(이 운동의 가장 진지한 노력에 대해서는 Christopher Lasch, The Culture of Narcissism [New York: Norton, 1978]과 Peter Marin, "The New Narcissism," Harper's [October 1975], 45–56 참조)을 비난하는 것이 유행이 되었지만, 나는 쾌락주의에 대한 내 언급이 이런 유행에 편승하려는 시도로 받아들여지지 않기를 바란다. 어떤 새로운 운동에든 많은 결점과 모순이 있게 마련이지만, 나는 사람들이 유기체를 민주화하려는 진지하고 종종 성공적인 시도를 '자아도취'라고 공격하는 데 대단한 의구심을 느낀다. 내가 다른 책(Earthwalk [Garden City, N.Y.: Anchor Press, 1974] 참조)에서 주장한 바와 같이 우리의 문화 전반은 나르시시즘에 기대고 있고, 이것은 심지어 우리 문화를 바꾸려는 시도에도 영향을 미친다. 가공할 만한 현대전, 흉물스러운 기술, 우리 사회를 지배하는 부와 권력의 지독한 불평등을 만들어낸 기존의 나르시시즘은 아무렇지 않게 받아들이던 사람들이 에설런 연구소(개인의 영성과 성장을 강조하는 비영리 대안교육기관—옮긴이)나 EST(뉴에이지 식 심신통일 세미나—옮긴이) 등에는 호들갑을 떨 수 있다는 사실이 나로서는 놀랍기만 하다. '새로운' 나르시시즘에 대한 이 모든 우려에서 낡은 나르시시즘이 폐기될 것이라는 에고의 두려움을 감지하기란 어렵지 않다. 에고의 독재를 축소하고 기반요소에 더 많은 권력을 부여하기 위한 인간잠재력운동의 노력은 종종 혼란스럽고 멍청하며 자멸적이기도 하지만, 어쨌거나 시도되고 있다. 노예는 노예 신분에서 해방된 자유민에게서 여전히 오랜 복종 습관이 남아 있는 것을 발견할 때 비웃을 수 있겠지만, 그가 비웃고 있는 것은 여전히 노예 상태로 남아 있는 부분일까, 아니면 자유로워진 부분일까?

p.274 James, The Varieties of Religious Experience (VandenBroeck, 84에서 인용).

p.274-275 Duane Elgin and Arnold Mitchell, "Voluntary Simplicity (3)," CoEvolution Quarterly (Summer 1977), 5–8.

p.275 Y'andenBroeck, 4.

p.276-277 Richard Gregg, "Voluntary Simplicity (1)," CoEvolution Quarterly (Summer 1977), 27.

p.279 Elgin and Mitchell, 4, 10–12.

p.284 Illich, Energy and Equity (Tom Bender, "Why We Need to Get Poor Quick," The Futurist [August 1977], 212에서 인용).

p.286 Elgin and Mitchell, 5–8.

p.286-287 San Francisco Chronicle, 2/15/78.

p.290-291 Wiseman, 53–54.

p.291 Duane Elgin and Arnold Mitchell, "Voluntary Simplicity: Life–Style of the Future?" The Futurist (August 1977), 209.

p.291 Elgin and Mitchell, CQ, 11.

p.293 Hazel Henderson, Creating Alternative Futures (New York: Berkley Windhover, 1978), 7. 이 책은 가장 최근의 경제적 사고의 터무니없는 가정과 근본적인 공허함을 폭로하는 탁월한 성과를 이루고 있다.

부 중독자